# 新渡戸稲造と歩んだ道

佐藤全弘

教文館

四十二年間
祈りと学びと交わりを共にせる
関西合同聖書集会の
在天・在地のすべての友に
感謝をこめて
本書を献げる

新渡戸稲造と妻メリー：1917（大正 6）年 9 月 27 日、養女・琴子と養子・孝夫の結婚式にて

1928（昭和 3）年 6 月 2 日、青山墓地の M. C. ハリスの墓前にて（左から内村鑑三、広井勇、新渡戸稲造、大島正健、伊藤一隆）

1921（大正 10）年 6 月 24 日の国際連盟理事会にてオーランド諸島問題を裁定する場面を描いた絵画（一番左が新渡戸稲造、隣に立つのが石井菊次郎）

# はじめに

今年二〇一五年は敗戦後七十年にあたる。

多くのアジアの人々を殺し、日本人を召集、徴用で戦場にかりたて、ついに米軍の空襲が国土全体に及び、二発の原子爆弾が投下され、ソ連軍は日ソ不可侵条約を一方的に破って、満州、千島、朝鮮に侵入し、日本は一挙国を亡ぼしたのだった。

新渡戸稲造、内村鑑三、宮部金吾、その他多くの先人たちが、平和に立つ国の建設につとめた努力も水泡に帰したが、その代わり、非武装、戦争放棄を奉ずる新しい憲法が、占領軍司令部と日本政府等の協力により成立し、七十年、この法のもとに私たちは歩んできたのだった。

新渡戸稲造がその生涯を通じて努めたことは、世界人類の平和と平等と幸福であった。彼が一生の間身を置き、任を負った数々の内外の職務において、また自己一個の献身をとおして、具体的に実現しようと渾身の力を尽くした。

新渡戸稲造が属したクエーカー（キリスト友会）は、非戦平和をその最も重要な信条とし、武器をとり戦場に臨むことを一貫して拒んできた。新渡戸はこの理想実現の為、あの戦争と不義の続発横行する日本と世界にあって、公人として、また個人として、できる限り、その具体化に精魂を傾けたのだった。

とりわけ、第一次世界大戦後、国際連盟が結成されるに当たり、その事務次長となり、国際部の責をも負い、大戦終了前に独立を宣言したフィンランドと、そのかつての母国スウェーデンとの間に発生した「オーランド諸島問題」を見事に解決し、今に至るも、世界各地の紛争の解決に、貴重な参考事例を供している。現在、日本の北方諸島（千島列島）と沖縄の問題にも、それは必ずや示唆するところが大きいと信じる。

ヨーロッパ北方の永年紛争のたえぬ地域にすでに百年近く続く平和の基礎を築くとともに、新渡戸はまた眼前の小さい、幼い、貧しい子供たちの心身の成長にも、若い時から死後に至るまで、力を尽くした。札幌遠友夜学校のことはその著しい一例である。貧しくて四年制の小学校にすら通えず、札幌の町工場等で働いて親の助けをしていた男女児童に、新渡戸はメリー夫人の乳母（ドライ・ナース）をしていた婦人から受けた遺産すべてを投じて、小さな夜学校を開いたのであった。その学校はすぐる戦争末期の一九四四年三月末をもって、軍事教練の強制を拒んでその門を閉じた。その後すでに七十年、その跡地にささやかな記念館と小公園を造ろうと、札幌の有志の方々が苦心しつつ募金をしておられる。

これら二つのことも含め、本書には、二〇一一年から一四年に語ったり書いたりした十三の文と、「関西合同聖書集会会報」（二〇一五年七月で一四一号になる）の巻頭言から選び出した二十七篇の短文を収めた。

新渡戸稲造についての著書は本書で十冊になる。新渡戸稲造がこよなく愛してやまなかったこの国の人々に、また世界の友に、本書が読まれることを心から願うものである。

刊行にあたり、常にかわらぬ御高配を下さった、教文館社長・渡部満氏、および出版部髙木誠一氏、高橋真人氏の御愛労にたいし、心からの感謝を捧げたい。

二〇一五年八月十五日

佐藤全弘

# 目次

はじめに　5

I

1　新渡戸稲造と歩んで四十六年　14
2　リンカーン、イエス、新渡戸稲造
——ユーモア三題話　45
3　人は死んで何を残すのか
——新渡戸稲造の場合　74

4　オーランド諸島問題の現代的意味　100

Ⅱ

5　新渡戸稲造
——その人とはたらき　130
6　新渡戸稲造の平和　166
7　新渡戸稲造と内村鑑三　207
8　ゆがめられた『武士道』の真意　224
9　新渡戸稲造（一八六二—一九三三）
——日本最初のクエーカー　231

Ⅲ

10 正直・親切・思いやり 238
11 日本の旧約 258
12 記念するには所をえらぶ 271

IV

13 「武士道」はいま 286
14 「関西合同聖書集会」会報・巻頭言 295

初出一覧 360

装丁＝熊谷博人

# I

# 1　新渡戸稲造と歩んで四十六年

## I　はじめに

ここからは空は見えませんけれども、台風一過、まことに素晴らしい秋晴れとなりました。昨日、大阪から参りました。今年は秋になり台風が続々と来るようになり、こちらに来るときにうっかりすると丁度台風で荒れているのではないかと心配しましたが、新幹線も通常通り動いており、今日はこのような天候のもと話すことが出来、大変うれしいです。

ここに書かれているとおり、新渡戸基金設立二十周年・新渡戸稲造会創立三十周年という二団体のお祝いの記念講演会です。新渡戸稲造会は一九八四年が創立ですが、新渡戸稲造の五千円札が出た年です。お手元の資料にあるとおり、そのお札が出るということは三年遡って一九八一年七月七日に大蔵省が発表いたしました。その当時はすでにお札のデザインも決まっていましたが、新渡戸稲造がどういう人かということは日本人のほとんどが知りませんでした。新聞記者も知りませんでした。知り合いの中日新聞の記者がおりましたが、私が以前著した新渡戸稲造に関する大きな本を持っており、それを読んでいました。中日新聞で新渡戸稲造について知っているのは彼一人だけで、皆何だかんだと言ってはいたが、全然分かっていない。自分が面目を施したということを後で教えてくれました。

朝日、読売、毎日といった大新聞になりますと、そうでもなかろうと思いますが、しかし正確に知っていたかどうかは今でも怪しいと思います。

その後お札は三年後の十一月一日に発行されます。それまで全く見向きもしなかった日本人が新渡戸のことをにわかに着目しました。にわかに着目し、本を著し、パッと売るということが日本人は元々好きですから、当時、新渡戸に関する本が続々と出ました。『武士道』の翻訳は戦争中に矢内原忠雄、これは新渡戸稲造の弟子ですが、彼が岩波文庫に入れて出していました。ただ、矢内原忠雄も大きな間違いを一つしています。英文『武士道』が出版されたのは一九〇〇年なのですが、一八九九年と書いてあるのです。アメリカで出た初版本を見ると、両方の数字が載っています。Copyrighted 1899, Published 1900とあり、つまり出版は一九〇〇年の一月、印刷が出来上がっているのは前の年の一八九九年なのです。公に売り出したのは一九〇〇年で、しかも二月ではなく一月なのです。というのも、一月の末ごろ既に書評が出されておりますから。

いずれにしましても、『武士道』は矢内原忠雄の訳があり、明治には新渡戸の知り合いの友人が訳した難しい訳書がありました。その後他の人も訳しておりました。けれど、一番よく売れたのは矢内原忠雄の訳書で、今でも岩波文庫に入っております。これはなかなかいい訳文ですが、文章自体が重々しく古めかしい文体で、今の人に分かるかどうか。それに文庫本ではありますが、親切なことに後ろに二百ほど註を付けています。けれど、『武士道』を本当に分かろうと思えば、疑問を抱く点が多く出てきますし、あらゆる人名、外国人の名前だけでも二百七十も出てきますから、その人がどういう人で何をした人かという註を付けなければいけません。翻訳本は十種類ほど出ていますが、註をきちんと付けてあるのは、私が二〇〇〇年に教文館から発行したものだけです。これは本文の字を大きくして、頁の下に註を付けています。六百四十ほどの註を付けました。もちろん、私が調べても分からないことがあります。ですから、版を改めるごとに註を付け足す作業をしています。分からなかったことを調べたり、誰かに教えてもらったりして付け足しております。今もまた訂正文を教文館に送っておいてもらっていますが、この次、今は十三版ですが、十四版を出すときにはまた改正が行われます。私の生きている限り改正を続けていきたいと思っています。

いずれにしても、『武士道』の本は戦争中から岩波文庫に入っていたわけですが、新渡戸のことは皆がちゃんと知っていなかったということであります。

そこで新渡戸のことをもっと国民に知らせなければいけないということで、一九八三年三月つまり大蔵省がお札を出すと発表した二年後に、NHKが「テレビ評伝・新渡戸稲造」を放映しました。その時には、関西にも取材に来まして、京都のあるホテルで私も取材を受けました。ご覧になった方もおられるかと思います。その時に、新渡戸は盛岡生まれである、ということを盛岡の人もにわかに気がつきまして、勿論知っておられた方もいらっしゃいましたが、それまでは顕彰は何もされていませんでした。

盛岡の商店街の通りがありますが、その中の一軒に靴屋さんがあります。その靴屋の店主は若い時に大阪に奉公をしに来ており、大阪の地理もよくご存知でしたが、ある時東京で新渡戸の講演会を開くということで、私に講演依頼をしに来られました。私も講演をするならお話に参りますと言ったのですが、盛岡の人たちはそこで困りました。というのも、その人は次の市長選に立候補するつもりなのです。その前哨戦として講演会をして、名を売っておこうという訳です。私はそういう事情を後から知ったわけですが、盛岡の人たちは彼にだけそういうことをさせてはいけないと、にわかに人が集まり一つの組織が出来て、その組織が主導して東京のプレスセンターで講演会をすることになったわけです。そこで年配を中心とした二百八十名ほどの人が集まり、講演会をしました。「新渡戸稲造と国際外交」という題の講演会でした。盛岡はその講演会に力を尽くしたのに引き続き、一九八三年九月一日に、新渡戸の生誕を記念して盛岡で記念の集まりが開かれました。講演会後の懇親会では、その時に世話役をしていた人が私に、「去年は東京で今年は生誕地盛岡で新渡戸の講演をしていただいたが、これでおしまいにするのではなく、これからも永続的に新渡戸を顕彰する活動を続けていくべきであることをあなたから勧めてほしい」と言われました。そこでその集まりの途中でそういう趣旨の発言をしたわけです。それで組織されたのが盛岡新渡戸会です。のちに新渡戸稲造会と名称が改められましたが、今もって継続していることは、発言したものとしてとても嬉しく思っております。今日ここにお呼び下さったのは、私がその火付け役を引き受けたことを記念して立たせていただいているものと思っております。

一九八四年十一月一日、お札が出回った年に、盛岡新渡戸会が活動を開始しました。そしてご承知のように新渡戸の命日を記念して十月十五日に集会を開くということの他に『新渡戸稲造研究』という雑誌を発行しはじめました。これは一九九二年九月一日に第一巻を発行いたしました。一年に一冊、二百五十―三百頁、そして色々な人による論文や新しく見つかった新渡戸に関する資料など、『新渡戸稲造全集』には入っていないものを紹介しております。そして年を重ねて今年は二十三号まで出ました。途中で途切れるのではないかと心配した人もいたようですが、研究者も多くなり、新渡戸に関する新たな発見があり、あるいは新たな観点から見直す人も出てきて、毎年原稿はちゃんと集まって、それも無理してかき集めるのではなく、掲載してほしいと寄せてくる原稿が多くあり続いております。今後も続くことと思います。たとえ私が死んでも続くと思います、この会がつぶれない限りは。そしてそこに載せられている文章というのは、皆、新渡戸に対しての新しい見方とか、あるいはこれまで知られていなかった事実などが続々と現れてきておりまして、これはやがて研究する者にとって、とても大事な貴重な資料になると思います。

新渡戸会が出来て、会報を出すにあたって、実はお手本がありました。一九八四年に新渡戸会は出来ましたが、その少し前に良寛会というものが発足していました。新潟に良寛という坊さんが江戸の末期に登場しております。良寛会が出来た当初から私は入っていました。年に一遍会報を送ってきます。それから二百頁ぐらいの雑誌、良寛についての文書や色々な人の文章、あるいは良寛の遺跡の紹介などをまとめたものですが、新渡戸研究に似た雑誌を出しています。二十巻出し、絶版となり、今はもう廃刊となりました。つまり、作っても売れない訳です。それは明治から続いている新潟の本屋さんが良寛会の役員をしていましたが、自分のところで印刷して売るという、ある意味では利益を得ておったのかもしれません。けれど、盛岡では本屋さんが『新渡戸稲造研究』を出してくれているわけではないのです。印刷は盛岡の印刷所ですけれども、本屋さんは関係しておりません。

良寛会が作っているものを、ある程度お手本、ひな型として、毎年、研究誌を発行したり、年に数回の会報を作ってはどうかと私が見本として提供しました。そういうわけで新渡戸会から皆様のお手元に年に数回の会報（最近では「太平洋の橋」と改称）が届けられ、年に一回、二百五十頁から三百頁の分厚く、読み応えのある『新渡戸稲造研究』（十六号から『新渡戸稲造の世界』と改称）が新渡戸基金から発行されているわけです。研究誌はいつまでも内容が古くならないでしょう。これはやがて盛岡の文化活動の一つの宝となっていくものと私は信じております。

新渡戸稲造の全集は新渡戸の弟子たちで、年を取って八十代、七十代後半というような人たちが集まり、新渡戸先生の全集を出したいというので、一九六九年から七〇年に教文館から十六巻で出しました。これは私も買いました。新渡戸が生きていた時に本にして出版したもの（英語とかドイツ語とかあるいは日本語）だけを集めて出したわけです。ですから手紙も入っていないし、他の雑誌に載せたものも入っていませんし、英語の雑誌に載せたものも入っていないし、新渡戸の大事な文書が随分と抜けているわけです。御承知のように新渡戸は一九三三年（昭和八）に亡くなりました。その少し前から日本は軍国主義化しました。昭和十二年には支那事変（日中戦争）が始まります。やがて大東亜戦争（太平洋戦争）に突っ込むわけですから、新渡戸は日本が戦争に突入する直前に亡くなったわけです。七十一歳、今ですと、言い方は悪いですが、早死にです。もう少し長生きしてほしいと思うときですが、もう少しすれば益々、新渡戸は国民や軍閥から睨まれて、生活しにくくなっただろうと思います。何せ奥さんはアメリカ人ですから。

という訳で、新渡戸の全集は戦争中には出ませんでした。内村は昭和五年に死んでいますが、内村の全集は昭和六年から分厚いものが二十巻出版され、完結しました。しかし新渡戸の全集は、新渡戸の死後すぐに出版されることはありませんでした。つまり日本が戦争にのめり込んでいくプロセスであって、新渡戸から学ぼうという気風がなかなか日本国全体になかったからと言っていいでしょう。しかし、戦争に負けて、新しい憲法になったら、新渡戸の唱える平和こそが日本の目指すべきものです。そこですぐに新渡戸が見直されて新渡戸の全集が出たかというと、戦争に負けたのが一九四五年で全集の第一巻が出たのが一九六九年の三月、戦争が終わってもう二十四年も経っています。その時、全集を出すときにも、新渡戸の教え子たち南原繁や高木八尺など、東大の名誉教授などが集まって、たくさん出すのではなく印刷した分は自分たちが買い取り、本屋には赤字で損はさせないということで、全集十六巻を出したのです。これは立派な全集です。矢内原忠雄はその前に死んでおりましたから、全集に関わることはありませんでした。たくさん出されたものではありませんが、私も購入しました。

## II　四十六年（一九六八年から現在まで）

### 一　火曜研究会

今日の記念は新渡戸稲造会創立三十周年というわけですが、私はその一・五倍ほどの四十六年ほど前から、新渡戸稲造のことをある場所で連続講演をしていました。それについて話を移します。

つまり四十六年ほど前からタッチしていたことはどういったことか。第一に火曜研究会についてお話をしなければなりません。名前のとおり火曜の晩に集まり色々なことを研究して、お互いに話し合う会です。資料に記載のとおり、前史がありまして、日中戦争が始まるか始まらないかの頃の「女性教養の会」というのが始まりです。大阪の中之島に朝日ビルという一〇階建てくらいのビルがありました。今は建て替えられてもっと高くて立派なビルになっております。その六階のフロア、この部屋の二つ分くらいですが、周りには書棚があり、沢山の書物が並んでおります。自身が戦前の女子大学を出た石田という女性が「女性教養の会」を作りました。朝日新聞の近所、北浜、船場界隈には商店や銀行が多くあり、女性もたくさん勤めておりました。そういう人たちが仕事を終えて帰るまでの間に、勉強できる場を作ろうということで、帰りしなに便利な中之島につくられました。新しくできた朝日ビルの八階ということで、立派できれいな建物なので、裏道のどこにあるかわからないような場所にある研究会よりも、ずっと女性が集まるには好条件だったわけです。なかなか先見の明があったことは明らかです。

戦後、私が哲学を習った先生が坂田徳男という方で、この先生がそこで話をされました。哲学だけを学ぶ講座を開いたのではなく、例えば外国語（英、独、仏、ラテン語、ギリシア語）、数学、物理学、天文学、文学、映画評論などを全部一流の人を集めて開講したのです。石田さんの魅力というか、先生方にはお金を一銭も払わず、自分は受講生から講座料をもらいますが、そこが戦前と戦後の先生の違いでしょう。戦前の先生はみなそれなりの給料をもらっていましたから。矢内原忠雄は昭和十二年七月に起こった日中戦争に対して反対し、講演をしたので、昭和十二年十二月、東大を辞めなければなりませんでした。昭和十二年当時、矢内原がもらっていた給料は二百円です。東京帝大の教授の月給が二百円です。矢内原は東大を辞める時、奥さんに「これから、自分は何とかして月百円は稼ぐ」と言ったそうです。「これまでどおり二百円は入ってこないから、百円で何とかしろ」と。当時、小学校の先生の初任給が五十円くらいですから、百円というのは暮らせない金額ではないはずです。石田という人はなかなかの美人で、愛想がよく、物言いがとても上手です。だから大学の数学の先生や物理学の先生や哲学の先生なんかは、戦前の大学ですから、女性の先生もおらない環境で、美しい女性から頼まれればホロリとしたのではないかと想像します。とにかく、一銭ももらわずに何年もタダで働いていた訳です。

しかし戦後、情勢が変わりました。日本は文化国家になり、文化活動が一斉に盛んになったのです。すると焼け残った朝日ビルにはたくさんの講座が開かれたのです。そこには今まで開くことが出来なかったものも出来た。これまでの高級な哲学や物理学などではなく、すぐに実になるような講座が朝日ビルの中に出来たわけです。すると、女性たちはそちらの方に行き、男性のいなかった石田さんの「女性の会」は落ち目になっていったのです。戦後、月給は上がらなく、しかも物価は上昇する時代、先生方もタダでは引き受けなくなりました。そろばんが合わなくなるわけですから、石田さんは会を辞めたわけです。しかし、私の先生の哲学を聞いていた女性の生徒さんたちが、哲学だけでいいから別の場所で会を開いてほしいとお願いしたのです。十数名の女性だったと思います。そこで私の先生がそれを承知し、朝日ビルは高くて借りられないため、公の場所を探して開き、そこが満員になると、また違う場所を探し、今は貸してくれるところはたくさんある時代ですが、昔は難しかった。YWCAの会議室を借りたり、青少年会館を借りたり、太融寺というお寺の会議室を借りたり、色々な場所十数箇所を借りながら続けていったわけです。その会が「火曜研究会」です。

私は大学を出てから、定時制（当時は夜学といっていましたが）の高等学校に勤めておりました。九年間勤め、それから大学に戻りました。当時は夜学の全盛時代で、その夜学の生徒たちの中には優秀な生徒が多くおりました。入試も難しかったようです。大阪、京浜を中心に地方から生徒たちが集まって来ました。勉強したいが昼間は働かなければいけない生徒たちばかりです。勤め先も学校に間に合うように帰らせてくれるわけです。そこで教えた生徒たちが今年も十一月に呼んでくれますが、もう五十年ほどにもなり、最初教えた生徒たちはもう七十代です。当時、先生と生徒のつながりは非常に密接だったのです。また、本気でやる気で来ておりました。その代わり体がしんどい、勤めと両立しないとなると、入学してから卒業するまでにおよそ三分の一は消えていきました。そういった時代でした。夜学の生徒たちに教えれば、夜の研究会に行って話をすることはできませんが、大学へ移りましたので、話を始めることになりました。

私も哲学をやりますが、坂田先生が教えておられるから、哲学を教えるわけにはいきませんでした。一人は京大出身の大阪医科大学精神病学の先生です。精神病学の話、こういう病気があって、こういう人がいるから気をつけろという話です。この方はなかなか面白い人です。自分も少しそういった気《け》があるので精神病のことを良く分かるようです。もう一人は親父さんが京大の教授で、昭和八年に京大の法学部で教授を辞めさせるという事件が起こったときに、その時の法学部の教授全員がその人を辞めさせるならば、やめるということで辞任届を出したことがあります。その後は半分以上が戻り、本当に辞めていった人は十人もいなかったのです。その辞めていったうちの一人の子息です。哲学をやっていました。その人は倫理学をやっており、江戸時代の中江藤樹であるとか、普通あまり皆の研究しないような人のことを話していました。すると哲学と精神病学と倫理学と江戸時代の儒教を話せる人はいる。となると私は何を話したらよいか。別領域を開かなければなりません。そこで私は明治以後の日本の文学者および思想家、宗教家がどういうことを教えたか、書いたか、日本についてあるいは文化についてどう考えておったかということをテーマにして話を始めました。初めに夏目漱石を五、六回、森鷗外を十数回、それから坂田先生が大正年間に学生であった時に全盛時代だった武者小路実篤、多くの青年男女が武者小路に惹かれました。先生から武者小路について話してほしいと頼まれ、私は大学にある武者小路実篤の全集を全部読みました。（漱石、鷗外の時も全部読みましたが）。そして話しました。武者小路は軍部に協力し、文学報国会の会長になり、戦争に協力し、戦後は翻って『真理先生』といういかにも丸い本を書きました。しかも、「あなたは戦争中こういったことを言ったではないか」と言われたときに「戦争中は文学者も協力するのが当たり前だ」ということを言い、平気でおったというようなことをそこで話したわけです。そういった文学者たちについての私の話は本にはならず、今でも原稿のまま眠っております。

けれどその後、矢内原忠雄の話をしました。矢内原の話をしている間に、矢内原は亡くなりました。そして全集が出ました。矢内原は内村鑑三、新渡戸稲造両方の弟子です。「内村鑑三先生からは神を学び、新渡戸先生からは人を学んだ」ということを北海道大学での講演会で述べております。そこで矢内原を話し終えたら内村を話すか、新渡戸を話すか。内村には無教会という集団があり、これが全国に展開して毎週集まりを開いております。私は内村鑑三に関する書物をほとんど読みましたけれども、新渡戸稲造は全集すら出ていない。『武士道』という本は出ているものの、ほとんどの人が新渡戸について見向きもしないし、研究している人は誰もいない。そこで誰も研究しない目をつけられない人を取り上げて話をしようと、新渡戸稲造を話すことになりました。

新渡戸稲造については、私の勤める大阪市立大学の図書館に古い本がたくさんありました。けれどそれで全部ではありません。そこで町の古本屋をずっと探してみました。誰も見向きもしない人の本ですから、並んであっても売れないので値も安いです。一週間ほど探したら十数冊も見つかりました。今はそうはいきません。しかも新渡戸が書いた英語の本があったのには驚きました。ほとんど手に入らないような本を読んで研究し、そうして新渡戸稲造のことを三年三か月、二十九回話しました。その二十九回話したのをテープレコーダーに入れておけばよかったのですが、メモに書いたものから原稿にし、四百字詰め千二百枚にまとめて出版したのが『新渡戸稲造　生涯と思想』という本です。五百二十頁ぐらいあります。キリスト教図書出版社という東京にある小さな出版社から出しました。それを出したのは講義が終わってからほぼ十年後です。一九八〇年の一月に出版しました。その頃はお札の話もなく、新渡戸稲造について誰も見向きもしない時でした。しかし、その本は良く売れました。五百頁あり、値段も当時で四千円もしました。かなり高い物で今なら倍の値がつくほどのものです。だけど翌年には再版が出たわけです。そこで、需要があるのだということに気がつきました。その翌年の七月に、先ほどお話しました新渡戸稲造がお札に採用されるということが発表され、再版で出した私の本もにわかによく売れたわけです。それは極めて真面目な本で、生涯のことを百五十頁ぐらい、あと三百五十頁は思想、それは新渡戸が日本のことをどう思ったか、新渡戸の人生観は何であったか、あるいは新渡戸は宗教についてどう考えたか、日本の宗教について、新渡戸はクリスチャンですが新渡戸の信じていたクエーカーとはどういうものかということです。新渡戸の信仰の特徴は何であるか、新渡戸が日本に教えるものは何なのか、思想的な重要問題を三百五十頁くらいに収めて出したわけです。

教文館には以前に新渡戸の弟子たちがお金を出し合って出版した『新渡戸稲造全集』十六巻があります。そのうち十二巻から十六巻までの五巻は英語とドイツ語で書かれたものです。英語やドイツ語を読んで理解できる日本人は少なく、しかもそれは高く、当時(一九六九年)一冊千八百円近くしていました。今なら一冊五千円以上はするでしょう。そういう全集をそろえて買うという人はまずいません。そこで教文館に私は行きました。新渡戸稲造の書いたもので一般の雑誌に載せたものはとても分かりやすい。なぜならそれは新渡戸が、例えば女中さんに読んで聞かせてみたりして、誰が読んでも読みやすいように何度も直して仕上げたものだからです。だから誰が読んでもすぐわかる言葉で書かれています。しかし英語となると、西洋人もびっくりするような熟達した英語で書かれ、これをきちんと読み通すということはなかなか大変なことなのです。この英語の書物の中に新渡戸のベストなものが含まれているのです。

こういったことを火曜研究会でお話しすることによって気がつき、これらの英語を翻訳して伝えないと新渡戸の本当の姿は分からないということを教文館に行って話しました。そこで教文館は、今度は英語もドイツ語も翻訳して入れることを決めました。私は人選を一任され、もちろん私もその一人となり、その他、新渡戸稲造のお孫さんの加藤武子さん、そのご主人の英倫氏、それから新渡戸稲造の北海道大学での講演を一回だけ聞いた鳥居清治氏、この人はなかなか英語のできる人、それから私とは別の場所で新渡戸稲造の勉強をこつこつと研究していた松下菊人氏、新渡戸を尊敬し、新渡戸のことを伝えたいと思っている人を選んで翻訳してもらいました。

ところが学者の中には厚かましい人がいて、新渡戸の研究に手を付け、アメリカの大学に保管されている新渡戸の英文の手紙をコピーして貰ってきて、その手紙を私にみせ、これを読み取りたいと言って来ました。新渡戸はタイプを打たないのですが、タイプを打ってあるのは一回です。一度だけメリーさんの親御さんにお土産として買ってもらった英文タイプを使ってみたのです。その手紙はタイプの字がデコボコしておりますから、いかに下手に打ったかということがよく分かります。だからそれ以後、タイプは一切使わない。全部手書きです。手書きは癖がありますし、早く書くと長く続きますから、なかなか読みとり難いのです。私にアメリカで手に入れたコピーを持ってきて、「翻訳して全集に入れるから私（その先生）を翻訳者に採用せよ」というわけです。では全部、分かるのですかと訊くと、「いや分からないところは自分の大学の英語の先生に聞いたが、その先生もよく分からないと言っている」というのです。そこで私がそれを見せてもらったところ、何のことはない、よく読めるのです。だから、その先生のことは断りました。そういうわけでちゃんと読め、訳せ、新渡戸のことを尊敬しており、新渡戸のことを伝えたいという熱意のある人、つまり自分の仕事の一つとして儲けてやろうという人は皆お断りして、純粋な人を集めて第二次の編集をしました。

第一次の全集は新渡戸の弟子、南原繁さんを初めとしてずらっと七、八名並んでおります。高木八尺の弟子で、若い人が最後におります。しかし、第二回の編集は私一人でやりました。ですから、訳されたものは全部私が目を通して、間違いであろうところはチェックして訂正をしてもらうなり、あるいは改めてもらうなりしました。そのようにして第二次の全集が二十三巻と別巻、別巻というのは新渡戸の死後「追憶集」として昭和十一年に思い出話が出ておりましたから、それを加えました。この「追憶集」は一度だけ出たものですから、古本屋ではとても高価なものです。ですから、これを別巻につけて出しました。それから二〇〇〇年になりますと、第三回の全集を教文館で出そうということになりました。そこでも私が編集に加わり、別巻を二巻に増やして全部で二十五巻、今では教文館から出版されております。

## 二　新渡戸こと子様（一八九〇―一九八五年、九十五歳）との交わり

全集が出る前、お札になる前に、私が雑誌に載せた文章を読み、新渡戸の養女こと子さんから私に会いたいというお手紙をいただきました。こと子さんは資料に在りますとおり一八九〇（明治二十三）年生まれです。九十五歳まで生きられました。こと子さんとは一九七七年の四月にお会いしました。今でもその時の手紙を保存しております。とても上手な字で、ペンで書かれてありましたが、達筆で文章もとても美しかったです。その時のお年は八十七歳でしたが、少しの震えもなく、流れるような文章でした。家にいらして下さいということで、私は参りました。

どういう雑誌に載せた文章かというと「政界往来」というものです。今でもあるでしょうけれども、つまらない雑誌のように思います。政界の裏話を載せるのが中心ですが、恰好をつけるために前の方に随筆を十数篇集めたコーナーを設けてあります。「新潮」という雑誌もそういうスタイルです。その「政界往来」随筆のコーナーや政界の裏話のところにも何度か載せたことがあります。例えば、

「新渡戸稲造の悲しみ」とか「新渡戸稲造のユーモア」とか「政界往来」にふさわしいと思われるテーマを選んで載せました。それをこと子さんに、こういうものを書く人がいると薦めてくれた人がいるのです。こと子さんは私の文章をお読みになり、私の書いた文章をとても喜んで下さいました。そして「あなたの書いてくださっている文章は、私たち家族が稲造について思っていることと同じ気持ちで書いて下さっている文章で、それがよく分かります」と言って下さいました。「こんな人は今までおったことがない」と。そこでお会いしたいということで、こと子さんに会うことになりました。七七年からお会いして八五年ですから、八年間の交わりが続きました。お便りは全部保存してあります。

こと子さんが住まわれていた場所は東京の東大久保で、駅でいうと新宿の隣の大久保駅になります。駅から降りて坂を上っていくと、元は陸軍の兵舎があったところのようですが、そこに五階建てのマンションが建っておりました。住宅公団が日本で初めて建てたか、あるいは別の機関が建てたと思われる鉄筋住宅です。エレベーターはありません。五階建て鉄筋マンション四階にこと子さんはお住まいでした。そこを訪ねて参りました。しかし意外に狭いところで、台所があり、その隣に六畳ほどの板の間があり、その向こうに寝室が一つだけある、それだけのお住まいです。ただし、鉄筋五階建てですからお日様は燦々と入る所でした。そこに八十七歳のこと子さんお一人で暮らしていらっしゃいました。しかもパラグアイから来た留学生の身元引受人になり、その留学生の世話をされていました。世話というのは、色々な悩み事が起こったときに話し合い、解決の道を探してあげるということです。そういった勤労奉仕をしていらっしゃいました。

新渡戸稲造の家は、ご承知のように、東京の高台にあり、千二百坪、二階建ての二十七もの部屋がありました。運転手、洋食・和食を作る人、女中さん、英語も使えてメリーさんのお世話もしてくれるような方など、全部で十五人雇っておりましたから、使用人も暮らす部屋も含めて二十七部屋あったのです。盛岡市先人記念館に行かれますと、その図面が飾ってありますので、どうぞご覧下さると分かると思います。そういう所に暮らしておられた方が、居間、台所、寝室一つずつの本当に狭いところにお一人で暮らしておられるわけです。二十七部屋もあるお屋敷に暮らしておられた方が、よくこのような狭いところに暮らしていらっしゃるなあと感心致しました。けれども、お話をしていて不満らしき言葉は一切出てきません。それは心構えです。新渡戸稲造の良い血が、このこと子さんには受け継がれているということを感じました。

面白いことには、同じ建物の同じ階の一つおいて隣に息子の誠さんが住んでおられました。六十歳近かったと思いますが、お一人でいらっしゃいました。戦後、アメリカ人の二世の女性と結婚しましたが、離婚して、以後はお一人暮らしでした。お母さんの近くに住めば食事は一緒に出来るということなのでしょう。大学の先生をしておられました。八十七歳になられ息子の食事を作り、一緒に食べるということも、こと子さんにとっては元気の秘訣だったのかもしれません。私が訪ねていったときには、息子さんも顔を出してくれて、一緒にお話をいたしました。その後は、弱られて足腰も不自由になられましたので、そこはやめて、お嬢さんが加藤家に嫁いでおられましたが、その加藤家に身を託されたのです。そこへも私は伺いました。亡くなられるしばらく前のことです。そこは東京の割と大きな住宅街でした。とはいっても、二十七部屋あるわけではありませんが、敷地の面積は百二十坪ほどあると思います。西洋式の家で、家の前は全部芝でした。トイレと風呂は同じスペースです。こういうのは日本の家ではほとんど作りません。アメリカ式の家です。加藤武子さんが結婚された方は、ハーフでした。アメリカ人との間に生まれた子供でした。新渡戸家では外国人との交わりが子供の結婚にも反映しているなあということをつくづく感じます。とても綺麗な家でしたが、そこでこと子さんは九十五歳の生涯を終えられました。

## 三　稲造と歩んで学んだこと

新渡戸家の方々とも交わりながら、教文館の全集の編集にも関わり、私自身新渡戸稲造からたくさんの事を学んだわけですが、何を学んだかということをこれからお話ししたいと思います。

### ①　和漢洋の古典への広範な知識と教養

資料に四項目あげました。一つは新渡戸稲造の知識と教養の広さです。①和漢洋の古典への広範な知識と教養です。これは『武士道』一冊を取り上げても分かります。『武士道』は英語で新渡戸が三十七歳の時に出した本です。しかしあの本一冊の中にいかに多くの事が書かれているか。二百七十五人の人物が出てきます。一冊のわずか二百頁ほどの本の中に二百七十五人もの名前を入れると、雑然として普通であれば読みにくく、印象があまり残りませんが、そうではなくそれが全部溶け込んで、テーマに即して利用されている。ということは、それぞれについてきちんと読み解いておられるわけでしょう。それから聖書の引用がたくさんあります。クリスチャンですから。しかし聖書の何章何節まで細かには書いていません。さらりと文章の中にはめ込んであるわけです。それを読み出すと旧約聖書は二十四か所、新約聖書は二十九か所、合わせれば五十三か所あります。その他さまざまな事柄、説明を付けなければ分からないような箇所があり、私は『武士道』を翻訳するときに人物も出典もすべて調べて六百四十もの註をつけて、教文館から出しました。つまり新渡戸はそれだけのことを頭に入れて、英文で書いたわけです。だからアメリカ人が読んでも、ドイツ人が読んでも『武士道』をとても感心したというのも良く分かります。それだけの和漢洋にわたる知識を踏まえて『武士道』という書物は出来ているわけです。日本人でこのようなことが出来る人物がおるかといえば、おりはしません。専門領域でそこの部分だけを書く人はいますが、和漢洋をそろえて読む人はいないでしょう。ですから、あの『武士道』を本当に理解しようとするならば、私の書いた六百四十もの註をつけた『武士道』を読まなければならないと思います。そうでなければ知識の広さ、深さということが分からないと思います。

その他の本を読んでも新渡戸は実に広い知識を持っていることが分かります。明治の学者はそれなりに知識が広い人は多いのですが、例えば、森鷗外です。森鷗外のことを私はお話ししたと先ほど申しましたが、森鷗外も知識の範囲がとても広いです。森鷗外が亡くなったあと、本が二万冊家にあったといいます。和漢洋にわたって。森鷗外はドイツへ留学しています。漢文もでき、日本の古典も知っている。森鷗外は自分で和歌を作ります。漱石も和漢洋にわたっています。俳句も詠み、教養の広い人です。英語も出来ます。新渡戸の事にしても、森鷗外、漱石にしても本当に理解しようとすれば、あるていど和漢洋に広げていないと姿が摑めないのです、あるいは認められないのです。一方からみて、こうかと思っても向こう側から見なければ、その人物を摑み損ねるわけです。現代ではお目にかかれないような非常に大きな人物であることが第一番です。これは『武士道』一つ取り上げただけでもよく分かることです。

## ② 弱者への温かい具体的支援

二番目は学問に関係がないと言えばそうですが、関係はあることです。新渡戸稲造は弱い人、あるいは老人、あるいは小さい子供たち、少年少女、あるいは女性、お金のない人、それから病人、要するに社会的弱者に対する同情心の非常に厚い人でした。ただ口で言うだけでなく、具体的にその人たちを助けたのです。新渡戸は二十七室もある大きな屋敷に住んでおり、忙しく海外をあちらこちら歩いておりましたが、そうでない時は朝起きて、歯を磨いて、朝ご飯をゆったりととり、それから応接間に待たせている人たちと会いました。新渡戸が朝起きたときから、続々と会いたいと押しかけている人が待っており、看板は掛けていないけれども人生相談を受けていました。あの先生に聞けば解決するだろうと人づてに聞いたりして来た人が押しかけてきていました。新渡戸が食事を済ませて応対を始めようとするときには、もうすでに十人以上も待っているわけです。話を聞いて事情を聴き、歩む道を的確に示したり、病気であればどこそこで診てもらったほうがいいと、自分の知っている限りの知識で助けになる事を言うわけです。中には金をもらおうと思って無心に来るものもおりました。そういう者はダメです。一切金はやりません。けれども本当に困ってお金に苦労をしている者に対しては、新渡戸はお金を惜しまずに与えてあげていました。ですから毎日人生相談をやっているわけです。人の悩み、苦しみを聞き取って、本当にその人にプラスになるような答えを少しでも提供しようと思うと、自分の心の中にその人の苦しみを引き受けなければなりません。つまりいい加減に聞くのではなく、本当に親身になって聞けば、その人の苦しみは軽くなり、それを受け止めた新渡戸は毎日人の苦しみを背負い込むことになるのです。そういうことを嫌がらずにたくさんの人に具体的に助けを施したわけです。

ですから、昭和八年、新渡戸稲造が死んだときに、銀行に預けていたものも含め現金はたった三千円しかなかったわけです。たった三千円。家に十五人もの女中さん、運転手がいるわけですが、そういう人にお給料を出さなければいけないし、奥さんは洋食しか食べません。家でコックさんが作ってくれていたのです。二十七部屋もある家を掃除するだけでも大変なことです。ですから、そういう暮らしをしている人が、一月にどの位お給料に掛かるとか、電気代はどの位かとか、あるいは資産にどの位の税金が掛かるのか、そういったことを考えると三千円というお金はそのままだと恐らく一年も経たないうちに無くなってしまうでしょう。しかし、主人が死に、たくさんの人を雇う必要がないからといって辞めてもらうように言っても、三、四人はおいておかないとその家はもちません。三千円しか残さなかった新渡戸は、たくさん入ってきたはずのお金をどうしたのかというと、困っている人にみなやってしまったのです。では、そういうことを何処かに控えていたかというと何処にも控えはありません。では、家の人が知っていたかというとそうではありません。誰かに幾らあげたということをいちいち奥さんのメリーさんに言う訳でもありません。ですから、奥さんもそういったことはあまり覚えていないでしょう。書き留めるということは一切していませんでした。

そういうことを考えると、新渡戸は例えば、昭和の初めにある講演を大阪でしましたが、その時の講演料は七百円です。大学教授の給料が二百円の時に、一回の講演で七百円です。二百円というのは今でいう六十万から七十万円でしょう。そうするとそれの三倍半もらっていたわけです。新渡戸が七百円貰ったということを書いていた訳ではないですが、支払った側の資料を私が後から見つけたものですから、確かな証拠があるわけです。どこでもそのぐらい出したかというとそうではなく、もっと安いこともありました。失礼な言い方かもしれませんが、今では、ちょっとした芸人さんでも百万円を請求するそうです。私の友人の大阪の女性が集まっている団体で、岩波新書に書いている人でお笑いの俳優のような人ですが、面白そうな人だから講演をお願いしようと思ったところ百万円出せということを言われたそうです。二十人ぐらいの女性の会でそんなお金を出せるわけありませんから、止めにしました。つまり、昭和の初めに新渡戸が七百円の講演料を貰っていたということは大変なことなのです。

新渡戸はあちこちに行って講演をしますが、その収入だけでも相当なものです。もちろん税金を取られますけれども。しかし、家族には遺さなかったわけです。遺された家族は二十七部屋の家の半分をポーランドの外交官に貸したり、家にあるものを売ったり、下々のいう売り食いです。骨董品を売ってお金に換えて生活費に充てるしかなかったのです。とはいっても新渡戸家の方が質屋に行くなどということは出来ません。だから、かつて稲造が教えた弟子たち、今はどこかの役所の偉いさんになっている人たちが「私が捌いて来てあげます」といって持って行ってくれたわけです。これは武子さんから聞いた話ですが、自分が母親のこと子さんと一緒に、ある昔の弟子のところに行くと、以前は新渡戸家で使っていたカーテンが掛けられてあった。それは西洋で買ったものでしたが、自分が捌いてあげますと言って持ち帰ったカーテンを自分で買ってくれたのか、ということに気がついたのです。そういったことはほんの一例ですが、頼まれた弟子たちも色々な苦労をして、後の生活を助けたのです。家を小さいところ小さいところへと移り、最後にはエレベーターもない鉄筋五階建ての四階の四部屋しかないところへ住むことになったのです。けれど、新渡戸稲造から助けてもらった人たちは、それを知っています。神様は知っておられますが、家族はそれを知りません。それを惜しいとも思わない。それが新渡戸稲造という人なのです。これはなかなか誰しもが真似できることではありません。

内村鑑三はキリスト教伝道師ですから、勿論、大金持ちでもなく、金儲けをする人でもありませんでしたが、奥さんが一回りほど年下でしたから、恐らく長生きするだろうと考えたのでしょう。内村は六十九歳、数えでいうと七十歳で亡くなりましたが、奥さんが長生きをしても大丈夫なように、物価の上昇も考えたかどうかは分かりませんが、お金を奥さんのものとしてきちんと遺しておりました。だから内村にはそれだけのそろばんの能力があったのです。新渡戸にはそろばんの能力はゼロです。それは若い時から、困っている人を見たら助けないといけないという気持ちがあったからだということは確かです。具体例は二つ三つとありますが、時間がないのでここでは取り上げません。

### ③ 謙遜

その次は謙遜です。新渡戸はとても自己評価を低くする人です。自分がどれほどのものであるかということをほとんど考慮しません。これはこと子さんから直に聞いたことですが、父は「自分が死んで二十年経った後に自分を理解して覚えていてくれる人がたった一人でもいれば満足だね」と言ったとのことです。こと子さんはその言葉を記憶しておられ、私に伝えてくれました。私に対してこと子さんが「あなたは新渡戸を理解してくれる人」とおっしゃったのです。稲造が名声赫々《かくかく》たる時に、これほどまでに自己評価を低くしていたということについて、私はとても心を打たれました。しかし、同じことは本にも書いているわけです。『偉人群像』という本があります。全集にも入っておりますが、それを見ますと、全集五巻の五百三十六頁にありますが、そこにこうあります。

「もし自分が死んで死後十年、自分の著作を読む人があったなら、その読者に土の下から深い感謝を述べたい。恐らく死後三年後に長らえる著述は自分にはあるまいと自分は日頃思っている。これは自分が真の学徒ならざるゆえである。」

本当の学者でないと自分で思っているから、死後三年、長くても十年もすればもう誰も読まないというふうに自分では覚悟していると、稲造は本に書いているわけです。けれどご承知のように、今『武士道』をはじめ、文庫本にも『自警』が入っているでしょうし、『修養』も入っていますし、著者が死んで五十年以上経てば、著者に印税を払わなくてもいいから自由に使えるため、売れると思って刷れば、本屋は売れた分だけ儲かるわけです。翻訳をしてもらえばその費用は掛かりますから、お金は要りますけれども。そういうわけで、新渡戸は自己評価を低く、低く、見ていた人です。

もう一人、資料にあげた人物、鈴木修次という人があります。この人は八十八歳まで生きたのですが、この人が長崎の高商の学生であった時、関東大震災の翌年大正十三年十二月八日に、新渡戸は日本に帰ってきて、翌年の二月十五日まで、日本のあちらこちらに国際連盟の事を講演して回りました。その時長崎で、二回ほど講演をした時、長崎高等商業学校（今の長崎大学）の学生たちの世話をしたのが鈴木修次という人です。この人も出世をし、百まで働こうという「百働会」を作りました。友達を集めては色々な人を呼んできて、ためになる話をしてもらうということをしていました。そのほか色々な人助けになるような働きを大いにやりました。百までいかず、八十八で亡くなったのは大変惜しいことでした。その鈴木修次さんが亡くなる際、ほんの二か月ぐらい前に、私に講師になってくれと、今回は石井好子さんというシャンソン歌手、親父さんは自民党の政治家でしたが、その石井好子さんとあなたとで時間を取り持ってくれと言われました。そして、私は行って石井好子さんと話をしました。石井好子さんにはフランスからジャンヌ・ダルクの彫刻を取り寄せて、お土産として差し上げていました。私にはお土産はありませんでしたが……（笑）。

鈴木修次さんはそういう人で、新渡戸稲造に傾倒して、新渡戸が国際連盟から戻ってきたあたりですから、鈴木さんはちょうどバリバリと仕事をしていた時だったわけです。いつも新渡戸先生に腰巾着のように付きまとっておりました。晩の会合の前に時間があるので、東京の三越の食堂で心太《ところてん》と寒天を食べながら、しゃべりました。その時鈴木さんが言ったのは、新渡戸先生はあまりにも仕事を引き受けすぎる。例えば一日に講演を四回も引き受けてしまう。「こういうことはしんどいですから、四回も講演をしてはダメです、健康に気を付けてください」ということを言ったそうです。その時のことばを、新渡戸が死んで翌月に出た『新自由主義』、これは新渡戸をはじめとする鶴見祐輔、鈴木修次ら弟子たちが中心となって出していた雑誌ですが、タブロイド型の新聞位の大きな雑誌です、そこに新渡戸さんの葬式が行われる十一月に鈴木さんが書いています。

新渡戸先生に健康に気を付けてくださいというと、「俺が死んで、三年後にリメンバーするやつがあるか」と新渡戸は言いました。普通の会話の中に少しだけ英語を入れるというのが新渡戸のくせです。だから、相手が英語を知っている人だと思うと、英語を交えて「リメンバーするやつがあるか」と言ったのです。しかし、覚えている人は覚えていました。

## ④ 広く深い信仰

そして、それらを支えているのは新渡戸の信仰です。新渡戸の深く広い信仰です。これは色々なところに逸話が残っております。新渡戸には子供はおりませんでした。メリーさんとの間に生まれた子供は、生まれて八日目に死んだのです。だからその後、養子をとり、養女をとったのです。これは姉さんがたの子供、あるいは孫です。まずは養子をとりました。姉さんの子供です。自分に一番近い姉さんの子供です。なにせ姉さんは四人もおるわけですから、一番上の姉さんはもっと年上です。養子にした子供がまだ小さいころ、小学校に行かない頃の事です。新渡戸の屋敷でお月さんが煌々と照っているとき、植木を持ってきてそれを供えてお月さんに手を合わせて拝んでおりました。それをみて新渡戸はそういう偶像崇拝、お月さんを拝んでいるようではいかんと、「なぜ拝んでいるのか」とその子に聞きました。すると「お月様は神様だから」とその子が答えました。そこで「お月様は神様ではない。ただの天体である」と新渡戸が言ったところ、「じゃあ、神様ってなんですか」と聞いてきた。そして「神様は目に見えないものである。目に見えるものは神様ではない」と新渡戸は言いました。するとその子（孝夫《よしお》）が言うに、「じゃあ、神様はどこにおられるの」と。「どこにでもおられるよ」と新渡戸は言ったのです。すると孝夫は「どこにでもおられるなら、お月様にもおられるでしょう。だから僕はお月さんを拝んでいるんです」と。そう言うので、新渡戸はもう参った、と言っております。小さい子供に対してした返事でも、新渡戸は一つの教訓を得ております。

次のは『世渡りの道』という書物の中に出てきます。老婦人が道端でお地蔵さんを拝んでおりました。「お地蔵さんを拝んでいるのを見ると、お地蔵さんは何の功徳もしていないのに、お地蔵さんを拝むなんてつまらないことをしている者がいるものだと思う人もいるかも知れない。けれど、自分はそうは思わない。そういうご婦人を見るごとに、その人の心の中に向上する気持があるということを喜びとする。つまり、言葉すら発しない地蔵さんにですら、一生懸命になって拝む。だとすれば、地蔵さん以上のものに対すれば、どのようにそのお婆さんのお祈りは進むのだろうか。もう一歩進めて、本当の神様の存在を知ったならば、その信仰、向上心というのはどれほど進歩するであろうか、ということをつくづく思った。だからどれほど立派な人に磨き上がっていくことだろうかと思った。ですから、彼女の向上心を尊重する意味を大いに見ました」ということを新渡戸は言っています。つまり、その人の思いに合わせて、向上させようと新渡戸は願ったのです。地蔵さんを拝んでいる人を見て「バカだなあ」という人は、まだまだその人の心が信仰の深みに達していないということなのです。すべての人の中に高きを目指す志を、新渡戸は見出しました。

新渡戸が心の中においていた宗教というものは、神道であれ、仏教であれ、キリスト教であれ、その他の宗教であれ、あらゆる宗教の底の底、あるいは高みの上の上というものが渾然一体として通じているところまで見通していたと言っていいでしょう。だとすれば、人類すべての人はそういう心を失わない訳です。すべての人の心の内に神の光が射しているという新渡戸のクエーカーの教えは、西洋人のクエーカーよりも、もっと深く、もっと広く受け止めたと言っていいでしょう。

新渡戸から学ぶことはまだまだたくさんあります。

## Ⅲ　私の新渡戸稲造関係出版

資料の三番目の新渡戸に関する私の出版については時間上省略いたします。単行本で十二冊、教文館その他から出しております。全集の中に新渡戸の英文で書いたものを三巻、翻訳して入れています。その他、新渡戸に宛てた手紙だとか、新聞に発表したものだとか、その他十七点も入れております。

## Ⅳ　むすび——残る仕事

### 一　邦文書翰

新渡戸について知るべきことは翻訳も出たし、全部世の中の人に知られるようになったかというと、そうではありません。まだまだ新渡戸が書き遺したもので知られていないものがたくさんあります。それを資料に並べてみました。この前の全集の中に手紙で翻訳して入れたものは、英語で外国人に宛てた手紙です。日本人に宛てた手紙は札幌農学校の同窓宛のほかは一通も入れていません。どちらが多いかというと、日本人に宛てた手紙が多いに決まっております。けれど、これを集めようというとなかなか大変です。個人が集めることはなかなか出来ない。本屋が集めようとしても念入りな手段を講じないと集められません。しかも戦災でたくさん焼けているでしょう。なかには他人に見せたくないという人もいるかもしれません。しかし、新渡戸の手紙というのは、日本語の手紙は、集めたら集めたで容易に人助けになるだろうと確信を持って言うことが出来ます。私が生きている間は、もうそれだけの力はありませんし、教文館もそこまでは出来ないかもしれません。それが一つです。

## 二　邦文雑誌寄稿文

二番目には、新渡戸は日本語の雑誌にたくさん載せました。日本にいる時は必ず毎月文章を寄せておりましたから、それだけ考えても相当な分量があります。けれど、これはほとんど全集には入れておりません。実業之日本社に行けば元があるでしょうから、これに関してはあり所が分かっているから、やり易いと思います。実業之日本社だけでなく、他の雑誌にも載せていますから、それを網羅してすべて載せれば、全集の二、三冊、もっと多い冊数になるでしょう。

## 三　邦文新聞

それから日本語の新聞にもたくさんの文章を載せております。これらも新聞社は保存しているでしょうから、尋ねて発掘すれば見つかると思います。第二次の全集を出すときに、私は毎日新聞社に行きまして、新渡戸が英文毎日に載せていた英語の文章で、全集には入っていなかった、新渡戸が生きていた時の新聞をすべてチェックして、載せていなかったものをたくさん見つけ、新しい全集に入れたのです。それには原文も翻訳も両方とも入れてあります。社説をたくさん書いているのですが、そういうものも全部見つけて入れました。ですから、同じようなことを日本語の新聞でやれば、随分の量が溜まるだろうと思います。

## 四　諸学校での講演

それから新渡戸はたくさんの学校へ行って講演しました。殊に、卒業生が校長や教頭をしている学校から頼まれれば、九州へも、四国へも、随分たくさん行きました。それぞれの学校は、名士が来て講演してくれると、先生が筆記して後で文責在記者（責任は書いたものにある）として、後に新渡戸に煩わせないようにし、必ず学校の雑誌に載せています。私の友達の遊口親之氏が愛媛県の西条市にいまして、愛媛県の旧制中学や旧制の農学校には新渡戸の教え子がよく勤めていました。そういったところに新渡戸が講演に行き、その学校の雑誌に載せてあったものを発掘してくれました。それは新渡戸基金から出版されている研究誌に載せてあります。そのように新渡戸が訪ねた学校をすべて網羅すれば、相当な分量が集まるものと思われます。残った仕事を思いつくままに集めるだけでも全集六巻、七巻はゆうに増えるわけです。

でもその六巻、七巻が出ないと新渡戸の値打ちが分からないかというとそうではありません。六巻、七巻で新渡戸が述べるものは、それまでの全集全二十三巻プラス二巻で語るものと内容はまったく同じです。より優れたもの、纏まったものはすでに全集の中に入っております。だから、残る仕事全部をやり遂げたとしても、既に出されている全集と比較した場合、それを超えるものはあまり多くはなかろうと、変わったテーマが出てくることはありましょうけれども、と私は自ら心を慰めて、残ったものには手を付けずに置いてありますから、若い人が「よしやろう」というのであれば教文館にご相談なさってください。十年、二十年、三十年かけてして下されば、私も喜んであの世から見させていただきたいと思う次第です。

今日は新渡戸基金設立二十周年・新渡戸稲造会創立三十周年を記念して、新渡戸稲造についてお話をさせていただきました。こういう人が日本にいた、日本人としてはけた外れの、外国人から見てもけた外れの人がいたということです。こういうことを日本人は理解しているかというと、まだまだ理解が足りません。『新渡戸稲造研究』(『新渡戸稲造の世界』)が今、二十三巻出ておりますが、これが五十巻、百巻出たとしても、なかなか新渡戸全体を伝え尽くすということは難しいと思います。しかしこの会が続く限り、継続してこの地から新渡戸を継承していただけることを心から願う次第です。

# 2 リンカーン、イエス、新渡戸稲造
## ――ユーモア三題話

### 一 はじめに

新渡戸稲造は日本人として大のリンカーン崇拝家でした。一九四五年八月十五日の敗戦を中学三年で迎えた私は、翌年四月からの英語教科書で、リンカーンの「ゲティスバーグ演説」を習って感動しましたし、一九四九年大学へ入ると教科書の中にこんどは「第二次就任演説」があって、これまた大きな感銘をうけつつ学んだことを思い起こします。

新渡戸稲造が札幌農学校で学んだ間にも、きっとリンカーンの演説は目にし心に刻んだにちがいないと思います。

そんな新渡戸稲造のことですから、母校の教授になり、一八九四年一月札幌の東部豊平橋の近くに、当時小学校は四年制でしたが、それにも通えず工場で働いていた子供たちに、遠友夜学校という学習の場を開いたときも、稲造自身が担当した日曜日の修身の講話のときには、リンカーンのことを話したにちがいありません。さてこそ、上級生はその修養会に「リンコルン会」という名をつけ、この偉人の精神を見習おうとしたのでした。

のち一九〇六年十月一日から一高校長となったときも、一般生徒のための課外講義でとりあげた難しい古典の中にも、カーライルの『サーター・リザータス』『クロムウェル伝』、ゲーテの『ファウスト』、ミルトンの『失楽園』と並んで『リンカーン伝』をも講じ、生徒たちに大きな影響を与えたのでした。

新渡戸稲造はクエーカーのキリスト信徒です。ですからイエス・キリストを救い主としてその十字架を仰ぎます。そしてキリストの人格を尊び敬います。

本稿は、そのリンカーンとイエスと新渡戸稲造の三人のユーモアをとおして、その根源には、三者ともに深い深い悲しみがあることを確かめ、歴史をつらぬき、パレスチナとアメリカと日本とそのいずれにおいても、ユーモアこそが歴史を変えることを学びたいと思うのです。

## 二　エイブラハム・リンカーン（一八〇九―六五）

二〇一三年春には、日本でもアメリカのスピルバーグ監督、ダニエル・デイ＝ルイス主演の『リンカーン』の映画が封切られたので、その上映の終わり近い五月二十七日、見に行きました。

実は映画館へ入るのは、クリントン大統領下で副大統領をし、それに続く大統領選挙でブッシュに負けて、方向転換して地球の環境問題を映画に仕上げ、自らの講演と二本立てで全米の各地、学校や公会堂、教会や映画館を巡回し、ヨーロッパにも日本にもフィルムをもってやって来た、アル・ゴアの『不都合な真実』を見て以来、映画館の人となるのは、十年ぶりのことでした（ゴアはこの働きでノーベル平和賞を受けたことも忘れてはなりません)。

十年前とは映画館の様子はすっかり変わっていました。私の若い頃は(六十年以上前の)映画館は盛り場に数館が軒を連らね、各館七、八百人位は収容できる二階建てでしたが、この『リンカーン』の時は八階建ての大きなビルの最上階に、数館が小さな室(ちょっとした会議室かと思うような)を並べ、『リンカーン』の室のほかには、日本映画室、西部劇の室など四室がずらりと並び、そのどれか一つに入れるのでした。

『リンカーン』はあれだけ評判の映画ですから、大勢入っているかと思いましたがさにあらず、二百人入りの室に上映開始の時でもなんと僅か十二人しか客がいないのにはまたもびっくりしました。

一九五〇年頃、私がまだ学生の頃、アメリカ映画『イリノイのリンカーン』が上映され、見に行った印象は今も忘れません。そのラスト・シーンは、リンカーンが夫人及び子供たちとワシントン行きの列車の最後尾に現れ、見送りの人々に手を振り別れを告げて、フェイド・アウトしてゆくという感動的な場面でした。

敗戦後中学四年(旧制)だった私たちの国語の先生は、週四時間の一回ぐらいは、名作を授業の後半に読んで下さいました。『路傍の石』や『次郎物語』もまず耳から入りました。その一作に『リンカーン伝』があり、少年時代から死に至るまでを、耳をすまして感動を覚えつつ拝聴したことを今でも憶えています。以来リンカーンは大好きになり、リンカーンの伝記もいろいろ読みました。

岩波新書、ホイーア著『リンカン』、カール・サンドバーグ著『リンカーン』(二段組ハードカバーで三巻)、その他アメリカでのペーパーバックではチャーンウッド卿著『リンカーン』(一九一六年)、ポール・M・アングル編『リンカーン読本』（一九四七年）（これはリンカーン自身を含む六十五人の作家、学者、政治家、記者の文百七十九を選び、適切な注、索引、文献、年表を付けた名編著）らがそれです。

この度の映画は、アメリカの政治学者ドリス・カーンズ・グッドウィン女史（Doris Kearns Goodwin）が二〇〇五年に出版した大著『ライヴァル達からなるチーム――エイブラハム・リンカーンの政治的天才』（原著は七五七頁、中公文庫の上中下三巻で一四八七頁）全二十六章の最後の四章（一八六四年から六五年の死まで）を扱ったもので、一八六三年十一月のゲティスバーグ演説を終えて新年を迎えた一八六四年初めから、一八六五年四月十五日の死までを、見事に映画化しています。

画面の初めには、これから前線へ出てゆく将兵たち一人一人に言葉を交わして見送るリンカーンに、二、三の兵士・士官があの「ゲティスバーグ演説」の一こまを口にして、大統領と別れます。最後の画面にはリンカーンの「第二次就任演説」（六五年三月四日）の終わりの場面が静かにフェイド・アウトしてゆきます。主演のデイ＝ルイスは二インチ位背が低いとはいえ、実に名演でした。

南北戦争（英語では内乱 the Civil War）は今もアメリカ合衆国の史上最大の戦争で、最多の死者を出しました。この戦争の死者は南北合わせて七十万人で、これは第二次大戦のアメリカ軍の死者約三十万の二倍以上です。（日本では、戦災死も含め第二次大戦では約三百万人以上が死にました。）

さて、そこでこの苦しい五年間の戦争を戦いぬいたリンカーンが、その間どんなに時に応じユーモアを発揮して、周囲にいる政治家、軍人、記者の緊張と憂鬱を散らしたことでしょう。実例をあげましょう。

（例一）一八六四年五月十一日、中部戦線司令官のグラント将軍（のち一八六九年から二期大統領、任期のあと来日して明治天皇と会見）からの電文が来ました（当時電話はまだありませんでした。電話の発明は一八七六年アメリカのベル、日本で実用が始まったのは一八九〇年）。電文にいわく「タトエ夏中カカッテモ、決着ノックマデ、コノ前線デ戦イツヅケル。」これを聞いた人々はグラント軍の展望をリンカーンに尋ねました。

リンカーンはとっておきの話を披露するときの、特有のスマイルをうかべていうに、「君たちの質問は、素敵な能力で世界を驚かせたロボット・チェスプレーヤーのことを思い出させたよ。一試合おえたのち、ロボットはまもなく有名なプレーヤーの挑戦を受けたものの、この名人はロボットに二回負けて、地団太ふんでくやしがり、ロボットを確《しか》と指さして、意を決した声色で叫んだのさ。『あの中には、人がいる！』」リンカーンはグラントに言及して説明を加えました。「あれこそが軍隊の財産につきものの『秘密兵器』だったよ。」

（例二）戦闘の吉報を待ち受けている人々と共に、電信室の隣で、またまたユーモア話をしていて、リンカーンは言いました――「二代目大統領のジョン・アダムズ（一七三五―一八二六、在任一七九七―一八〇一）が駐英使節の時（一七八五―八八）、イギリス外相と交渉があって外相官廷へおもむいた。ところが交渉中、腹の調子が悪くなって、トイレへ退いた。見るとトイレにワシントンの肖像画がかかっていたのさ。なぜこんな所にかけたんだろう。あとでアダムズはそのことを説明して言った。『イギリス人はワシントンを極端に恐れていたんだ。そこで、ワシントンの肖像画を、最も忌わしい場所に隠したんだ。しかしね、ワシントン像を見ると、すぐ腹が震えて便通によいので、ずっとかけていたのさ。」

（例三）リンカーンの身長は一九二cmで、シルクハットをかむると二m以上もありました。そこで記者がある時冷やかして尋ねました、「大統領、人間てものは、脚はどれほど長くなければいけないんでしょうかね？」するとリンカーンは答えて言いました、「地面にとどくほどだよ。」

（例四）戦争が勝利に終わったのち、南部の大統領ジェファソン・デイヴィス（Jefferson Davis 一八〇八―八九）を捕えて裁判にかけますか、との記者の質問に、リンカーンは答えます。「一つの事を想い出したよ。昔西部で弁護士をしていた時、八十代の夫を殺した七十代の妻の弁護をしたことがあったよ。裁判中の中休みで休憩室に引きとると、妻は私に尋ねた、『結審はどの位になりますの。』私は返辞して『死刑か無期かな。』この妻は夫とけんかになって、夫が刃物を把んで迫ってきたので、手に届いた薪で叩いたところ、夫は死んでしまったのだった。そこで私は妻に言ってやったのさ。『その窓を出て真直に二キロも行くと、隣の州（ミズーリ）になる。そこなら刑は免れられるよ！』その妻は、ただちに窓から一目散というわけさ！」

リンカーンは、ジェファソン・デイヴィスにイギリスへでも亡命してほしかったのでした。

リンカーンの居る所からは、いつも笑い声が絶えなかったと、想い出を語りました。

しかし、ホワイトハウスの守衛が深夜巡回をしていた時、二階の執務室から人の声がするので静かに様子をうかがったところ、リンカーンが独りでひざまずき、呻きつつ祈っているのを目にしたのでした。リンカーンは、類まれな「ユーモアの人」であると同時に、真底からの「悲しみの人」だったのです。

## 三　イエス・キリスト

新約聖書、福音書のどこを調べても、イエスが笑ったとか、ほほえんだと書いてあるところはありません。逆に、「イエスは涙を流された」（ヨハネ一一章三五節）とか、「ああ、エルサレム、エルサレム、預言者たちを殺し、おまえにつかわされた人たちを石で打ち殺す者よ」（マタイ二三章三七節、ルカ一三章三四節）のように、神の都エルサレムの腐敗堕落を深く歎かれたり、また、子供たちがイエスにさわってもらうため親に連れられてきたのを、邪魔だととがめた弟子たちを鋭く憤られたりしたことは（マルコ一〇章一四節）、聖書にあります。

では、泣き、歎き、憤りはしても、イエスは一生笑わなかったのでしょうか。イエスにも子供時代はあったにちがいなく、とすれば友達や弟たち妹たちと一緒に遊んだこともたくさんあり、その時には言い合いをしたり、大声で笑ったりしたはずです。でなければ人間ではありません。

してみるとわかることですが、聖書はイエスの生涯のすべての言動を記録したものではなく、そこに盛りこまれていないことのほうが多いと言ってもよいのです。後代に経外典が多く書かれ、そこにはイエスの子供時代の奇跡物語が、子供時代から素行が治まらないユダとの対立話として書かれたりしていますが、それらは全くの作り話として、聖書をふまえて推察、想像をはたらかすほかはありません。

聖書はそれとはっきり書いてはいませんが、イエスは子供時代だけでなく、伝道生活に入られてからでも、笑われたことはあるのです。

（例一）マルコ福音書一〇章一三―一六節の、イエスが幼な子を抱き手をその上において祝福されるところです。人々が幼な子をイエスのところへ連れてきて、触っていただこうとするのを、弟子たちが押し止めようとしました。イエスは憤りを発し、弟子たちに「幼な子らをわたしの所へ来るままにしておきなさい。止めてはならない。神の国はこのような者の国である。」と言って、子供らを抱き、手をその上において祝福されたのです。マタイやルカでは抱かれたとは書かれてなく、表現はもっと簡単です。子供らがイエスに近づくのを押し留めた弟子たちに、イエスが憤られたと書いてあるのはマルコだけです。

さて、ここで子供を抱き上げたとき、イエスはどんな顔付をしておられたのでしょうか。聖書は一言も書いていません。弟子たちには憤っておられたのですから、こわい顔そのままだったのでしょうか。あるいは、山上の垂訓を説かれた時のように、いくぶん真面目な面持ちだったのでしょうか。そんなことはありません。絶対ありません。イエスはにこにこと子供にほほえみかけ、「やあ、お嬢ちゃん！　いい子だね、元気で楽しく遊びなさいよ」とか、「坊や、年はいくつだい、なに三つ、お母さんの言われることはよくきくんだよ」とか、優しい声をかけ、頭をなでたり、頬をちょっと突いたりされたにちがいありません。そのイエスの顔付きが見えるではありませんか。

（例二）はザアカイとのことです。ルカ一九章一―一〇節に簡潔に書かれています。イエスはすでに最後のエルサレム入り（十字架を覚悟されての）をすべく、ヨルダン川を東から西へ渡り、川に近いエリコの町を通りぬけてずっと昇り坂をエルサレムへ向かおうとしておられます。

ガリラヤを発《た》って、ヨルダン川東岸を南へ、十二弟子はじめ多くの弟子たち、群衆、ガリラヤから付き従う多くの女性たちと共に、南へ下られる程その行列の人数はふえ、村から村へ、町から町へとイエスの評判は早々と伝わって、川を渡りエリコに入られる頃には相当の長蛇の列になり、エリコの町の人々や噂を耳にした近郊の人々は、一目見ておこうとエルサレムへ通じる道にイエスを待ちうけて群がっていたのでした。

取税人のかしら、つまり税を集める手下を大勢傭い、彼らを指図して、一定地域からローマ帝国へ納める税を集めさせる親分です。誰からも嫌われ、背が低いので軽蔑されていたザアカイです。でも、イエスの評判を耳にして、どんな人か見てみたいと思ったので出てきたのですが、エルサレムへ通じる街道筋は両側とも群衆で一杯です。後ろからではイエスが見えません。しかし群衆は誰一人「どうぞ」と言ってくれるどころか、一層つめて、いつも威張っているザアカイを前へ出してはくれません。

ザアカイはどうしてもイエスを見ようとして、街道を小走りに前へ走って、いちじく桑の木に登って上から見下ろそうとしました。

イエスはそこへ通りかかり、樹上のザアカイを見て言われました。「ザアカイよ。急いで下りてきなさい。きょう、あなたの家に泊まることにしているから。」

さてこの時、樹上のザアカイに呼びかけられたイエスは、どんな表情をしておられたでしょうか。聖書は一言ものべていません。じつは「泊まることにしているから」という、イエスの言は、むしろ「泊まらねばならないから」としたほうがよいでしょう。イエスはとても強い調子で一泊のことを言っておられます。けれども、それは決して押し付けがましい、強迫ではありません。だいたい中年の男が木の上に登っているなど、全く滑稽で、漫画的です。イエスに樹上の姿を目にとめられて、呼びかけられたザアカイは、嬉しかったというより、どぎもを抜かれ、年甲斐もない自分の仕業をかくしもできず、閉口して身をすくめるほかなかったでしょう。それを見てはイエスも吹き出しこそされなかったにしても、笑い寸前の様相でザアカイに破顔しつつ「泊まらねばならないから」とおっしゃったのでしょう。ここには何ともほかに見られぬユーモアの情景があるではありませんか。

(例三) さらに、マルコ七章二四—三〇節のスロ・フェニキアのギリシア人の女性が、汚れた霊につかれた娘を治していただきたくて、イエスの足もとにひれ伏してお願いした時の記事があります。女の願いにたいしイエスは、「まず子供たちに十分食べさすべきである。子供たちのパンを取って小犬に投げてやるのはよろしくない」と言われます。この時のイエスのお顔の表情はどうだったでしょうか。はねつけるばかりの厳しい冷たいお顔だったでしょうか。救いはまずイスラエルから、異邦人はそのあとという狭いお心がイエスの本心なら、そうもいえましょう。それならこの心さとい母親は、「お心の狭い方、だめなのね」と合点して、もう返事もせず帰ったことでしょう。

けれどもこの母親はイエスをじっと見つめていて、そのお顔に、厳しくもきこえる言葉とは逆の、何ともいえぬ和らぎが浮かんでいるのを見てとったのでした。ですから、賢い彼女はイエスのお心は広く、絶対治して下さるおつもりだと見抜いて、彼女らしく「主よ、お言葉どおりです。でも、食卓の下にいる小犬も、子供たちのパンくずは、いただきます」と返したのです。

もっと想像を加えてよいなら、この室内の小さいテーブルにはパンがあって、卓の下では小犬がパンくずを喜んで食べていたとすれば、この問答は一層面白味を増しましょう。

この賢い、ユーモアを解する母親の願いをイエスは喜んで受けとめられ、即座に娘の悪霊つきを治されたのでした。

イエスは何とユーモアを解し、ユーモア好きのお方だったかがこの三例でもよくわかります。聖書をユーモアの光で読み直せば、その例はいくらでもみつかりましょう。

山上の垂訓のルカ版（六章二一節）でイエスが、「あなたがたいま泣いている人たちは、さいわいだ。笑うようになるからである」と教えておられるのは、千鈞の重味をもつことばであるといえます。

キリスト教では、救い主イエス・キリストは神にして人、人にして神と信じられています。全き神にして全き人と信じるなら、全き人は涙するとともに笑うのでなければおかしいでしょう。激しく憤るとともにユーモアに満ち、よく笑うのでなければ変でしょう。キリスト教の救い主は、泣くと同時に憤り、歎くと同時に笑う人であり、神であるのです。

## 四　新渡戸稲造（一八六二―一九三三）

盛岡で南部藩の武士の家に、八人兄弟姉妹の末子として明治維新の六年前に生まれた稲造は、頭脳明敏で時代の先を見ぬく力をもっていた祖父や父の性質を受けつぎ、江戸表の南部藩代表を務めたり、一転して祖父と共に当時南部藩領だった今の十和田市一帯の荒地開拓、町起こしにほとんど寧日なく働く父十次郎の留守宅を守る賢い母勢喜《せき》の養育のもと、数多い兄姉にも可愛がられて成長しました。

幼時はやんちゃで、年下の子を泣かしたりしましたが、母から「小さい子をいじめてはいけません」と咎められ、それからはけんかは年上の男の子を相手とするよう改めたといいます。

他方、遊びに外へ出て夕方家へ帰るときは、よく兄や姉にお土産《みやげ》として、お菓子などを持ち帰ってあげたのでしたが、何ももたずに帰ったときは、「今日はお土産がなかったから、そのかわりに」といって、家の沢山ある神棚にお灯明をともしたと伝えられます。

また、皆食事は一人ずつの箱膳（木製の一尺四方高さ五寸位で、蓋は取って箱の上に置くとお盆になる。食後には茶碗、箸、汁椀はお茶で洗ってこの箱に納め、所定の所に納める）で食べるのですが、兄弟姉妹全員が箱膳を納めても、稲造は末席で食事が終わったまま、瞑目して坐っています。姉さんたちが「稲ちゃん、片付けもせず何しているの」と尋ねると、「お食事をいただいて体を養ったから、次は目をつぶって心を養っているのさ」との返事、姉さんたちも「変な、かわった子！」とあきれたとのことでした。

稲造は、歳上の道郎兄と一緒に、東京へ出て、自分は叔父の養子、道郎は一緒に勉強したのでしたが、道郎は体が弱くすぐ風邪をひいたりします。すると稲造は冬寒い朝、近くの神社の井戸で水垢離《みずごり》を取って、兄の健康を祈り、神主が見つけて感心し、色々教えてくれたと言います。幼くして宗教心が豊かだったといってよいでしょう。

稲造は札幌農学校に入る頃（十五歳）から、友人によく面白いことを言って笑わせるのが上手でした。農学校を出てからも、講演をする時も講義をするときも、いつも生徒や聴衆を笑わせるものですから、大島正健（一期生）などは『追憶集』の中で、「面白いことを挟むのはよくない」と批判していますが、これは一つには天性というほかありません。

東京女子大学の初代学長をしていたときも、学校へ来た稲造が学長室にいない、さてどこへ行かれたかと探しまわる必要はないのです。静かに耳を澄ますと、どこからか女子学生の笑い声がきこえてくれば、そこに稲造がいると決まっていました。初年度は一年生だけ、稲造はその少ない学生と教室でくつろぎながら話をして、遠くから独り上京して勉強している乙女たちを慰め励ましていたのでした。

稲造はアメリカ合衆国政府が、一九二四年排日移民法を成立させて、日本人移民を排斥したのに抗義して、二度とアメリカの土を踏まぬと宣言し、国際連盟から日本へ帰るときも、不便で疲れるインド洋廻りを使っていたのですが、一九三二年四月にはこの禁を破って渡米し、一年間全米各地で講演し、大統領にも会い、ラジオ放送も二度行い、カナダへも足をのばし、計百回の講演を行いました。これは、三〇年代少し前から関東軍が満州の軍閥と対立し事件を起こしたりして、中国政府とも難しい関係に陥り、アメリカは中国の主張になびき、日本（特に軍閥）には厳しい世論が主流をなしていたからです。

そのアメリカに、稲造は日米間の危機的状況を何とか打開しなければならぬ、そのためには自己一個の主張を破ることも止むをえぬと考え、太平洋を渡ったのでした。しかし、その大統領との会見の前に、五・一五事件が起こり、犬養首相が陸軍軍人等に首相官廷で暗殺されるなど、稲造がどんなに力をこめ説明しようとも、海外では日本を現実武力支配しているのは軍閥だという意見が主流を占めたことも、止むなき次第でした。

その苦しい状況下、メリー夫人を郷里に残して、独り東奔西走きびしい講演、会見旅行を続けた稲造の心中は、察するに余りありといわねばなりません。

このアメリカ旅行から夫人は東部に残して独り帰国、天皇に報告し、郷土岩手を訪ね、青森県三本木まで足を運び、京都へ赴き佐伯理一郎や竹内栖鳳と会食し、比叡山へ登り、大阪から大連まで飛行機、新京で満州国総理鄭孝胥《ていこうしょ》と会談、また飛行機で帰り、下田に唐人お吉の墓を訪ね、供養の地蔵尊寄進を依頼し、八月二日横浜港からバンクーバー行きの日枝丸で日本を離れ、第五回太平洋問題調査会に日本代表団を率いてバンフのホテルでその任を果たし、太平洋岸へ赴きヴィクトリア市のホテルに先着して待ちうけるメリー夫人と合流、九月一日七十一歳の誕生日を共に祝ったあと、九月十三日に発病、ロイヤル・ジュビリー病院へ入院、十月十五日開腹手術をうけたのち急変し、同日午後八時三十五分逝去したのでした。

稲造の葬儀はヴァンクーヴァで行われ、火葬に付され、遺灰は壺に納められて日本に持ち帰り、一九三三年十一月十八日、青山斎場でフレンド派式で葬儀が営まれました。そして遺灰はその年十二月二日多磨墓地（七区一種五側）に埋葬されました。

メリー夫人は夫稲造が残した遺稿から、特に英文のものを整理して、『若き日の思い出』『日本の文化』『編集余録』（二冊）を丸善、研究社、北星堂から、それぞれゆかりある人々の助けをかりて出版し、一九三八年九月二十三日軽井沢の別荘で逝去しました。八十一歳でした。

稲造自身が著作し出版した英文・独文の書物にも、ユーモアあふれる記述は無いわけではありませんが、それぞれ西洋の名ある書店から出しているので、稲造はそれらをほとんど省略してしまっています。

しかし稲造没後日本の書店から英文で出した著作には、何ともいえぬユーモアあふれる講演中の挿話はそのまま保存されていて、稲造のあの困難な状況下での講演であるだけに、そのユーモアの香りは一層馥郁《ふくいく》と薫りを放っています。そのいくつかを味わうことにしましょう。折角メリー夫人が残してくれたのですから。

（例一）「日本民族」と題する第一章で、人種の優劣には科学的根拠はない、人類はもともと一つであると論じたあとに、次の文があります。「ニューヨーク生まれの少年のことを想い出します。先生が少年に、『どこで生れたの』と問います。坊やは婦人科病院で生まれたと知っているのですが、それでは男らしくないと思い、胸を張って答えました。『ヤンキー・スタディアム』。」（全集一五巻二〇頁）

（例二）近代中国の共産党は、孝中心の儒教道徳を放棄しました。そして当時中国では無父運動（No Father Movement）が流行していました。その理由は、子供は生まれたくて生まれてきたのではないのに、幼時は母の玩具、長じては父の扶助者になる必要はないというのです。そこで稲造の一友人の話として紹介されています。――ある中国大人《たいじん》でとても快活な人と友達だったが、この大人がある日涙ながらに萎れた様子でやってきて、「息子が無父に入った、もう生きる楽しみも望みもなくなった」と歎くのです。慰めたのですがさっぱり甲斐がありません。ところが数週間後、その大人が元気一杯でやってきました。そこで稲造の友人は問いました。「ご子息は正道に復されたのですね。」するとと大人はにっこりしていわく。「とんでもない。だが、ざまあみろ、孫の奴めもあの運動に加わりましたのじゃ！」（同四一頁）

(例三)「日本の鎖国」の章で、何でも昔の事は良く見えるが、注意を要するとしたところに次の一文があり面白いです。――「近頃耳にしたこと……気位高い一婦人が立派な系図がほしくなり、系図学者に依頼しました。学者が調べてみますと、彼女の先祖に一人破廉恥罪で電気椅子で処刑された人がいます。婦人に言うと困り果て、記録改変を求めました。もちろん礼金は沢山もらった上で、系図学者はこう改めました。『晩年何某氏は電気学教授の椅子を占めたり。』」(全集同六七頁)

(例四)『武士道』の本が出たとき(一九〇〇年一月アメリカで英文で)、日本では「武道とか士道とかはあるが、武士道はない。新渡戸の造語だ。怪しいものだ」という評判が立ちました。その際の著者自身の心境を面白く述べるとして、次の文があります。――「私の立場は、血液循環について教えている教師と同じであります。先生いわく、『ところで諸君、逆立ちすると先生の顔は赤くなるが、これは血がみんな顔に流れこむからだ。いいかね、じゃ、立っているときなぜ先生の足はふくれないんだろうね?』小さな坊やが手を挙げて言いました、『はい先生、足は空っぽじゃないからです。』」(全集同一一〇頁)

(例五)もう一つ、これは『追憶集』にFrank P. Waltersが「故新渡戸博士」という英文中に書いている文です(邦訳は全集別巻にあります)。連盟を熱烈に愛する婦人数人が事務局を訪ねてきたので、稲造が応待することとなり、ウォルタースもその席にいました。ウォルタースは連盟の政治部長で稲造と同じ事務局次長をしていたからです。――「彼らは事務局が情報を公けに提供する問題について、博士と論議していた。博士は『事務局は連盟が現に行っていることを、宣伝しようとはせずに述べる以上のことはできない』と説明したが、御婦人連は納得ゆきかねる様子だった。そこで博士は

『材料は私たちが提供します』（"We supply the raw material."）と言って、一寸一息おいてから、『それを料理されるのは皆様方です』（"You cook it!"）といった。一同どっと笑いほぐれて、反対論はみな口を閉ざすこととなったが、博士がその言葉の効果を、事実どんなによく計画し理解していたかを完全に判ってきいたのは、聴衆の中で私一人だけだったと思う。」（全集別巻三九〇頁）

ウォルタースは「新渡戸博士の魅力あふれるユーモア発言は、とても簡単に述べられたので、ほとんど偶然の効果だと信じさせるぐらいだったが、結局博士を十分観察してみて、その寸鉄人を刺すような機智は、単なる偶然でこんなにぴったりと狙うことはできないと知るのだった」と述べていますが、これはウォルタースの勘違いで、稲造はその心にいつもユーモアが溢れていて、いちいち調べて考えなくても、ユーモアと機智がそのまま人間の姿をとったのが新渡戸博士だった、と言ったほうがよいのです。口を開けば、真剣な問題であればあるほど、ユーモアが魂からおのずからに流れ出て、話を楽しく面白く、人生の難問題にも潤滑油のように働くのだ、と言ったほうが正しいと私は思います。

## 五　ユーモアの源泉——悲しみ

リンカーン、イエス、新渡戸稲造は、人類の歴史上現れた三人のユーモアの達人と言うことができましょう。しかもこの三人にはある共通点があります。

それは、三人とも深い悲しみを味わったことです。それも常人ではとても耐え切れないと思うような悲しみです。三人がユーモアの達人であるのは、この悲しみの底に身を置いたればこそであったと言わねばなりません。そのことを順に見てゆきましょう。

## ① リンカーン

リンカーンは九歳の時実母ナンシーが亡くなりました。父は後妻を求めて他州へ出かけましたので、姉（二歳上）サラと二人きりで、夜は狼の声を聞きながら、飢えを忍びつつぼろ服を着てすごしました。

そのただ一人の姉サラは二十一歳で出産死したのでした。十九歳のリンカーンが深い陰鬱に陥ったのは当然です。

二十六歳ですっかり長身の一人前の男となったリンカーンは、初恋の相手で婚約者のアンナ・ラトレッジをチフスで急に失いました。彼は悲しみの極、詩を作りました。

そして南北戦争です。足かけ四年、東部から中部まで広大な戦場、閣僚たちとの確執、司令官の無能、その中全責任を負い、南軍にワシントン近くまで攻めこまれ、多くの戦死者を出し辛うじて勝利を収めたのでした。

その間次男のウィリーを十歳余りで失い、あとは十八歳の長男と七歳のタッドだけが残りました。そして自分は暗殺されたのでした。

リンカーンの大統領就任当時の肖像写真と、死の一月位前に写した写真があります。前者が堂々としているのに対し、後者は一気に十も二十も歳を取ったかと思われるほどの、精根尽き果てたかと思える悲しみに打ちひしがれた相貌です。この四年間がリンカーンの心身に何を及ぼしたかはこれで一目瞭然です。

七十万人の戦死、国土の荒廃、国民の対立解消の困難、奴隷ではなくなった黒人たちの将来、ヨーロッパ諸国との関係修復、その他一切の重荷が、あの一人の双肩にのしかかっていたのでした。

まことにリンカーンは政治家として、ほとんど苦しみ、悩み、殺されてのみ、分裂した祖国を一つにできた悲しみの人でした。そのユーモアはこの悲しみあればこそ湧き出でた、神の賜物でありました。ユーモアなしには、リンカーンは一月たりとも生き長らえることはできなかったでしょう。ユーモアは悲しみを泉源としてのみありえたのでした。

## ② イエス・キリスト

イエス・キリストは、三位一体の神の第二位格であり、父なる神の唯一の子イエスであります。人類の救いを実現するために、神は人となりマリアの子イエスとしてこの世に降られたのでした。イエス降誕の理由は、唯一つ、人類及び被造物全体の救いであります。そのため、イエスは天父に別れ、この世に、ナザレの大工ヨセフの許婚者マリアの子として生まれられたのでした。ふつうの人間なら生まれれば父母を同時に与えられるのですが、イエスの場合、母マリアは与えられヨセフは父と見なされても、天の父なる神とは別れて、この地上のローマの属領の一つであるガリラヤのナザレに、世に出るまで三十年余、ヨセフから習い覚えた大工の業を、ヤコブ、ヨセフ、シモン、ユダの四人の弟たちに教え（マタイ一三章五五節）、母マリアを支え、二人（以上？）の妹たちにも長兄として尽くして過ごされたのでした。イエスの心中から天の父への思いが消えたことは一瞬もなかった、といってよいと思います。

その地の父ヨセフとは十三歳か十四歳で死別しておられます。ルカ福音書二章四一―五一節に無言で登場しているのが最後で、時にイエスは十二歳でした。

いよいよ伝道生活に入られ福音を説かれても、人々はたやすくは受け入れませんでした。少数（十二人）の弟子たちは自身の仕事を捨てて従ってきましたが、その中の内弟子というべきペテロ、ヨハネ、アンデレでさえ、福音を正しくは判っていませんでした。なかにはユダのように、自分の思い通りの事を働いてくれないイエスを祭司方へ売りとばす者さえいたのでした。

最後のエルサレム入りのときには、病を治したり、食事を与えたりで恵みをうけた一般群衆は、これまた俗な世直しを期待して、自分たちの上着を道に敷き、また木の枝を切ってきて道に敷いてイエスを迎え、一斉に「ダビデの子に、ホサナ」と叫んだのでしたが、その彼らもイエスが祭司方に捕まり、ローマ帝国のユダヤ総督ピラトが裁判で、イエスを赦そうと引き替えにバラバを出したところ、逆にバラバを釈放し、イエスを十字架につけろとどなるのでした。

そしてついに頼みの綱と思われた天の父も、イエスがゲッセマネで血のような汗を流して祈られても何も言われず、イエスが遂に十字架上で呼びかけられても一言も応じられず、イエスは命を終えられたのでした。

やがて三日目に父なる神に復活せしめられ、四十日を弟子たちに現れて励まされたのち天に昇られ、弟子たちは聖霊を受けて初めてイエスの真意を悟らせられ、立ち直って命がけの伝道に尽くしたのでした。

その甲斐あって、神の御助けをうけ、三百年たって迫害も止み、こんどはローマ帝国の国教にされたのはよかったが、世界も変えられると共に、キリスト教も世に染まり変貌することとなりました。ローマの法的思考に染まっては信仰を法文化し、細目にこだわり、条文に囚われ、違った解釈を罰し、迫害追放しました。ギリシア思想の霊肉分離思考に縛られては、福音の広やかさは失われ、難しい哲学的分析が信仰を虜にし、精緻な神学が信仰の上位に立ち、この地上の階層秩序《ヒエラルキー》になじんで分裂と憎悪、はては愛よりは憎しみに走り、福音とは似ても似つかぬものにしてしまったのです。

ありとあらゆる人間の救いのため、神の子イエス・キリストが、父なる神の御心を体して、愛の極致を示し、父なる神に見放されての十字架の死を遂げられたことを思うとき、主は今も悲しみ嘆き、悩みたもうのではないか、それほど人間の罪はしぶとく、それほどサタンのたくらみはひつこくあるのではないかと、キリストはまさに「悲しみの人」（イザヤ五三章三節）であった、その深い悲しみから、あのユーモアは注ぎ出されたとつくづく知らされるのです。同じ悲しみに立つ瀬もないほどの苦しみをなめた、今なお救われない何十億の人類を救おうと、イエスは今も悲しみの底から私たちの手をとり、あの深い深いユーモアを、その温かい手を通して私たちの冷えゆく魂に注ぎこみ、相共に心の炎をもえ上がらせようとしておられるのです。

### ③　新渡戸稲造

あの国際場裡でもユーモアが高く評価された新渡戸稲造も、実は悲しみの人でありました。稲造自らそのことは深く自覚していました。

稲造の父十次郎は南部藩切っての働き者として頭角をあらわし、江戸へ出て藩の外交役のような役をしたり、父傳《つとう》と共に三本木原の荒地を開き、十和田湖の水を引いて田畑をうるおし、新たに十和田の都市計画を行って市開拓の恩人とされましたが、藩の重役にそねまれ讒言されて蟄居閉門となり、稲造が五歳のとき死んだのでした。

末子の稲造は祖父の忠告もあり、父の弟太田時敏の養子として東京へ出たのは九歳のとき、母勢喜とはその時盛岡で別れ、札幌農学校に入るときも船で太平洋を北上し小樽へ入港で会えず、そのご三年終了後の夏休みに九年ぶりに十八歳で帰郷しましたが、家へ着く二日前に母は死に、稲造は卒倒しました。

メリーと結婚して一年後一八九二年一月十九日に生まれた遠益は、八日後の二十七日に死んで、以後子宝に恵まれなかったのでした。

のち五姉の次男孝夫《よしお》を養子とし、また次姉の孫の琴《こと》を養女とし、両者が婚することになりましたが、子供二人を得たあと孝夫は離婚することとなりました。

稲造は家族運はきわめて恵まれなかったと言ってよいでしょう。特に母勢喜には末子のこともあって六歳頃まで共に寝て可愛がってもらったのでしたが、遂に死に目にも会えなかったのでした。稲造は母からの手紙を巻物に仕立て、洋行する時も持ち歩き、その命日七月十八日にはどこにいても、一室にこもり独りで巻物の手紙を読み香華を手向けて、九歳で別れた母を偲んだのでした。

稲造は家族運が悪かっただけではありません。その晩年、軍国主義勢力の支配力が日本を抑えこむに至り、世界平和を希求する稲造は、昭和天皇からも直接平和のため尽くしてくれと頼まれ、日米間の相互理解を深めようと渾身の努力を続けました。

しかし、軍閥は天皇の意向にも従わず、言論界（新聞・雑誌）もまた売れ行きを求めて軍部に従い、国民も戦争の苦しい実態を知らず軍部に従い、アメリカへ平和の講演の為赴いても、米当局のみか旧い友人さえもが稲造を軍の手先視し、逆に日本ではアメリカかぶれと言われ、その中で独り戦争を避けようと努力を続けたのでした。

稲造にとって、愛国心よりむしろ憂国心（Patriotism よりも Matriotism）こそが平和を保つ基であって、それは自国の過失を悔い改め、自国民の欠点を深く洞察して、その矯正に努めることであって、それはまた国際心とも呼ばれるのですが、いくらそれを説いても理解されませんでした。

稲造はそこに亡国の予兆を見たのでした。

かつて一高校長をしていたとき、生徒から内村鑑三の信仰と稲造の信仰とはどこが違うのですかと質問されたことがあります。そのとき稲造は言いました。「内村君は天国の正門から天国に入ったのだが、我輩は横門から入った。横門というのは悲しみの門だがね。」

稲造が正門というのは贖罪信仰です。天国は神のいます所、それは人間の思いをはるかに越えて大きく広いのです。天国に入る門は決して一つではありません。限りなく大きな天国にはじつに多くの門があるのです。大きい門もあれば小さい門もあるでしょう。しかし入れば、同じ天国です、神の国です。稲造はそう信じていたと思われます。そして、悲しみの門から入る人は、イエスご自身がそうであったように、悲しみの底から湧き出るユーモアによって、その悲しみを和らげるのです。

## 六　結び

リンカーンは、アメリカ合衆国が独立してから三十三年目の一八〇九年に生まれました。生まれたのは中南部のケンタッキー州ハーディンの大工兼農夫の家で、のちインディアナへ移り、イリノイ州のメーコン、さらにスプリングフィールドに移りました。しかし学校教育は生涯で一年未満でした。弁護士になったのも、政界に身を移したのも、ひとえに独学によるものでした。

イエスは紀元前四年から紀元一年に、ローマ帝国領ユダヤの都エルサレムの南九キロのベツレヘムで生まれ、父ヨセフが大工を営んでいるガリラヤ南部のナザレでそだち、シナゴーグで少しは教育を受け、また旧約聖書はそこでの礼拝で学んだでしょうが、家の職業である村の大工を営んでいました。そして約三十歳のとき、仕事をすて、家を離れて、伝道に専念したのでした。

稲造は最も整った学校で教育を受けました。東京の藩の学校共慣義塾、ついで東京外国語学校から東京英語学校、そして札幌農学校、東京大学選科、そしてジョンズ・ホプキンス大学での二年七か月、ついでドイツへ渡ってボン大学、ベルリン大学、ハレ大学で学びハレで学位を取ったのでした。明治の十年代から日本とアメリカとヨーロッパでいくつもの学校に身を置いて、哲学博士と格外文学士の学位を得て帰国した稲造は、当時としては最高の学業を卒《お》えた人でした。

この三人の類まれなユーモアのセンスを省みるにつけ、そのユーモアを押し出す魂の底の底には、ほとんど耐え難い深い深い悲しみの泉源が存在していたことをつよく思います。三人は、その泉源を奥の奥、底の底まで掘り抜いて、そこに湧き出るゆたかなユーモアで、現世《うつしよ》に苦しみ悩みを負って歩みをはこび、そこで病に苦しみ、貧しさに悩み、愛する人を失って歎き悲しんでいる人々に寄りそい、共に悲しみつつ、悲しみの底の底から湧き起こるユーモアの慰めの香りをもってそれを包み、苦しみ悩みを喜びにかえ、その喜びを勇気の支えとして、この人類世界全体の悪と戦い、その勝利をもって、天地万物を創造された神の御心に応《こた》えまつらんとしていたのです。

しかし、二度の世界大戦を経験し、イデオロギーによる人権抑圧で同胞七千万人を苦しみの中に死なしめ、迷信にかぶれて女性を差別し、学校へ通うバスを襲って女生徒を殺傷し、飢える子二千万人が毎年死に、また重い病にかかり、偏狭劣等なナショナリズムが弱小民族を罵り脅かし、人々に憎しみをかきたて、かつて自国が行った悪事をつゆ知らぬ政治家が国をあらぬ方へ誤り導き、労働者の四割は正規の職業がなく、結婚さえできず、未曾有の天災の後始末もすまぬうちに、国際的スポーツ大会を企画して労働者と設計者、国民一般の関心をも後始末から離れさせ、人件費を高騰させ、爆発した原子力炉の被害現場、炉の現状すら三年以上もたってまだはっきりわからず、しかるに全国五十四基の原発を、急いで動かそうとし、非正規雇傭で労働者の賃金を低く抑え（法律がそれを容認して）大企業は数百兆円を内部保留し、政府はその上企業の税をさらに負け、消費税は二年後には一〇％にそしてその後は更に高率にのぼさんとし、原発事故で白日のもとにさらされた政・官・産・学の癒着は政治の各方面で産業の主要部門でいささかも改まらず、戦争放棄の憲法は七十年間国民の生命を安全に保ち、かつそれを通して他国民の生命をも損なうことなく経過したが、その憲法を軽々に変えようとし、外国が世界の各地で行う戦争にそれによって我が国も参加しようとの腹案をいだき、今日本国は、敗戦後またとない危急の境地に至っているのです。

　主は今嘆いておられます。戦争の二十世紀が終わり、米ソの対立も解けて、ようやく平和の二十一世紀に入ったかと思うや、九・一一の思いがけない高層ビルへの旅客機突入で、ニューヨークの貿易センタービル二棟が崩壊し、世界の半数の国々の人々七〇〇〇人近くが命を失い、アメリカ及び連合国はイラクが元兇だとして、イラク戦争に突入しました。二年余でイラク全土を制圧し、フセイン大統領を捕虜とし裁判にかけ死刑にはしましたが、各地の反乱は一向に止まらず、アメリカ軍、イギリス軍はイラク軍に後事をゆだねて撤兵しましたが、イラク戦突入の理由とされた大量殺戮兵器はイラクにはなく、開戦理由は正しくなかったことが判明したのでした。

　イラクでも、また世界の各地でも、金を出し兵器をあつめて軍備をととのえ、人を集めて訓練し、反政府活動をさせていたオサマ・ビン・ラディン率いる過激派集団が、九・一一にも関係ありとして、アフガニスタンにも兵火は飛び、これまた各国の支援をえて十年の戦いの末、完全制圧には至ることなく米英軍は引きあげ、今なおアフガニスタンとパキスタンの国境付近を拠点として、ゲリラ戦争は続いています。

　リビアのカダフィ大佐の独裁制を自由な選挙による民主制に変えようと、一九七七年から続く体制を打破するオレンジ革命が起こり、三十余年続いた体制は変わり、カダフィは暗殺されましたが、エジプトに飛び火した同革命は、一九八一年から続くムバラク政権を三十年ぶりに打破し、イスラム集団が政権を奪いました、しかしやがて軍が権力を握り、混乱はまだ続いています。

　パレスチナ問題も依然イスラエルの強硬的武力介入によって、いつも十倍以上の人的損害を与え、いつかな平和が到来する気配もありません。これまた、地が地だけに、エルサレムに由来する三宗教にとっては、きわめて困難な政治事情です。周辺のイスラム国内でも、イスラムの過激派が武力行使で、自国内の平安さえ保ちえていませんが、世界のキリスト教国家もこの対立紛争に無関係でないのは、どれほど神の御心を痛めしめていることでしょう。

二十一世紀は二十世紀とはまた異なる意味で、人類は一層混沌と対立、それも宗教的・精神的対立に基づく混乱に陥っています。ただ人類社会のどれもがその抗争に当たっても変わらず頼っているのは、技術文明の産物です。

戦争で用いられる武器は、みな近代西洋文明の開発したものです。イランもイラクも、アメリカもイスラエルも、パレスチナも、インドも中国も、ロシアも、西欧諸国も、みな技術文明の器を用いて、互いに殺し合っているのです。その間にも、この小さな惑星は日々に自然破壊が進み、やがては人類の生存そのものも許されない程度にまで及ぶことは、もう眼に見えてきています。

アメリカの大平原の農地はもう乾燥し切ろうとしています。日本でも岩手県の米造りはもはや醸造米には合わず、酒造家は北海道の適当な農家に米造りを依頼していると聞いたのは、もう十年以上前です。海中生物もこれをよく知っていて、日本近海に棲息する、体長七メートル、胴の太さ二メートルになるダイオウイカは、このごろ元いた太平洋の黒潮ではなくて日本海に、それも山口県から秋田県沖まで、もう数十匹が網にかかっていると報じられました。迷いこみではなくてもう定住しているのです。うかうかしているのは人間だけです。

台風も一層大きく、一層強風が吹き、一層秋深く入って襲来するようになっています。

この美しい日本の国土にも、確かに温暖化の影響は及んで来ています。人間がまだ感じもし感じ放しもして、変わりない生活を続けている中で、自然界は、植物も動物も、一言もつぶやかずただ自分の生きる場をだまって移し、命をつないでいます。彼らの無言の呻きを人間が聞きのがすようでは、人間は温暖化の果てに、食糧不足、居住地不足、その先は土地と食物の奪い合いから戦争へ、そして種の滅亡へということになりかねません。

それこそ主が最も歎きたもうことです。リンカーンも悲しみ、新渡戸稲造も母を失った時以上に気を失う事柄です。

被造物の最上の位置におかれ、造物主と直接言葉を交わし、心を通わせることも出来るのが人間です。その悲しみの心の奥底から、ユーモアを湧き出させ、そのユーモアで人々の心を和やかにし、互いの痛み悲しみを思いやる心がゆたかに起こるようにと、神は人に言葉を与え、美しいものを感じ美しいものでこの地を満たす心を与えられたのでした。

であればこそ人間は、悲しみあるがゆえにユーモアに心を開き、ユーモアによって人と心を結び合い、心を通わせあい、愛と平和の中すべての人が生きられるように、神の御心にかなう業に励み、飢え涙する子供がこの地上にいないように祈り努め、子供の笑みが、そのやわらかな光が、全地に充ちるようにと学び、つとめ、励み、祈り、助け合うのです。

新渡戸稲造は、この悲しみとユーモアの一本道を、生命ある限り、語り、書き、行い、歩みとおした稀有な日本人でありました。リンカーンは、悲しみ深きがゆえに重みを増すこの人の世から、不義と悪とを除き去ろうとその全身全霊を捧げ尽くし倒れた人でありました。

そうして、この二人が何よりお手本としたのは、全天全地の創り主なる神の独り子なるイエス・キリストの、悲しみの極みから湧き出るユーモアでありました。

まことにユーモアは、人生の堅き岩を貫き深く深くおろした悲しみの根から、しなやかに、しかししっかりと伸び出た茎に、咲き結んだ華であります。

新渡戸稲造が地を去って八十年の今（二〇一三年）、私たちは、救い主イエス・キリストの悲しみとユーモアにかたく心を結び、そのユーモアによって、この悲しみの世に喜びと希望の灯をもやしつづけようとした、二人の先人――リンカーンと新渡戸稲造――から、さらにさらに学び続けようと思うのです。

# 3　人は死んで何を残すのか
## ――新渡戸稲造の場合

### 一　はじめに

誰でも知っている言葉に、「虎は死して皮を残し、人は死して名を残す」というのがあります。これは鎌倉時代中期の『十訓抄』（一二五二）という本にある句で、奈良時代の僧行基が菅原寺で入寂の際、弟子たちに述べた言葉だと伝えています。

「名を残す」というのなら、どこに残すのでしょうか、墓石に刻みこんでおくのでしょうか。しかし會津八一《やいち》の言うところでは、石に刻んでも、まず六百年もすれば、雨風にうたれ、日に焼かれ、石は欠け砕け落ちて、名は読めなくなるのです。花崗岩（御影石《みかげいし》）でさえそうですから、軟らかい砂岩ならその半分もてばよい方でしょう。

では生きているうちに（あるいは死んですぐ後に）記念館を建てて、遺品や作品を飾ればよいと言うのかもしれませんが、それは違います。記念館を建てた当座は、弟子もおり、世の人も知っており、遺族もいることゆえ訪問者が多く見えましょうが、五十年もすれば知る人も少なくなり、客はとんと来なくなります。電気代、暖房費、人件費、修理代その他もろもろを考えれば、もう門を閉ざそうかという時が来ないとも限りません。造った以上、百年も千年もというのは悪趣味です。

それなら、紳士録に名を留めればよいという意見もありましょう。これはずっと簡単ですが、これもだめです。日本では明治から続いて出されてきた『紳士録』も、もう廃刊になりました。インターネットに負けたのです。アメリカでも、人名録の見本を一人半頁ぐらいに作って送りつけ、購入予約を強制するので断りますと、その人の分は印刷から外してしまうというあくどい人名録もあります。そんな人名録に名を入れて喜ぶ人は、儲け本位の出版社の喰いものになるまでです。

芸術家は学者や政治家と比べるとずっと名を残し易いと思われます。特に、絵画・彫刻・音楽などは、美的価値があるうちは人々が求めますから、名は残ります。美空ひばりや、ベートーヴェンや、ゴッホやピカソなどは残ります。書は残しにくいですが、それでも骨董価値のある間は大丈夫でしょう。

それらの人とちがい、ふつうの人が残すものは何でしょう。

金は遺産にすれば残りますが、相続税がつき、代を累《かさ》ねるごとに減ってゆきます。家は居宅でも別荘でも、手入れが大変です。人が住まねば七十年位がまず限界でしょう。

土地は永久に遺せましょうか。詩篇四九篇一〇―一二節にあるように（新共同訳）、

「人は永遠に生きようか。
墓穴を見ずにすむであろうか。
人が見ることは

知恵ある者も死に
無知な者、愚かな者と共に滅び
財宝を他人に遺さねばならないということ。
自分の名を付けた地所を持っていても
その土の底だけが彼らのとこしえの家
代々に、彼らが住まう所」

なのです。

子孫を遺すことは、特に狙わなくても遺りますが、「親しんど、子楽《らく》、孫乞食」と大阪の諺にありますように、親の名を後世に正しく遺す子孫を得ることは、難しいことです。

では著作を残すかというと、真に価値ある著作は百年も千年も読まれつづけ、人類の宝となりましょうけれど、それらは残そうと思わなくても残るのです。むりに著作集を作っても、百年の後《のち》、真に人々が心の糧とするものは実に少ないのです。

そこで、新渡戸稲造はでは何を残すことができたか、という問いが、重要な意味を帯びて立ち現れてくるのです。

## 二　新渡戸稲造は何を残すことができたか

これまでたいていの人が残そうとしたもの、残したものをまず見てみましょう。

### ①　金

新渡戸稲造はその職業生活を国家公務員（開拓使の下にある札幌農学校の教授）として始め、その後随分転職しましたが、公務員の時が最も多くありました。

農学校教授としては、給料は月五十円をもらっていました。当時小学校の先生の初任給は七円から十円でしたから、その七倍です。台湾で糖業に従事した時は、さらに多くの給料をもらいましたし、京大教授、一高校長、東大教授としてはさらに高額の給与を受け、国際連盟事務次長としては、それらをも上まさる手当を与えられました。

そして、新渡戸の書いた本は、英文『武士道』も、その日本語訳も、若い人々のために書いた『修養』も、生前実に多くの版を重ねました。『修養』などは百五十版以上を出しました。印税だけでも相当のものでした。

そのほか、日本でも外国でも、実に多くの講演を行いました。死の四年前に行った一つの講演では、七百円の謝礼を受けたことが知られます。今なら三千倍としても二百万円です。その頃の東京帝大の教授の給与は月二百円ですから、その額の程は知られます。

けれども、新渡戸稲造はそれら多額の収入を貯めこんだり、贅沢三昧に使ったりはしませんでした。メリー夫人もその点、心は同じで、多く入った金はすぐ慈善に、人助けに、しかも名を伏せて使いました。

ですから、七十一歳で召された時、遺族は生活に困るほどでした。預金は三千円ほどしかなく、千二百坪（三八八八平方米）の宅地に二十七室をかまえる大邸宅に住み、使用人は十五人もいたのでしたが、現金収入がなかったからです。

手もとに残された書画骨董を売って（というより、出入りの弟子に頼んで売ってもらって）、生活の資に充てたりでした。外国製のカーテンまで売られたと聞きます。

新渡戸は金を残そうとはせず、現に徹底して残さず、家族もそれでよしとしていたのでした。

## ② 家

明治四十年頃、新渡戸は東京の山の手にある小日向台町に居宅をかまえました。それは死ぬまでの居住地でした（カナダで死んだのですが）。千二百坪の地に二十七の和室・洋室を構え、庭には萩に椿、その他美しい灯籠を適地に、姿優しい樹々が繁り、門から玄関までもふさわしい植え込みのある、立派な大邸宅でした。

今の日本のふつうの一戸建て住宅は、ゆとりあるもので宅地はまず六十坪、室数は五つぐらいですから、その二十倍です。この大邸宅は一九四五年のアメリカ空軍の空襲で、全焼してしまいました。その前に遺族は難を避けて他に居を移しておられましたが、残された家具や書画類はすっかり燃えてしまいました。

新渡戸家は稲造生前から、軽井沢に別荘をもち、夏は七月から九月までここで過ごしました。

宅地はとても広く、その中にかなりの大きさの池があり、その池には山清水が音をたてて注ぎ、全日本幼稚園指導者の大会の記念写真はその池の向こう岸の道一杯に堤をうずめた先生たちを、こちら側の岸から写しています。

この別荘は一九三八年（昭和一三）メリー夫人が亡くなった夏のあと、人手に渡りましたが、今もそのあたりの地名に名を留めています。その何千坪もの別荘地は、いくつかに分けられて売却されたのでした。

もう一つ、冬暖かい地に寒さをしのぐための別荘として、鎌倉にも別荘がありましたが、これも稲造没後、彼がよく入院した聖路加病院の看護師さんたちの保養施設にと、寄附されました。

私が養女のこと様を初めて訪問したのは、一九七七年（昭和五十二）四月のことですが、当時こと様のお住居は、東大久保にある旧い五階建てのマンションの四階で、エレベーターもついていないところでした。二ＤＫのその住居で、こと様は永年すごしておいでだったのです。

### ③　土地

小日向台町の邸宅跡には、財務省の官僚住宅マンションや、その他多くの居宅が建っています。元新渡戸家が所有していた他の土地、山林も、今はほとんどありません。

# ④ 本

新渡戸稲造は、札幌農学校生徒であった四年間に、クラークがアメリカから持参し、学校図書館に蔵書とした何千冊の本のうち、文科系の本——歴史、文学、キリスト教、地理その他——はほとんど読み、そのために強度の近視になりました。

その後の研究、随筆、講演をみても、その背景には和漢洋の厖大な書物が心に留まり、随所に記憶から呼びさまされて、文に潤いを与え、ユーモアを添え、読者の魂を拡げ、その悲しみを慰め、その傷を癒し、その勇を鼓していることがわかります。

あれだけ忙しい身で、多くの仕事にたずさわりつつ、よくこれだけの読書ができ、読んだものが常に魂に貯えられ、活用されて世を益することができたのに、ただただ驚くばかりです。

稲造の没後、遺族はその蔵書のほとんどをしかるべき関わりのある学校に寄贈しました。

稲造はその生前にも、あちこちの学校へゆくとき、蔵書を持参し、それをその学校に寄附してゆくことがありました。蔵書には、若い時から蔵書印が押されているので、すぐわかります。私もそんな洋書を一冊もっています。大阪市立大学図書館が本の大整理をしたとき、本来大学蔵書ではない、新渡戸蔵書印の押されたその本をみつけ、私が新渡戸を研究していることを知っているので、私にくれたものです。その本がどこからどうして入ったのか、その由来は全くわかりません。そんなことは随分あったと思われます。

さて、東京女子大学へは、稲造没後遺族が一九四〇年頃に、キリスト教、歴史、伝記、文学など、農学の専門書以外の洋書約三三〇〇冊を一括寄贈され「新渡戸稲造文庫」としていましたが、稲造の本はそれ以外生前にも、稲造が来校の度に持参し寄附したものが一般書庫に混入しており、それらを全部選び出して、「新渡戸稲造記念文庫」として一つにまとめられ、立派な「記念文庫目録」が一九九二年三月に出版されました。そこには五七六七冊が収録されていますが、たとえば叢書などでは、九冊全五六二〇頁の『ニカイア会議以前の教父たち』は、まとめて一つの番号とされており、英語欽定訳聖書などは、全三二冊が一つ番号となっています。もしこれらを各冊ごとに番号を一つずつ与えるとすれば、この二種の本だけで三九冊の本がふえるのです。

ですから、この東京女子大学の『新渡戸稲造文庫』に収められている本は、まず七〇〇〇冊は下らないと思われます。このすべて洋書の、中には今とても手に入らないジャンヌ・ダルク関係の本や、リンカーンの死後アメリカで出た様々の追悼作品は、日本では他には絶対ないと思います。

次に新渡戸稲造の蔵書がまとまって寄贈されたのは、北海道大学です。これも戦前に寄附されたのですが、農業を中心とした経済学関係の外書が約三〇〇〇冊あります。こと様から北大名誉教授で札幌農学校では同期の二期生の宮部金吾にあてた手紙の一つで、こと様は「多量の書籍を収めた数多くの箱の送料を、北大の方で負担してもらえないでしょうか」と、尋ねておられます。たぶんそう計らわれたことでしょう。

この他に、稲造がロンドンにいた一九二〇年に、アダム・スミスの蔵書三〇〇〇冊余りが売りに出、大戦で力を失った西洋人を抑えて新渡戸が買い取り、東京帝大へ送り、『アダム・スミス文庫』が成り立ちました。

さらに、帰国してから（昭和二年に）、十和田に和書約三〇〇〇冊を送り、これを財団法人を作ってその管理下に置くように、と何度も注意したのでしたが、十和田の新渡戸家は遂に稲造の生前にその手続きをとらず、恐らく今も法人の持ち物とはしていないと思われます。

いずれにしても、生前死後を通じて、和洋書籍（洋書の方が三倍半以上の数）を計一万四〇〇〇冊も、然るべき所を選んで寄附したのでした。それで戦災を免れることとなりました。

## ⑤ 芸術品

江戸時代初期から南部家に仕える旧家の新渡戸家には、古美術品がありました。また明治以後も、数多くの芸術品、歴史的証拠が集まってきました。例えば乃木希典大将が新渡戸家を訪問したとき、メリー夫人の頼みに応じ、羽二重の生地に筆を揮って自作の和歌一首、「かたらじとおもふこころもさやかなる月には恵《え》こそかくさざりけれ」を書いたものや、第一次大戦後ジャンヌ・ダルクが列聖されて、フランスでその彫像がいろいろ製作されたのなどは、新しい記念品です。

さきにも少しふれましたように、絵画や書の多くは、稲造の没後、生活費を得るために売られましたし、一部は疎開して残り、さきにのべたジャンヌ・ダルク像は、後に盛岡市立先人記念館に寄附されました。小日向台の家に置かれたままのものは、戦火で烏有に帰してしまいました。

稲造自身の筆を揮ったものも、他人の依頼によるものはその人に与え、そうでないものも惜しみなく人にあげて、新渡戸家自身には多くは残っていないのです。新渡戸家には、武士の心得がそのまま生きていて、家や金はもとより、本であれ芸術品であれ、有形物を地にて残そう、持ち続けようという気持が無いことを、私はひしひしと感じたのでした。

## ⑥　子孫

ドイツの精神病理学者クレッチマー（Kretschmer）はその『天才の心理学』（岩波文庫）で、天才が出た家系は、二―三代で絶えるとして、モーツァルト、ベートーヴェン、ゲーテはじめ多くの人の例をあげています。

新渡戸家にもこれが当てはまるかと思うのです。

稲造とメリーの間には、一八九二年一月一九日に男児遠益《とおます》が生まれましたが、二十七日には死に、二度と子供は授かりませんでした。のち、一八九八年（明治三十一）七月十一日に四姉喜佐（一八五七年生まれ）の次男孝夫《よしお》（一八九二年生まれ）を養子とし、さらに長姉峯の孫娘稲田こと（一八九〇年生まれ）が一九〇五年（明治三十八）に新渡戸家に入り、のち一九一五年正式に養女となり、一九一七年（大正六）九月二十七日二人は結婚し、一九一八年には誠を、一九二〇年には武子をもうけ、誠は一九八五年に六十七歳で子なくして死に、武子は加藤英倫《えいりん》（一九〇八―二〇〇八）との間に幸子《ゆきこ》（一九四五年生まれ）を得ましたが、幸子は独身であり、新渡戸本家の方はやがて絶えると見られます。

新渡戸稲造はこのように、人がこの世に遺しうるすべてのもののうち、有形物はほとんど遺さなかったことになります。それは一つには戦争をはさむ多大な世の変化、戦災、また、稲造が結婚した時メリーは三十四歳であったこともかかわり、その他偶然な事柄も働きますが、クレッチマーの示唆は大いに意味あると思われるのです。

## 三　新渡戸稲造の謙遜

### ①　鈴木修次との対話その他

一九二四年（大正十三）十一月二日、稲造は一九二〇年から勤務している国際連盟に公式休暇を申し出て、前年九月一日起こった関東大震災のあとを見舞い、かつ国際連盟のことをほとんど知らない日本国民一般にその知識を広めるために、就任以来初めて日本へ帰りました。

もちろん、排日法案（一九二四年五月二六日）発効中ゆえ、インド洋廻りの船旅で帰国し、白山丸上でも日本人船客に講演、十二月八日神戸に着きました。

以来、翌一九二五年二月十五日、賀茂丸で神戸から帰路につくまで、七十日の在日中に東は水戸から西は熊本まで、小は普連土《フレンド》女学校の女学生から大は財界人、大臣、皇族まで、少は一五名から多は二五〇〇人の集会まで、さまざまな会合で講演し、学校や地方都市で国際連盟協会の設立を促し、遠いヨーロッパのことばかり考えていた日本国民に、人類初のこの国際機構を理解させようと、懸命の努力をつづけました。クリスマスとお正月を含む七十日間に、講演じつに八十三回、聴衆五万一〇九〇人に語りかけたと、ジュネーヴ帰任後、ドラモンド総長に提出した報告書に、新渡戸自身が書いています。

この強行講演旅行で、一九二五年一月二十四日、長崎市の中島会館で、国際連盟協会長崎支部と長崎高商支部主催の講演会が行われ、稲造は連盟の理想と活動の現状について熱弁を振るいました。その時聴衆の一人で長崎高商の学生かつ国際連盟長崎高商支部の役員をしていた鈴木修次（一九〇四―一九九二）と会い、連盟について日本での啓蒙に尽くすよう頼みました。鈴木はこの縁で上京して鶴見祐輔や後藤新平の書生となって助け、一九二八年八月から三年間はジュネーヴでも働きました。

晩年には「百働会」を組織して、百歳まで世の為に尽くす志の人々を集め、講演会や慈善事業に尽くしました。一九九二年四月八日開かれ、鈴木氏がこの年五月二十八日召されたので、最後の百働会となった集まりには、私も招かれて「新渡戸稲造とジャンヌ・ダルク」の話をしました。一緒に講壇に立ったシャンソン歌手の石井好子女史に、鈴木氏はフランス輸入の〝ジャンヌ・ダルク像〟（四五センチ大）を贈り、会場を動きまわって世話しておられました。

さてその鈴木修次が数え歳三十の一九三三年七月十四日、上野の精養軒でのある会に出るのに時間があったので、稲造と三越の食堂の片隅で心太《ところてん》と寒天をいただきながら会話を交わしました。そして鈴木は、稲造の遺骨が帰国して、青山斎場で同年十一月十八日フレンド派式の葬儀が行われるので、新渡戸もよく筆を執った「新自由主義」誌十一月号に「噫、新渡戸先生」と題する追悼文を寄せたのですが、その中にその時の会話を録しています。

この年八月二日、稲造は第五回太平洋会議に横浜からヴァンクーヴァへ向けて船出するのですから、その死へ出発の十九日前の対話です。鈴木が

「一日四回も講演するのは健康に悪いから、呉々もご用心していただきたい」

と注意申し上げたのに答えて、新渡戸は、

「俺が死んで三年リメムバアする奴があるか」

と響に応ずるごとく答えたといいます。

これと同じ感想を新渡戸は国際連盟在任中、その職員や同僚にもつねに語り、また家族にもよく言っていました。私がこと様から直接承った言葉でいいますと——

「自分が死んだあと二十年たったとき、自分を理解し覚えていてくれる人がたった一人でもおれば満足だねー」

との言葉に、家族の方が、

「まさか！　たった一人！　たった二十年！」

と言うと、稲造は応えて、

「人間はそんなものだよ！」

と言ったとのことです。

## ②『偉人群像』

『偉人群像』は、一九三一年（昭和六）十一月、実業之日本社から出版された本で、稲造晩年の著作です。昭和四年から、稲造は関わりをもつこととなった「大阪毎日新聞」「東京日日新聞」紙上に、その海外生活中親しく接した秀れた人物の印象を連載しました。それらの文章はとても好評を博したので、後には日本の指導的人物の印象をも書き、それらを集めて成ったのがこの本です。

ジュネーヴの国際連盟本部で事務次長を七年つとめた稲造は、連盟に姿を見せる各国の政治家、文化人、さらには稲造自身が各国に出向いたとき出会った偉人とのふれあいを中心に、同じく直に接した日本の偉人をもとりあげて、偉人像絵巻を見事に描き上げたのでした。しかも、その人と交わした対談をそのまま復元して。

例をあげれば、ロイド・ジョージ（英・政治家）、チェンバレン（英・外交官）、ギルバート・マレー（英・古典学者）、バルフォア伯（英・政治家）、ブランティング（スウェーデン・政治家）、ロマン・ローラン（スイス・作家）、パデレウスキー（ポーランド・ピアニスト兼政治家）など。日本では伊藤博文、桂太郎、児玉源太郎、乃木希典、竹内栖鳳、後藤新平です。

これらの中の、ドイツのシモレル（経済学者）らのことを述べた「第廿六章　学徒の模範」の初めの節「政治家と学者の寿命」に、次の一節があります。まず政治家に関して——

「恐らく今日日本においても一時相当世間に聞えた人にして、今日は全然影も形も見えなくなり、たまさかその人の名を述ぶれば『まだ生きてゐるのか』などと、人が不思議に思ふくらゐのものである」

といい、ついで、

「学徒になれば、第一流とゆかずとも、彼らの寿命は政治屋よりは確に長い。己れが世を去ってもその著述が相当に人にも読まれ、口も利く」

とあり、その次に大事な発言がみられます。

「もっとも我輩自身も少からず書物を公にしたが、自分では、もし死後十年自分の著述を読む人があったなら、その読者に土の下から深い感謝を述べたい。恐らく死後三年を長らへる著述は、自分にはあるまいと日ごろ思ってゐる。これは自分は真の学徒ならざる故である」（全集五巻五三六―五三七頁）。

まことに新渡戸稲造の謙遜をこの上なくよく示す文章です。これは平素家族に語っておられた前に引いた文とも同じ心から出ているもので、決して自分を飾って言うのではありません。旧約の箴言一八章一二節に「破滅に先立つのは心の驕り、名誉に先立つのは謙遜」とあるのにまさに当てはまります。

## 四　新渡戸稲造の影響

### ①　教育の新渡戸

新渡戸稲造ほど仕事を次々と変わった人は少ないでしょう。学校の主なものだけあげましても、母校札幌農学校での教職、台湾総督府での蔗糖栽培改良、京都帝大教授、第一高等学校校長兼東京帝大教授、東洋協会殖民専門学校（現拓殖大学）学監、東京女子大学学長、その他普連土女学校、女子経済専門学校（現新渡戸文化学園）、恵泉女学園、女子英学塾（現津田塾大学）、杵家弥七女塾などにもあるいは校長、あるいは社友（理事）その他名称はともあれ実質的支援を行いました。

しかし、これら多数の学校の中でも、新渡戸自身が創立し、援助を終生続け、死後も遺族が支持を続けたものは、遠友夜学校だけであります。福沢諭吉とは違うのです。

これら多くの学校のほかに、記念日などに訪れて講演した学校は、北海道大学はじめ、本州、四国、九州の特に札幌農学校出身者が校長をつとめる学校などに多く、また郷里岩手では夏に汽車、人力車、バス、舟などを利用して、一夏何度かに分けて三陸沿岸の小学校や北上山中の小学校を訪ねたことは数知れません。

また、東京女子大学、恵泉女学園、新渡戸文化学園には新渡戸稲造を記念する記念室が設けられてはいます。

こんなに多くの学校にかかわり、しかも最高学府から小学校にも十分通えぬ貧しい家庭の子供たちの補習校までに、それぞれ深い影響を及ぼした人物は、日本の近代教育史上にもほとんどないでしょう。まさに教育の新渡戸です。

## ② 著作

新渡戸稲造はその七十一年の生涯において、実に多くの著作をあらわしました。しかも、英語、ドイツ語の学術的著作、日本語での滋味豊かな画期的な著作（『農業本論』）もあり、そのほか、若い人たち、特に学生でなく勤め人のための修養もの、若い女性のための生活指針、欧米人傑の印象や外交上の留意、留学譚、西洋古典講解（『衣服哲学講義』）、などが少なくありません。

教文館から出ているその全集は二十三巻と別巻二巻、計二十五巻にわたります。しかも各巻の頁数は五〇〇頁から七七〇頁、全巻で一万五〇〇〇頁を越えます。さらに日本語で雑誌や新聞にのせたものは、まだほとんど収められておらず、生前単行本として出版されたものと、外国語著作（本と雑誌掲載文）が収められています。

それに加え、宮部金吾宛六十通、ジョンズ・ホプキンス大学のＨ・Ｂ・アダムズ教授宛二十四通、『武士道』に長文の「緒言」を寄せたＷ・Ｅ・グリフィス宛十二通、エルキントン家宛十六通、Ａ・Ｃ・ハーツホーン宛四通、Ｒ・Ｇ・モリス宛二通、Ｗ・Ｈ・Ｐ・フォーンス宛二通、Ｎ・Ｍ・バトラー・コロンビア大学長宛二通、Ｍ・Ｅ・ドイッチュ宛三通の全百十五通が、原文・訳文とも収められていますが、日本語で邦人に宛てた手紙は一通も収められていません。これの収集自体が多大の労力を要することもあり、それは今後のこととしています。

その他、『武士道』については邦訳はすでに六、七種類出ており、文庫本としては『自警』『人生雑感』『修養』『随想録』『東西相触れて』などが各社から出ています。

死後三年を長らえる本はないと自ら書いた新渡戸ですが、今、死後八十年をこえても次々と文庫本が出、研究書、伝記、浩瀚な「事典」まで出、内外大学で博士論文のテーマにも取り上げられていて、その著作の影響は今後も消えることはありません。

### ③　人格的影響

#### (i)　生前の直接的影響

新渡戸稲造は七十一年の生涯で、実に多くの人と交わり、幼い子供たちから青年、花のように若い少女たちから年老いた人々、最高学府に身を置く将来の指導者から小学校にも通えず親や弟妹の為労働する子供たちに、深い人格的影響を与えました。

それは教えをうけた期間だけの影響ではなくて、その人の生き方を根本から変え、その子の魂の底に火の玉となって宿り、その人生全体を誠実に、人の為に、神に仕え、少しでも貧しさや病に苦しむ人を助け、励まし、慰めるのに尽くす原動力として働いたのでした。

そのことは、妻のメリー・エルキントン、養女のこと子、孫の加藤武子などの書かれた文からも、伺った話からも、知ることができます。たとえばメリー夫人は、『幼き日の想い出』の「はしがき」で夫の稲造がもっていた室蘭の土地が債務不履行で失われたとき、とてもきつく夫に抗議したさい、稲造が口にした言葉を書き留めています――

「私は、あの人が困っていた時、助けるためにあの土地を買ったのだよ。私は金儲けの気配さえも避けたいと願っている。北海道にいた頃、私は公職にあったのだ」。

そして夫人はこう書き添えています。

「こういう次第で抗議を申し立てた私の敗けとなりました。いつも軽率な判断を後悔し、夫よりも低い水準で物事の判断をしていたことを悟りますと、恥ずかしい思いがいたしました。彼がする決断に私共の考えが一致しないことは、めったにありませんでした。物事の判断に道義の根本が伴う場合、常に私共は一致しておりましたことを嬉しく思います」（全集一九巻五八八頁）。

妻子、親族だけでなく、生徒も学生も、外国人も、稲造に触れ合うことが深いほど、その心からの奉仕に、その人格に、学識に、現実的判断に、無私の思いやりに、ユーモアに、悲しみに、皆感動し、魂の浄化、心の開放をおぼえるのでした。

それはその人たちの心を静かに創りかえ、その創りかえられた心が世の多くの人々へと水輪《みなわ》のようにしづかに広がってゆくのでした。

### (ii) 死後の感化

稲造が召されたとき、私はまだ二歳でした。戦前に義務教育を了えた者として、私たちの習った国定教科書には、新渡戸稲造のことは一言たりとも出てきませんでした。修身にも、国語にも、一行も一語も出てきませんでした。新渡戸稲造は全く国民から覆い隠されていました。

ひとり矢内原忠雄が戦争中岩波書店から出した『武士道』（翻訳・文庫）、『余の尊敬する人物』（新書）だけが、国民の手もとに新渡戸稲造を近づける確かな道でした。敗戦時中学三年だった私は、岩波から出ている右の二書を読み、高校生、大学生の時に、古本屋をまわり、公立図書館を訪ねて、新渡戸の著書を借り出し、むさぼるように読みました。そして石井満の『新渡戸稲造伝』も入手して読みました。

私は特に『人生雑感』と英文著作に深く感銘をうけました。前者はクエーカーの集会で話したものを国井通太郎が筆記しまとめたもので、新渡戸の話しぶりがよく心に響くのと、新渡戸の信仰が実に実際的行動と一致していることに心打たれました。また新渡戸の英文著作は、その魂の最も深く最も高いものを十分に表現しているのに、感動しました。

特に“Thoughts and Essays”の短文は全く散文詩といってよいほどその魂の奥底をうかがうことができ、それは晩年の“Editorial Jottings”で完成の境に至り、自由に、人間と世界の深底を鮮やかに示す域に達しています。心打たれる名文の宝庫と思います。

新渡戸稲造の英文および和文著作は、そこから溢れ出る、広やかな清い心、そのこの現世《うつしよ》を超えた霊の高みを伝え、小さきものへの愛にあふれ、人間の魂の博《ひろ》さの限り、暖かさの極致、その思いの深さと高さの果てを、いつも確《しか》と伝えてくれるのです。

新渡戸稲造の文は、私の魂の拍動とその振動が一致共鳴し、生前その謦咳に接したことはなくとも、今眼前に在《いま》すがごとく思われるのです。私は親しく稲造に接する夢を三度もみました。人格的影響は新渡戸の生前に限りません。むしろ、没後の方が広く深く数多くの人に及ぶでしょう。そう信じている私は、老いて同じような心の体験をしている少女に出会ったのです。

## (iii) 應家葵さんのこと

應家《おういえ》さんは、岩手県岩泉町立浅内《あさない》小学校六年生（二〇一三年に）の、可愛いい、どちらかといえば小柄な女児です。

二〇一二年八月三十日盛岡で開かれた「新渡戸稲造生誕一五〇年祭」のとき、私は彼女に会いました。この祭の記念事業として、小中高生の作文コンクールを実施しました。應家さんはこのコンクールで多くの年上の応募者にまさる、素晴らしい文を寄せ、見事最優秀賞を得たのです。これまで、何度も作文コンクールは行われましたが、こんなことは初めてです。

東京のある中学校では、課外授業に新渡戸の本をつかい、その中の随意のテーマを選んで書かせた中の秀れたものを、数多く応募させましたけれど、岩手の北上山中の全校生徒たった十一人の小さな小さな小学校、一年生と六年生はいない学校の五年生（当時）の書いたものに及ばなかったのです。

それは新渡戸稲造が残したものは何かに、深くかかわるのです。

新渡戸稲造は郷里盛岡へ帰ったときは、いつも暇を見て小学校をたずね、生徒に話し、生徒の話を聴くのを好んでいましたが、一九一六年（大正五）夏には岩手県に帰った際、県南から三陸沿岸にぬけ、北上して広く北上山中をぬけて盛岡へ帰る道筋を選んで、地方事情を観、郷土の農村、漁村の実情を実地に見てまわったのでした。

当時のことを書いたものによると、四月十三日から五月末まで一月半、新渡戸は東南アジア視察に出かけました。当時、新渡戸は東京帝大の植民政策講座の教授でしたから、これは公務出張です。そして六月、七月は東京ですごし、七月三十日には郷里盛岡へ帰り、一日おいて八月一日から二十五日間の旅に出たのです。

汽車で南下して花巻へ、そこから東へ入って遠野から釜石へ、釜石からは鉄道はなく、船で山田から宮古へ、宮古で陸へ上って閉伊《へい》川沿いに西の茂市《もいち》へ、茂市から当時鉄道の終点だった浅内《あさない》をへて岩泉へ、岩泉から北上山脈越えは人力車等で西北上して葛巻《くずまき》へ、葛巻から西へ下って沼宮内《ぬまくない》へ、南下して荒屋新町から浄法寺、天台寺をへて盛岡へという、岩手県の東南一巡、北上山脈横断、陸中歴訪の大旅行でした。そのあと、二十五日からすぐに発って、世田米《せたまい》（今は住田町）から陸前高田へ盛《さかり》をへて下り、盛岡へ戻り、東京へ帰ったのは八月三十日、つまり、八月一杯は郷土歴訪の大旅行でした。

この間途中の町では一日少なくとも二度は講演をしています。昼は小学校で子供たちに、夜は寺院か学校を借りて村や町の人々に話をしました。

稲造が浅内小学校を訪ねたのはこの大正五年八月十七日でした。当時この小学校の生徒は七十人、校長先生夫妻が複式授業で教えていました（今は全校十一人、森の中の人口二八〇人の小さい町です）。稲造は暑い夏に、汽車に乗り、人力車に乗り、船を使い、山を越えて、山村の小学校をおとずれ、「皆さんの中から世の中のために尽くす人が出るように」と励まし、学問の大切さを教えたのでした。九十六年前、ただ一回だけ訪れたこの日のことを、浅内小学校は忘れていなかったのです。新渡戸の訪問は、子供たちに、そして校長先生夫妻に、村人たちに、消えることのない影響を残したのです。そして稲造の生誕百五十年の記念の日に、盛岡で、その只一度の訪問が今もなおその薫りは消えず留まって、浅内小学校の数少ない生徒たちの心の中に、はっきりとした姿を留め、そのことが、日々子供たちを励まし続けていることが明らかになったのです。私は後日應家葵さんに手紙を書き、『新渡戸稲造事典』を送って、礼をのべ励ましたのでした。

## 五　結び

この地上にあるものはすべて時とともに失われ、消えてゆきます。豪壮な邸宅も、静穏な別荘も、住む人を失えば荒れてゆきます。美しい樹々、四季華やかな花々に彩られた庭も、手入れが遠ざかると八重葎《むぐら》におおわれた荒地に戻ります。

刻苦精励、食をも節して集め、先人の英知、天然の神秘を告げ知らせてくれた書物も、時移り紙は虫喰い変色すれば、誰もひもとかなくなり、暗然と地下の書庫の片隅に朽ちゆく日を待つだけとなります。

千金を投じてようやく入手し、日々賞で親しみ、厭かず眼と心の喜びとしたものも、破れ、汚れ、割れ、欠け落ちて、誰一人顧みることもない廃品となります。

世の人が皆ほめたたえ、自らも心豊かに喜びとして受けた名誉も、世の移りゆくと共に誰一人憶えもせず、徒らに年鑑の一行を埋めるに留まり、それすらも社会変動とともに失われてゆくことになります。

大いなる抱負を抱いて、世に尽くすと信じて開いた学苑も、社会の変転、子供の減少とともに成り立ちゆかず、やがては門を閉ざすこととなります。

人間の営みは永遠の時の流れにかかっては、山川の流れに砕ける石のように、その形を留めるのはしばしのいとまであります。国すら亡び、国語すらもやがては消え果てて、千古の真理をたたえた言葉を、誰一人心に解することがなくなることも、なしとしません。

まことに人間の業も営みも、果《はか》ない限りであります。

では、新渡戸稲造はこの世界に日本に何を残したのでしょうか。

新渡戸は遺言を残しませんでした。カナダのヴィクトリア市にあるロイヤル・ジュビリー病院に三十二日間入院したときにも、英文大阪毎日・東京日日への"Editorial Jottings"（「編集余録」）の英文は、ベッドに仰向けに寝ながら、鉛筆で大きな字で、ほとんど毎日厚紙に書いて日本へ送りましたし、新渡戸が軽井沢の別荘の中を流れる小川のせせらぎを懐かしむので、付添人が洗面水道を使ってその音を出そうと苦心しました。しかし新渡戸は回復を信じて、遺言などに心を用いませんでした。

遠友夜学校についてみても、宮部金吾もいましたし、教え子も北大の教授に何人もいましたから、心配はしませんでした。じじつ死後はメリー夫人が校長となり、その没後には弟子の半沢洵がついで、一九四四年（昭和一九）の名誉ある閉校まで、夜学校を守りぬいたのでした。

新渡戸稲造は特に人爵の名誉を求めませんでした。葬儀のとき、昭和天皇は新渡戸に勲一等瑞宝章をさずけましたが、彼はそれを身につける機会はありませんでしたし、墓石に勲位を刻むこともしませんでした。天から授かる天爵のみが、真に価値があると新渡戸は考えていました。

ですから彼はこの世に金銀財宝を残そうとは思いませんでした。家族や妻メリーにもそのような気遣いはしませんでしたし、家族もそれを何とも思いませんでした。むしろ、本も別荘も然るべき所へ寄附したのでした。

内村鑑三は、その死の時には、息子祐之は帝大教授でしたから何の心配もありませんでしたが、年下の妻静子の暮らしを思って、鑑三は相当の生活費を残しました。新渡戸稲造には、しかしそのような心遣いがありません。彼はすべてを神に委ねていたのでしょう。

稲造が唯一残したがゆえに、遺族も、友人も、弟子たちも、心をこめてその存続につとめた遠友夜学校も、戦争の推移と軍部の軍事教練要求をかわして、一九四四年廃校することに決めたのでした。

新渡戸稲造は、この地上に何一つ形あるものとして残しはしませんでした。残そうとも思いませんでした。しかし、おのずと残ったものはありました。それは、さきにも述べた北上山中の小さな小さな浅内小学校の思い出です。たった一度の訪問が百年間近く、町の外の誰にも知られず、知らせようともされず、脈々と浅内の中に継承されていたのです。今浅内町は人口も二八〇人に減り、全校十一人となりましたけれど、稲造のその一度だけの訪問は、校長夫妻（先生はこの二人だけ）にも村人にも深く記憶され、町で育った大人たちすべての心にもしかと刻まれて、百年近く生き続けてきたのです。

遠友夜学校も似たような経験をしました。稲造は、病気で札幌を去って以来、台湾に、京都に、東京に、ついでは遠くスイスのジュネーヴに働きの場を移し、帰国してからも東京、京都、大阪、やがては北アメリカ大陸へと活動の場をいそがしく拡げ、遂にカナダのヴィクトリアで死んだのでした。その間、一九三一年（昭和六）五月十八日の夜、遠友夜学校を訪れ、「学問より実行」の横額揮毫を行い、授業も見、生徒たち全員に話をし、並んでいる一人一人の手を握って話しかけ、別れたのでした。

その時の稲造のことを、一生涯忘れず、戦争中夫人がアメリカ人だと悪口を言う軍人がいても心にもとめず、敗戦後晴れて稲造の心を守り生きた誇りを何よりの徳として、機あるごとに語る八十媼もいます（中村幹生）。

また、もう少し年少で稲造と対面した思い出を心に蔵する老少女は、「遠友夜学校」と題して短歌十首を『さっぽろ市民文芸』に投じましたが、その中から三首を引けば、

淡き灯《ひ》に集ひ来たりて唱和せる
　夜毎の歌の魂《たま》のふれあひ
夕礼に夜毎仰ぎし慈愛の眼

今は胸像がエルムの森に
［稲造夫妻の写真が掲げられていた］
ハルニレは天空突きてそよぎをり
青年を視つめ百年は経ぬ
（梅野きん子）

新渡戸稲造が残したものは、形なきもの、霊の香り、人格の徳風です。それは小さな町の少数の名もなき弟子たちが、まだ幼い時心に留めた記憶であっても、その人々の心の中に生涯留まって、この乱れ切った世の中を、「正直、親切、思いやり」に徹して生きぬく勇気を与えてきたのです。

新渡戸稲造は自分から進んで何も残そうとしませんでした。ただ、キリストの心を心として生きぬいたのです。それ故に主はそれを嘉《よみ》して、恵みを与えられました。主の恵みは、いとささやかであっても、百年の風雪に耐え、天において認められている最大の栄光です。

箴言三章三四節のいうように（新共同訳）、

「主は不遜の者を嘲り、
へりくだる人に恵みを賜わる。」

# 4　オーランド諸島問題の現代的意味

創立記念礼拝（二〇一二年十月七日）

聖書　イザヤ書二章四節

今日はこの学校の創立二五周年記念ということで話をすることになっていました。どんな話をしたらいいかと考えていましたが、皆さんご承知のように、東アジアの情勢が極めて深刻な状況を迎えております。と言いましても、この前の戦争が起こる時のような切羽詰まった状況ではありません。ただ当時とは違って、今は日本の政府も中国の政府も転換期にさしかかり、お互い内向きのことを考えて外に威勢のよいことを言う悪い癖がついておりますので、まかり間違えばおかしなことになります。この問題については若い皆さんが正しい理解をもつよう心がけて、これからの人生で少しでも役に立つことがあれば、それを働きに表していただきたいと思って、日本人が平和を実現して戦争を未然に防いだ実例として「オーランド諸島問題の現代的意味」ということをお話しすることにしました。今年は新渡戸稲造の生誕一五〇年ですので、本年の私のお話はすべて新渡戸に関わることを話そうと決めておりました。今日の話は従って、少し政治に関わり、外交に関わり、なかなか難しい話も織り込むことになりますが、しかしそのことは実際にあった事柄を踏まえて話しますので、これからのこの国の歩み、世界の歩みの参考に大いになると思います。

## I　オーランドの歴史

どういう問題を考える場合でも、外交や平和の問題や戦争の問題を考える場合には、必ず歴史というものを押さえておかなくてはなりません。これはご承知のように、日本政府が尖閣諸島は日本固有の領土であると言うし、中国は明代の歴史の本に尖閣諸島の名前が載っていると言います。名前が載っていると言っても、名前が載っているだけで、それが自分の所だとか、沖縄へ行く途中の島だとか、そういうことはちゃんと触れているわけではありません。いずれにしても一方的なことを言っているだけでは駄目でありますので、オーランドの問題を考える時は、極めて複雑ですが、一応歴史をサッと学んでおきましょう。

まず地図をご覧ください。これは見ても分かるように、スカンジナヴィア半島が左にあって、その対岸がフィンランドです。オーランド諸島というのは、フィンランドとスウェーデンの間にあり、六五〇〇もの島から成っています。島と言っても人が住んでいるのは一六〇だけで、他は無人島です。一番大きな島に人口の八割以上が住んでいます。といってもこれらの島全部を合わせても、面積は大阪府の八〇%くらいと言いますから、小さいものです。日本で一番小さい県は香川県で、次が大阪府です。その大阪府の八割くらいと言いますから、全部合わせても大したことのない大きさです。住んでいる人数もわずか二万七千人くらいだと言います。江津市がだいたい二万五千人くらいですから、ちょうど江津くらいの人しか住んでいない所です。

そういう所が何故、国際紛争になるかというと、右の奥にサンクトペテルブルグがあります。ここはロシアの都でした。その都と続いて海軍の軍港があります。それはロシア唯一の凍らない軍港ということで、日露戦争の時にはここから艦隊がバルト海を通ってデンマークの島と島の間を抜け、アフリカの喜望峰を廻り、一部はスエズ運河を通ってインド洋で合体して、ベトナムのサイゴンに立ち寄って上海へ行き、それから対馬の沖で、バルチック艦隊は日本の連合艦隊にやぶれたわけです。

まだ飛行機のない時代ですから、大砲が一番大きな武器です。どこの国が軍艦を出しても、オーランド諸島に要塞を作って待ち伏せしておれば、そこでストップもかけられるし、逆にオーランド諸島に港を築いて、そこから出撃すれば非常に有利になるわけです。ですから商船であれ、軍艦であれ、船を動かす限り大事な場所として、諸国が目をつけていたわけです。

この諸島には、紀元前三三〇〇年といいますから、エジプトではすでに文明が発達していますが、北欧辺りはほとんど文明らしい文明はない、その頃に定住したのです。一年のうち冬の四か月、五か月くらいはお日様が昇らない。逆に夏になると白夜になりますからお日様が沈まない。私も一週間ほど行きましたが、昼間はカーテンをしていても明るくて眠れないです。逆に冬であれば、暗くて目が覚めないということになるでしょう。アザラシがたくさんいますので、その漁を紀元前五〇〇〇年頃からやっていたと言いますから、人の出入りは古くから相当あったのです。

紀元前後一〇〇〇年間、つまり紀元前五〇〇年頃から紀元後五〇〇年頃までの間は、非常に寒くて人口が減った。つまり、来る人も少なくなり、子供も少なくなり、人口が減ったわけです。それ以後は暖かくなりまして、移住者が段々と増えてきました。キリスト教が伝わったのは一〇世紀だと言い

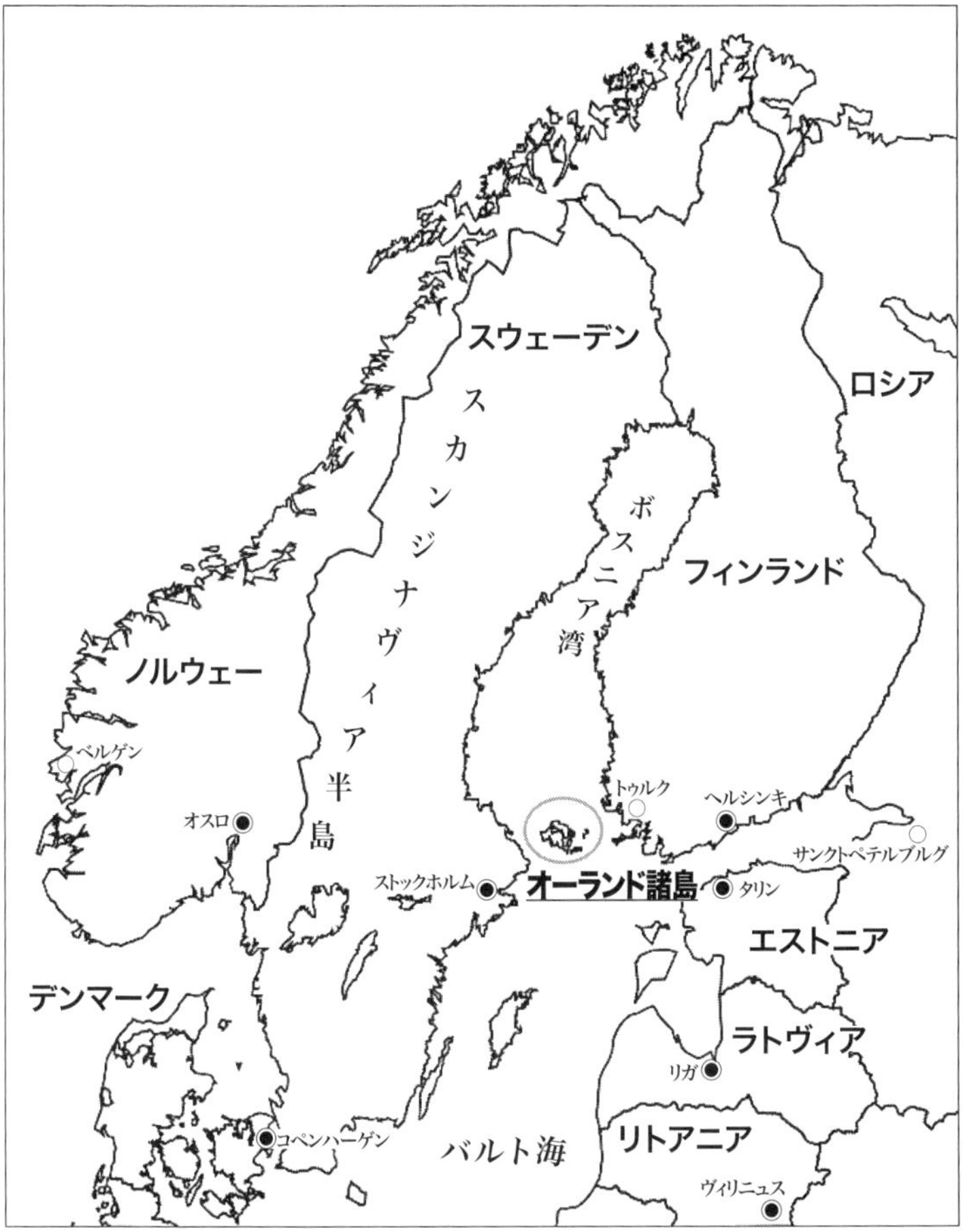
スウェーデン
ロシア
スカンジナヴィア半島
ボスニア湾
フィンランド
ノルウェー
ベルゲン
トゥルク
ヘルシンキ
オスロ
サンクトペテルブルグ
ストックホルム
オーランド諸島
タリン
エストニア
デンマーク
ラトヴィア
リガ
コペンハーゲン
バルト海
リトアニア
ヴィリニュス
オーランド諸島の位置

ます。これはカトリックのキリスト教とロシア正教も伝わってきています。ロシアにキリスト教が伝わったのは、一〇世紀の終わり頃、九八八年ですから、それからしばらくしてキリスト教が伝わりました。そして貿易が始まりました。

地図で分かるように、スウェーデンがスカンジナヴィア半島の大体を占めています。スウェーデンは、今は小さな国といっても日本よりは広いですが、中世以来ヨーロッパ北部の国では一番大きな国です。ノルウェーも元はスウェーデンです。あとでスウェーデンから独立したわけです。フィンランドも元はスウェーデンです。それから現在はロシアの領土になっているもう少し東の方もスウェーデンだし、スウェーデンはバルト海の南の国々にも勢力を張っておりました。デンマークとは向かい合わせで喧嘩をしていました。宗教改革のあと宗教戦争、三〇年戦争などが行われました。その時はスウェーデンのグスタフ・アドルフという国王が軍隊を派遣して、ドイツ国内で暴れ回ったということですから、宗教改革の起こった一六世紀頃には、まだスウェーデンの勢力はヨーロッパの北の一円に及んでいたと言ってよいです。その一六世紀に、スウェーデンとデンマークの間でオーランドの取り合いが行われました。デンマークは、今は半島の先端にある小さな国ですが、今のドイツであるプロイセンと戦争をして負けて、南のよい所は全て取られて北の寒い荒れ地の半島だけが残ったのです。デンマークと戦争をしてスウェーデンが勝ちました。従ってオーランドを領地にしたわけです。

そこで一七世紀になるとストックホルムからオーランドを通ってトゥルクへ行く定期郵便が既に始まり、学校も出来ています。定期郵便と言っても車で走るわけではないので、夏の間は海を船で渡り、冬になると氷が七、八メートルも張りますから、氷の上を郵便馬車で走るわけです。

一八世紀に入って、一七一四年と四二年から四三年、二度にわたってロシアがフィンランドに侵入します。ヨーロッパの気の毒なことは、全てが地続きで日本のように海で隔てられているわけではありません。だから周りの国が攻めようと思えば、いつでも攻められるわけです。逆にこちらが攻めようと思えば、いつでも攻めて行きたくなることがあります。ロシアはとにかく大きな地域を占めておりますが、大きな国ほど小さな所をやっつけて領地を増やしたいという気持ちが募るようでありまして、ロシアがフィンランドへ侵入したわけです。

一八〇八年にロシアとスウェーデンが戦争をしました。これはロシアの方が大帝国で大きいですから勝ったわけです。そしてフィンランドを全部ロシアの領土にしました。オーランドも大事な軍港や要塞になる場所ですから、オーランドも取り上げて、そこに要塞を築いたのです。

ところが一九世紀の中頃にクリミア戦争が起こりました。クリミア戦争の主な戦場は黒海の上にぶら下がっているクリミア半島です。トルコとイギリスとフランスが組んでロシアと戦争をしたのです。ロシアは負けたということになります。クリミア戦争では、オーランドにロシアの要塞があるものですから、英仏の連合艦隊が攻めていきまして、たった二日で攻め落としたのです。そこでパリ条約で、オーランドは、また戦争の種になるから非武装地帯にしようという約束が出来ました。その要塞の潰れたのが一つの観光名所になっていて私も行きました。いかにも二日で落ちそうな要塞でありまして、姫路城や大阪城のようなしっかりとしたものではなくて、石造りのものがぐるっと回っているだけで、それは英仏にかかってはかなわないでしょう。軍艦で大砲を撃って潰してしまったわけです。潰した跡がまだゴロゴロと転がしてありました。

それから二〇世紀に入り、一九一四年に第一次世界大戦が始まりました。この時に今度は英仏露で非武装地帯にすると約束をしていたのにもかかわらず、ロシアは一方的に破ってオーランドに侵入しました。そして前に作った要塞をまた作り直して要塞化したのです。世界の多くの国がそうですが、条約を結んでも平和な時だけは条約を守り、自分の所が強くなったと思うと、それを破って一方的に攻めていくというのが人間の悪い罪といっていいでしょう。ですからロシアは条約を破ることを何とも悪いとは思っていない。これは帝政ロシアでもソビエトという社会主義国になっても、あるいは現在のロシアでも根性はあまり変わっていないと私は思っています。そしてまた要塞化したのです。ところがロシア革命が起こりました。一九一七年に二月革命、十月革命と起こっていったのです。そしてソビエトという社会主義国となりました。いずれにしてもロシアはドイツに負けたという形で先に講和条約を結んでしまったのです。

ロシアが負けたものですから、オーランド諸島からロシアの軍隊は引き揚げることになり、オーランドやフィンランドの地はロシアの領土でしたから、これは一応宙に浮くわけです。オーランドの人たちはその年の八月にスウェーデンに帰りたいと公表したのです。ところが十二月になりますとフィンランドが独立宣言をしました。つまり、ロシア領であるそのロシアが戦争に負けたのだから、前にはスウェーデン領だったけれども、ロシアがスウェーデンに勝って、フィンランドはロシア領になっていた。そのロシアが負けたのだから、今度はフィンランドは独立する。独立するのには理由があるのです。フィンランド人は元々西洋人ではないのです。フィンというのはフン族ですね。ですから蒙古の方から馬に乗って西洋へ攻め込んで行ったのでしょう。南の方ではハンガリー、北の方ではフィンランド。これはそういう蒙古系の人種が入り言葉も移ってそこで住み着いた所です。ですからフィンランドの言葉は西洋の言葉とは違います。字はアルファベットを使っていますが、共通する単語は一つもありません。フィンランドは元々スウェーデンではないということで、人種も違うし言葉も違うということで独立を宣言したのです。そこでその後少しもめることになります。というのはオーランドはスウェーデン語を話す人が住んでいるのです。元スウェーデン領であって言葉はスウェーデン語を話す人ばかりです。フィンランド語を話す人は一人もいない。ですから言葉からすればスウェーデンに復帰するのが順当とも言えるが、しかし一番近い歴史で考えるとロシアの領地であったわけですから、ロシアが負けた以上はロシアの領地であった所は全部フィンランドになるのが当たり前だという理屈が立つわけです。

一九一九年に、ちょうど第一次世界大戦が終わってパリのヴェルサイユ宮殿で平和会議が開かれておりましたから、オーランドの代表三名がそこへ出かけて行って、スウェーデンへ帰りたいということをその会議で表明したのです。ところが、フィンランドの方はオーランドをどうしても自分の国の領地にしたい、そうするのが順当だというわけで、オーランドに自治を与えるという提案をしました。これはフィンランドが一方的に宣言したのです。といっても、オーランドの人たちは自治をもらったといっても、どんな得があるのかよく分からないし、スウェーデンの方が言葉が共通だから、スウェーデンに戻りたいという方が強かったわけです。それでスウェーデンとフィンランドの間に紛争、にらみ合いが起こったわけですね。軍隊も出しかねない様子でありました。

西洋の列国は第一次世界大戦が終わって、ようやく平和になった、そして二度と戦争をしないために国際連盟という組織を作った。その国際連盟が出来たばかりの時に、北の小さな国が戦争を始めたら、これは国際連盟は力がないから抑えられるわけがないでしょう。またもう一度乗り出して戦争を始めるというわけにもいかないのです。それで国際連盟は理事会で両方の訴えを受け付けておりました。

あたかも新渡戸稲造は国際連盟の事務次長でした。事務次長の他に国際部長という職も引き受けておりました。ですから国際紛争が起これば国際部長がやれということで、新渡戸が担当することになったのです。それで新渡戸裁定というものを作るべく努力しました。新渡戸はスウェーデンとフィンランドの代表に何度も会って両方から話を聞きました。そしてフランスとベルギーの法学者を招いて意見を聞きました。ヨーロッパの国際法では、これまでどういう風になっていて、こういう問題を処理してきたか、そして失敗したかということも聞いたわけです。それからスウェーデンに行きまして、現地を調査して現地の人たちの意見も聞きました。スウェーデンはもとよりオーランドをフィンランドにやることは反対です。つまりロシアとの戦争に負けて、一九世紀に取られたのですから、取られる前はこっちのものだと。だからロシアが負けて返すというならこっちへ返せというのです。

ヨーロッパというのは歴史のどこで線を引くかによって領土というのはどうでも引けるのです。つまり百年前で決めるというのであればそう引けるし、一五〇〇年前だといえばもう少し変わっているし、三〇〇〇年前だといえばもう無茶苦茶変わるわけです。無くなった国もあります。ヨーロッパの国境定めというのは非常にやっかいです。ですから、国境を引き直せば違った国に住んでいる人たちは自分の決められた領土の方へ宿替えしないといけないでしょう。宿替えをしなければ、ある意味そこで少数民族として暮らす以外にないでしょう。ですから東ヨーロッパの方は、人種がるつぼのように混じっているややこしい所です。

このことにスウェーデンは反対です。スウェーデンの総理大臣はブランティングというなかなか偉い人で、この人は元から総理大臣ではなく学者でありまして、それから政治に乗り出した人です。この人が猛反対をした。白髪がフサフサと生えていて、背も高くてライオンのようで声も大きくて、会議場で喋りまくるわけです。そこで新渡戸はイギリスとフランスの代表に頼んで、このブランティングを説得してもらいました。そして、新渡戸が裁定を決めたわけです。といっても新渡戸は国際連盟の職員で国際公務員ですから、オーランドの問題を取り扱う委員会は別に作って、そこに新渡戸が原案を作って提出し、各国の意見を徴して折り合いをつけて、よろしいということになれば委員長が報告をするのです。委員長はたまたま日本の石井菊次郎という人でした。この方は外交官でフランス大使をしており、当時その役に当たったわけです。彼がジュネーブに関係各国を集めまして、そこでその裁定を宣言するということになり、戦争をせずに済んだのです。イギリスの国際連盟の代表で来ていたフィッシャーという貴族がいましたが、その貴族は早速奥さんに手紙を出しまして、「ようやくフィンランドとスウェーデンの戦争を回避できた、喜んでおくれ」と書いたものが今でも残っています。そのフィンランドとスウェーデンの戦争をせずに済んだのを新渡戸裁定というわけです。このようにオーランド問題の決着をつけたのは新渡戸裁定です。

（1）オーランドはフィンランド領とする。これはスウェーデンはもとより大反対だったわけです。それでもめたわけです。ロシアがフィンランドと一緒に取ったオーランドは、フィンランドが独立するのだから、フィンランドにつけてやるのが正しいと新渡戸は見たわけです。もう一歩踏み越えて、さらに古い時代まで戻ると、これは歴史をさかのぼることになって大変になります。一九世紀の初めまでさかのぼらないといけません。そういうことをすると、他の地域で紛争が起こった時に、一〇〇年じゃ駄目だ、二〇〇年だと言い出すところが出てきたら、これは収まりがつかないですね。だから一番近いところで領地の移動があったのを踏まえて、そこが独立するならそこへ元のは含めてやろうということで、納得させたわけです。もちろんスウェーデンは大反対。でも最後には納得しました。

（2）オーランドの公用語はスウェーデン語とする。オーランドにはスウェーデン系の人が住んでいるのですから公用語はスウェーデン語とする。ですからフィンランド語は使わないということです。

（3）オーランドは自治領とする。これはフィンランドが自治領にするといっているわけです。自治領というのは、ちゃんと議会も政府もあり、そして知事もおります。知事はフィンランドの中央政府が任命するのです。しかし、いきなりこの人というのではなくて、オーランドの議会で相談をして三名くらい候補を挙げてもらって、その中から選ぶのです。選んだ人がオーランドの議会から、この人では困るというのであれば、もう一回話し合って決めるというようになっていまして、細かいところまで規則は決まっております。私が行った二〇〇五年の時には、元オーランドの総理大臣をしていた人が知事をしているのですが、これは内側の人がやっているので、みんな文句の言いようが無いわけです。

もしオーランドの政府とフィンランドの中央政府の意見が対立したらどうなるのか。その時はフィンランドの大統領が最終権限を持っています。けれど、オーランドはすでに九〇年近い歴史を経ておりますが、しかし今まで両方の意見が対立したのは一度しかない。それは一九八〇年代にオーランドの政府が、オーランドの島旗を決定した時です。ところが、その島旗がスウェーデンの国旗と同じだった。大体よその国の国旗を自分の自治領の旗にするというのは、舐めていることになりますね。例えば、日本の近くに島があり、自治領となっているとして、中国の国旗を採用してこれを島旗だと言っているとしたら、日本の政府は黙っていないでしょう。ですから、フィンランドの大統領はそれは駄目だと止めた。スウェーデンはバックが青で、黄色の十字が入っていて、フィンランドはバックが青で、白の十字が入っているのです。そこで、スウェーデン国旗の十字の真ん中に赤い線を入れました。そうすると、いままでなかった国旗ができるので、オーランドの島旗はそういう模様になっています。真ん中の赤い線は、国会の事務局長に聞いたところ、「わしも知らん」と言っておりました。フィンランドの政府が同じものになるのを防ぐためにしたのですから「わしも知らん」とは苦しい答弁ですが、そういうことです。というわけで、すんなり続いているわけではないが、今でももみ合いはするのですが、自治領として完全に政府もあります。ですから総理大臣といっても、江津市長みたいなものですよ。私が行った時は女性の方が総理大臣でした。そして、フィンランドの中央政府は国、防と外交と国税をあつかうわけです。

（4）オーランドは非武装中立とし、兵役の義務はない。軍隊は一人もいない。ですから、もしオーランドにどこかの国が攻めてきた場合は、フィンランドの軍隊が来て守るのです。オーランドの人たちは鉄砲一丁ないわけですから、守ることはできないし、しなくて良いのです。外交は、フィンランドの中央政府が外国との取り決め、条約締結を行います。だから、外交官は必要ないわけです。それから国税は所得税、固定資産税であって、フィンランドの中央政府が取りまとめます。それ以外の消費税やその他様々な税については、オーランドが収入とするわけです。先に言いましたように、バルト海の真ん中の島で、良い港がありますから、たくさんの船が来るわけです。ことに、オーランド諸島は関税なしです。ということは、オーランド諸島に船がついて荷物を下ろしても、関税は一銭も払わなくていいのです。また、そこへ他の国の船がやってきて、置いてあった荷物を買っても、普通持ち出す時には関税をかけますが、関税は一切取らないのです。船が入ると船税はとります。ですからオーランドは以後一〇〇年間、関税がないということで、物凄く儲かっているわけです。

船がどっさり来る。それから、観光客がたくさんきます。人口二万七千人ぐらいだけれども、年間一四〇万人ぐらい観光客がくるのですね。北の方なので夏涼しいですからね。私が行ったのは七月の上旬ですが、夏至がすんだ後で、日も一番長い頃ですが、それは涼しいものです。ホテルもクーラーなんかないですよ。それから、生活がみな質素です。小さい島で、野菜なんかはできないものが多いですから輸入する。ですから贅沢なことはしません。ジャガイモはできるけれども、ピンポン球よりもう少し大きいくらいです。日本で売っているような大きなものはお皿の上に載せたことがない。ですから生活費が非常に安い。ホテル代も安いでしょう。だから夏には観光客が押し寄せるのですね。

オーランドにはこういう様々な条件をつけました。軍隊を持っていませんから、国際連盟が認めただけでは頼りないので、関係一〇か国、イギリス、フランス、イタリア、日本などの署名をもらって、平和に戦争をせずに収まったわけです。新渡戸稲造はそのお膳立て全てを切り盛りしたわけです。けれども新渡戸は、自分が苦労してまとめあげたんだということは、自分の書物の中に一切書いていません。ただ、オーランドで成立したような、戦争回避のこういう国境問題の決め方というのは、国境問題が起こったときには参考になるだろうと書いているだけで、自分がしたということは一切書いてない。それが新渡戸稲造の偉いところです。全く謙虚な人です。聖書のいう、右の手がしたことを左の手に知らしめないということを生涯実行しておりました。

さて新渡戸はどうしてこのような新渡戸裁定を思いついたのか、それは三方一両損というわけです。三方一両損というのは落語の話でありまして、大岡裁きのひとつです。大岡越前守という奉行がおったのですね。とても上手に裁きをつけるということで、評判がよかったので、あることないこと、大岡裁きの講談とか落語の類はたくさんあります。一番有名なのは三方一両損という話です。どういう話かと言いますと、江戸の町で大金が入っている財布が落ちていると、それを拾って奉行所に届けた。あけてみると三両入っていた。落とし主はちゃんと財布に名前を書いておった。名前が書いてあったので、持ち主を呼び出した。拾った人は貧乏な人です。大岡越前守は持ち主に返すというふうに言った。しかし、落とし主はわしのものではなくなったのだから、いまさら受け取るものかというわけですね。拾った者にやれというわけです。ところが拾った人は、ちゃんと落とし主がわかっているのに、自分がどうしてそのお金をもらえるものか、ちゃんと持ち主に返してくれ、とこう言うわけです。それで意見が合わない。大岡越前守は一計を案じて自分の懐から一両を出して、そこに足すわけです。そうすると四両になるでしょう。それで、二両ずつ両方へ渡す。落とし主にも二両、拾った者にも二両渡す。三両もらえば、落とし主にみな戻ったのだが、二両しか戻らない。一両損ですね。それで、拾った人はみなもらえば三両だが、二両しかもらえないから一両損。大岡越前守は裁きをつけたので、懐から一両出したから一両損。三方一両損です。それで裁きがついたという。作り話でしょうが、中々うまくできている。新渡戸は講談などを聞いてよく知っておりました。東京で今の中学校に行っていた頃に、授業料を払わずに講釈を聞きに行って、怒られたということもあったぐらいですから、その頃に聞いた話でしょう。そういう現実的な解釈を新渡戸はしたわけです。

国境紛争というのは世界中に国がある限り、なんぼでも起こります。ことに、今のように小さい国があっちこっちにできればなおさらです。新渡戸の当時は国際連盟に加入した国は四七か国ですよ。すごく少ない。アジアでの独立国は当時、日本、タイ、中華民国、それぐらいのものです。ブータン、ネパールは山奥なので国際連盟に加入などしない。そういうわけで、加入国の数は少なかった。今、国際連合に加入している国は一八〇―二〇〇になるでしょう。それだけ国が増えると国境が増えるのです。国境が増えると、もめごとも増えるのです。国境を守らなければいけないですから、軍隊がよけいに要ります。ですから、平和の面から考えると、できるだけ大きな国でまとまって、中で仲良くしているほうが、軍事費もいらないし、戦争も起こりにくい。

いずれにしても、起こりそうな戦争を新渡戸は止めた。これは真に大きな功績でした。国際連盟はこれによって面目を施し、国際連盟の評判は上がったのでした。スウェーデンはオーランドを取り損ね、文句を言っていましたが、ブランティング総理大臣は説得されて我慢した。我慢したのは偉いということで、その代わり翌年、一九二一年にノーベル平和賞をもらいました。平和賞というのはノルウェー議会が選んだ委員たちが決めているでしょう。ですから、お気の毒でした、ご苦労様でしたというので、総理大臣にノーベル平和賞をあげたのです。これはあげるだけの値打ちがありますね。戦争を止めたわけですから。

そういうわけで、新渡戸裁定というのは、オーランドの人たちはそれを非常に徳としております。オーランドの議会の事務局長の部屋には、新渡戸が下した裁定を石井菊次郎が議長として申し渡している油絵があります。その油絵を見ますと、夕方七時ごろから会議が始まっているのですが、真っ昼間になっています。フィンランドの軍隊とスウェーデンの軍隊が左と右に構えている。ライオンのような髪の毛のブランティングが平和のために我慢するのだと演説している。これはジュネーブの国際連盟記念館に飾ってある大きな油絵を縮小したものです。オーランドはそれを切手にもしております。今は売ってないが、私は一枚もらって今でも持っています。そこで、この新渡戸稲造が果たした役割を今の世界で、世界でというと大きいが、東北アジアで、生かすことはできないか、ということです。

## Ⅲ　東北アジア平和構想――三列島と島々

三列島というのは、沖縄列島と千島列島と日本列島です。それから周辺の島々。今もめているのは尖閣諸島というが、岩だけですね。きつねは少しは棲んでいるかもしれないが、人は前には少しはいたが今は一人もいないのです。そんな所に自衛隊を住まわそうというのは気の毒なことです。暖かいから住み心地は良いかもしれないが、食料も水もみんな運ばなければならない。ですから東北アジア、つまり日本・中国・韓国・北朝鮮・ロシア、これぐらいの国々がみな集まって、平和に過ごせるようにすれば、これは東北アジアが平和に過ごせるだけでなく、世界に与える影響は大きいです。色んな点を考えていきます。

（1）まず居住権です。オーランド諸島は非武装ですから兵役の義務はありません。オーランド居住権を持っている人はどんな戦争が起ころうと往かなくていいのです。第二次世界大戦中も誰一人戦争に行って死んだ人はいない。外国の軍隊も来たのは一人もいない。そうするとすぐこう思うでしょう。戦争で死ぬのは嫌だから、戦争が起こったらオーランドへ逃げたらどうだろう。それはだめです。オーランドは五年間定住していなければ、島民扱いはしてもらえません。オーランドで生まれても、よそに五年間住んでいれば島民権は消えてしまいます。つまり五年留守にするとよその国民扱いになるわけですね。非常に合理的です。戦争が怖いから逃げ込むということは絶対許さない。ですから、自治領にするならば島民権にならって決めなければならない。沖縄列島も千島列島も自治領としたらいいでしょう。沖縄は日本の領土として、日本の自治領ということにすればいいでしょう。千島列島はロシアの人たちが住み、三世代にもなってロシアに戻ることはできないから、ロシアの領土にしても構わなく、自治領にすればいいのです。居住権・島民権、どちらの領土かということは話し合いで決めればいいのです。

（2）次に経済権。関税は免除します。沖縄は産物も多いし、人の出入りも多いので、関税を免除すれば相当な利益があがるでしょう。けれど関税を免除して、外国の企業が乗り込んで、列島の工場・港・ホテルを押さえてしまうと、外国が利益を吸い上げて、それぞれの列島は儲からないことになる。これは分が悪いから、外資が入るのにはチェックをつけるという規制をしなければなりません。これはオーランドもちゃんとつけております。ところが千島の場合は、ソ連が占領してから港を作ったり、空港を作ったり、日本が統治していたときとは違って設備が大分増えています。もちろん日本からもお金をだして、ムネオハウスを建てたりしていますが、あんなものは小さなものです。例えば日本領土になったとすると、他国が建てたものを取り上げるのはいけないので、ロシアにそのお金を請求させて返せばいいのです。それは償還と呼ばれるものです。ロシアの領土にするならば、自治領にして自由に出入りができるようにすればいいので、別に返す必要はないでしょう。

（3）文化・慣習。千島は日本の領土であったわけです。国際法上も大きな根拠もあります。ロシアが千島を押さえているのは、ヤルタ会談で、イギリスとアメリカとソ連の秘密会談で、千島をソ連領土にすることを互いに認めたわけです。それを盾にとって、国際条約ではないにもかかわらず、ソ連は千島をとってしまったわけです。ですから、もう一度国際場裡で話をつけなければなりません。しかし、ロシア人がもう三代にわたって住んでいる。日本人は今一人も住んでいない。あるのは先祖の墓だけです。ですから、ロシア語を公用語から外すということはできないでしょう。ロシア語を公用語にすればいいのです。

オーランドの場合、スウェーデン語を公用語にしています。オーランドに大学はないので、その代わり、ヘルシンキの大学では、入学試験はスウェーデン語でも行われています。オーランドの人は入学のためにフィンランド語を勉強する必要がないのです。それからヘルシンキの大学は、あらゆる授業はフィンランド語とスウェーデン語で開講されています。授業の半分をフィンランド語でやって、残りの半分はスウェーデン語で行うのです。そのように、負担をして便宜を図っている。自治領であると認めて、スウェーデン語を公用語としたのだから、公用語として大いに重んじる。だとすると、仮に千島列島を日本の領土と認める条約が成立したとすれば、少なくとも北海道大学ぐらいは、入学試験はロシア語でやるということにして、千島列島の人が日本語を勉強しなくても入学できるようにするぐらいの便宜を図ることは当たり前でしょう。それから卒業に必要な単位の科目はロシア語と日本語の半分半分で授業をするという、オーランドの真似をする必要があると思います。宗教・慣習については、これは全く自由ということです。

（4）それから税金です。さきほど言いましたようにオーランドでは所得税と固定資産税は国がとるのです。しかし、飲食税、消費税、港税、法人税等々はオーランドの収入になります。したがって、オーランドの島は懐が豊かになるのです。というのは、フィンランドの中央政府に払った税金の〇・四五％は交付金として戻ってくるのです。ただそれだけではありません。所得税・固定資産税が多くなって、フィンランドの国家収入の〇・五％以上になれば、それ以上のものは全額オーランドに戻ってくるのです。これは大変な特典です。オーランドは小さな島で人口はわずか二万七千人ですが、一人当たりのＧＤＰは日本の二倍あります。ですから、一人当たり一〇〇万円のＧＤＰがあるのです。フィンランドとして優遇しすぎるぐらい優遇しているのです。フィンランドの領地になったからには、そこに住む人々が絶対損にならないように優遇措置を講じ、気をつかっているわけです。自治領を持っている国はそれぐらいしなければなりません。ヨーロッパでは今自治領はオーランドだけです。他の国はややこしくなるから持ってないわけです。そういうわけで、税金についてはオーランドにならえばよいでしょう。

（5）安全保障。オーランドは非武装中立、軍隊はありません。同じように、沖縄からはアメリカの軍隊は帰ってもらわなければならない。自衛隊も一人も入らないようにしなければならない。空港はあってもいいですが、軍用機は一切出入りしてはならない。軍艦も出入りは禁止。つまり完全に非武装にして、平和地域にして、中立にする。仮に戦争が起こったとしても、千島の人、沖縄の人たちは戦争にタッチしなくていい。日本は徴兵制度はありませんから、誰も兵隊になる必要はないわけですが、仮に法律上できたとしても、兵役は完全に免除ということは貫かねばならないわけです。

（6）政治については、これもオーランド並みです。国防と外交と国税以外は全部自治です。ですから自治領の千島なら千島のもの、沖縄なら沖縄のものです。そして議会は設ける。沖縄には沖縄県議会がありますから、これをしっかりしたものにする。沖縄には知事がいますから、大統領でも自治領代表でもいいから、代表者を一人決める。沖縄の場合には日本政府が任命する知事なんかは必要ないでしょう。

（7）一番難しいのは実現へのプロセスです。一体どのようにして実現するか。これがそう簡単なことではないのは、言うまでもありません。沖縄にアメリカ軍がおり、千島列島をロシアが自分の領土に組み入れているのは、第二次世界大戦の後始末がついていないからです。これは絶対動かない歴史的事実です。千島をソ連が取り、沖縄に米軍が勝手に畑や町を全部つぶして空港や基地を作ってしまったわけです。もと人の住んでいた所を全て平地にして、軍用機を発着させているわけでしょう。こういう状況を考えると、第二次世界大戦が生み出した鬼子であると言える。鬼子はやがてまた棒をもって暴れまわるかもしれない。そうさせないことが大事なわけです。千島・沖縄は同時に今のような状況に陥ったのだから、同時に解決しなければならない。同時でないとだめです。アメリカは人が良いとはあまり言えませんね。オスプレイ持ち込みを考えると人が良いどころではない。はじめから一〇月一日に乗り込むというのは決めていたわけで、ガチャガチャ言っている間に飛行機は飛んで入ってしまったわけです。飛行機を飛ばさないでくれとは日本政府は一言も言っていないし、言えないのです。だからアメリカも軍部は簡単に言うことは聞かない。ロシアの方も千島列島には軍施設は今はないようですけれども、事と次第ではしかねまじきことです。ですから、両方とも同時にああいう姿になったのだとしたら、同時に今の姿をやめて、もっと平和な、もっと住民が幸せになるようなシステムに変えねばならない。これは同時でないとだめです。そうでないとロシアが、アメリカの飛行機・軍艦が沖縄にいるのに、こちらだけそんなことはできないというのは当たり前の話。逆に千島をほっぽりだして、沖縄から出て行ってくれと言ったところで、アメリカとしても絶対うんとは言わないでしょう。ですから猛烈な外交努力を払って、どっちもちゃんとした形にしたいからと説得を続けなくてはなりません。

世界全体は今、戦争をしようという雰囲気ではないですね。第三次世界大戦をしようとしても、国際関係がそれを許さないでしょう。たとえ中国が航空母艦を持ったとしても心配する必要はないのです。だいたい中国が他国を攻めて領土を獲得したということは、漢の時代に少しありましたが、それ以外にないのです。漢民族は農耕民族で、外国に出掛けていくことは好きでない。今は世界の工場になって、共産党政権が大もうけしておりますから、金儲けを考えれば領土拡張・権利獲得は考えるかもしれませんけれど、世界全体は戦争をする時代ではない。

山積している問題はほかにいくらでもあります。原子力発電所の問題はその一つですね。使用済み核燃料をどうするかという問題はアメリカも解決していない。日本はもとよりです。ヨーロッパでも解決はついていません。ドイツではメルケル首相が二〇年までに原発をやめると言ったのです。しかし、いままで使った核燃料は南ドイツの鉱山の地下六〇〇メートルぐらいの所に溜め込んでいるのです。アルプスの地下は地震もないと思いますが、一〇万年ぐらい経たないと普通の放射能にまで減らないというのですね。一〇万年先まで人類が生きているか怪しいものですよ。一〇万年先まで誰が保証しますか。アメリカは砂漠の底を掘って岩盤の中に使用済み核燃料を貯蔵し、一〇万年ぐらい保存するという工事が半分ぐらいできているのですが、それをオバマは八月一五日にストップしました。そして、原子力委員会が使用済み核燃料の安全な解決手段を発見するまでは、工事することは絶対ならん、新しい原発は絶対作らない、一旦停止した原発は動かさないということをオバマは決めました。

暢気に構えているのは日本です。福島があれだけえらいことになって、世界中に迷惑をかけておきながら、大飯原発を動かしてしまった。動かした後に、下に活断層があることが分かって、これから調べるといいますね。暢気極まりない話です。国民と世界を馬鹿にした話です。福島の原発が爆発した時に、一両日の内に日本全国に放射能は広まりました。太平洋を渡ってアメリカに行くのも三日もかからなかった。だから原子力の問題は世界共通の問題で、正直に合議して決定し、それにはどんな国の政府も従うというものでなければならない。それが決まるまでは全て現状ストップですね。なのに、青森県大間の核燃料再利用施設の工事を再開することを政府は許可しました。地震の影響で工事は途中で止まっていたのですよ。とんでもない話です。この問題は国際的な良識に従って決定しなければならない緊急の問題であって、人類全体が滅亡する可能性は戦争よりもそっちの方から起こってくる。人類がよってたかっても解決できない問題は解決できないのです。その一つは原子力の問題ですね。

また戦争や武器輸出の問題がある。アフガン戦争で地雷をたくさん埋めました。ベトナム戦争でも、イラクでもそうですが、踏んで足を失った子供たち・大人たちがたくさんいます。中国は地雷を大量に輸出して儲けているのです。中国は人件費が安いから一発二〇〇円です。たった二〇〇円で人の命を奪い、責任を一切とらない。日本が自慢していいのは武器輸出三原則というのがあって、直接人を殺す武器は輸出しない方針を貫いていました。しかし、武器ほど儲かるものはありません。モデルが変われば古い武器は役に立ちませんからね。武器は使い切ることはないわけで、新しいものができれば古いものは役に立たないのです。しかし武器で儲けようとするのは、人殺しをするのと同じことです。なのに民主党政権は財界の圧力に押されて、武器輸出三原則を緩和しました。日本も一部武器を輸出することを認めています。自民党が政権をとれば、もっと盛んにするのではないかと思います。国際的な意見によって統一して止めさせなければならない。

貧しい国はいつまでも貧しい。富める国はいつまでも富み栄えております。アメリカは世界で一番

GDPが大きいけれども、四七%の国民は税金を払っていないといいます。本当なら日本の方がアメリカより税金を払っている人は多いことになる。アメリカはある意味で日本よりも貧しい人が多いと言えるわけです。失業率が多いです。アメリカは経済大国ですが、実質貧困大国といってよいかもしれない。我々は病気になれば健康保険で安く診てもらえます。アメリカは健康保険はしっかりしたものがないのです。貧乏人は病気になったら医者に行くなということです。そうすると、生まれた土地によって、ある国民は健康保険で長生きできる。しかし、ある国は金はどっさりあるのに、政治の仕組みが悪いために病気になれば若死にしなければならない。これは人権問題です。人類が解決しなければならない問題はなんぼでもあるわけです。戦争をしたり、武器を作っている余裕はないのです。

人間が戦争を止め、戦争のための金を人々の幸せのために使うとすれば、国際的な意思統一がどうしても必要となってきます。ある地域が戦争をしないとなると、例えば東北アジアでは戦争に備える必要はないわけです。日本は自衛隊の軍備を増強して、かつては世界第五番目の軍事大国になっていました。今は中国のほうがずっと上ですがね。何故日本が軍備を増強しなければならなかったかというと、仮想敵国ソ連があった。しかし、ソ連は崩壊し、ロシアになった。ロシアが日本に攻めてくるということはもはや考えられない。国際世論が許さない。北方領土問題はありますが、それを種に戦争をしようという空気はロシアにもない。戦争の危険を全部取り外して、非武装地帯・中立地帯が増えてくると、その地域全体は武装が必要なくなってくる。すると、武器に向けられていたお金を有用に使えるようになる。それは周辺諸国の利益になります。周辺諸国の人々の幸福につながります。

しかしそれはイソップの話の猫の首に鈴をつけるようなものではないか。相手は中国であり、ロシアであって、一筋縄ではいかない。今までそれができそうな気構えを持っている外交官に会ったことがありません。実現への道というのは大変です。新渡戸稲造のような人が一人でもいて、政府に進言し、政府全体を動かしていかなければならない。外交に関しては日本が一つになって外国と交渉しなければならない。沖縄の軍事基地の全撤廃と、千島列島の非武装化、どちらも同時に自治領化するというのは三年や五年でできるものではない。私は少なくとも二十年かかると思います。早く着手すればするほど実現の可能性は高い。国会の中に、超党派の委員会を設け、永続的に審議を続け、外務省の中もアジア局・北米局・ヨーロッパ局で分かれているようではだめで、平和局を作り、あらゆる平和問題について、三列島の平和構想について担当するというような決心をすれば解決するのではないか。私が生きているうちには絶対解決できないと思っていますが、解決することは極めて望ましい。その解決の糸口をつかめれば、竹島・尖閣諸島という問題はふっとんでしまいます。人も住んでいない島々を取り合いしようとして、何千万人も住んでいる国が目くじらをたて、言い合い、ののしり合っています。高いところからみれば、アホらしいことをやっていると思いますね。北の島からは日本にそれら島々の上を飛んで渡り鳥がやってくるでしょう。鳥にとっては国境なんてありはしない。ああいうことを言っている限りは人間は鳥以下です。

　尖閣・竹島という問題は、この大きな平和構想が、もし委員会だけでも本気でできれば、自ずから解決してしまいます。もちろん資源の開発という問題は自ずから別個に共同開発すればいいです。中国のように、南シナ海の岩のような誰も住んでいない所を、自分たちの領土だと言って、南シナ海全体の海底の石油を独り占めしようと考えるのは、かつての日本が軍隊を中国や南方へくり出し、その国の人たちをこき使い、殺して石油をものにしようとしたのと少しも変わらないです。

私は思いますが、昭和の初めから戦争を経て負けるまで、日本が歩んで来た道筋とほとんど変わらない道筋を、今中国の政府は歩んでいる。国民を焚きつけるのは楽です。しかし、一度火がついた国民を抑えるのは無理です。そのようなことを考えると、火がつく前に、かつて過ちを犯した日本から説得力を持ってこの構想に着手しないといけない。その時がもう来ているのではないでしょうか。そして、それは絵空事ではないわけです。

今、廊下にはパッチワークで「夢」と書いた壁かけがありますね。夢はいいですよ。新渡戸稲造も英文大阪毎日に、死ぬ五か月くらい前に「夢と夢見る人」という文章を書きました。それはとてもよい文章です。一部紹介すると、「全人類が兄弟となり、戦争が人類を引裂くことはなく、戦争の噂が女性の心に恐れを抱かせることもない未来の夢を私は夢見る。偉大な夢想家が見た夢で無駄だった夢はない。偉大なる夢でそれに姿を与える実際的天才が見つからなかったものはない」という文章です。新渡戸稲造は、世界が完全に武装を廃止し、戦争を放棄して、平和となる夢を夢見ていました。その夢は実現すれば、極めて人類に幸せをもたらす。もちろんこれも人類の永遠の存在を保証するものではありません。人類もいつかは消えてなくなる運命にあることは確かです。けれど、存在している限りは人類をここに置かれた神が「よく働いてくれた」と言って迎えて下さるような働きをしなければ駄目です。これまでのところ、した人は極めて少数であって、ほとんどの人はその反対のことをやってきたと言わなければいけないでしょう。

ではどうすればこの構想は実現するか。それは平和への願いをいつも心に抱くことです。周辺諸国にも多くの国民が生きており、その国民もほとんどが戦争を望んでいない、戦場で命を落とすということを望んでいる人は一人もいません。死にたくはないが、やむを得ず命を失うわけです。そういう人たちの人間全てが共通に持っている思いを温かく理解するその理解力が必要です。同時に、構想は構想として実現させなければなりません。それには現実的な判断が必要です。新渡戸が三方一両損の落語を活用してオーランド問題を解決したのと同じように、いったん国際紛争が持ち上がると、自分のところの言い分を百パーセント通そうと思ったら駄目です。そんなつもりでいたら戦争以外にありません。やはりどの国も一部は通る、でも一部は通らない、つまり譲歩するということを覚悟しなければいけないのです。今、中国は絶対に譲歩しないでしょう。そういう剣幕です。日本も強いことを言っている人たちがたくさんいて、自分の政党の旗に日本列島の形を書いた人たちもいますが、「竹島と尖閣諸島もちゃんと入っています」なんていうことを自慢たらしく言っています。どういう考えですか。戦争でもやらかそうということですか。子供が八人もいるのに、子供たちに鉄砲でも持たせるつもりでしょうか。何という愚かな人間なのかと思います。自分の叶えたい事柄でも、それよりもっと立派なことをするために控える人たちが増えてくることによって、冷静な判断力によって人類は理想に一歩近づくわけです。ですからその理想を固く持って、耐えず実行力を身につけていく、そうすれば実現は可能です。初めからできないと思っていれば、絶対に出来はしません。誰も抱かない夢が実現するはずがありません。多くの人が抱いた夢は、やがてそれを実現する人たちを生みます。

　皆さんはまだ若い。これから六〇年以上は生きるでしょう。今日本にはオーランド以上に重要な問題として、東北アジアの問題があるのです。皆さん方の中からそのために働く外交官になる人が一人でも出てくれれば、そして新渡戸のことを忘れなければ、私はこの国はよき国になり、世界に貢献することができると思います。ノーベル平和賞をもらうかどうか、それはどうでもいいことです。神様によしといってもらえるかどうかが一番大切なことです。日本人は出来やしないと思うことはありません。新渡戸稲造はやったのです。新渡戸も人間、皆さんも人間です。新渡戸がそれをしたのは、五七、八歳の頃です。皆さん方がその歳になるのは、まだ四〇年くらいあります。四〇年の間を無駄に過ごさないように、大きな夢を抱き、大きな希望を抱き、この学校がどうして作られたか、その存在理念というものをいつも思い起こして皆さん方も努力して欲しいと切に願うわけです。以上で話を終わります。

（お祈り）

天のお父様。秋晴れの清々しい聖日の朝、創立二五周年の話を私たちの尊敬する新渡戸稲造が国際連盟の誕生したその初期において、フィンランドとスウェーデンの領土紛争を穏やかに解決する道を示し、今もって喜ばれていることを取り次がせていただきました。私たちの周辺にも似たような問題が山積しています。しかも、この国も周辺諸国もそれを平和的に解決しようとせずに、危ない方向に顔を向けつつあります。神様、どうかこの国が過ちを犯し、多くの人の命を失い、諸外国の人たちの命を奪った、そのことをまた再び繰り返すことをしませんように、正しい道に連れ戻して下さい。また、周辺諸国もいたずらに強がりの言葉を吐くだけではなく、現実を見据え、平和のうちに事柄を解決する方向に心を向けますように。そして出来るならば、この日本から新しい平和の構想が持ち出されることが出来ますように、日本の政治家も官僚も、またこれから政治に携わろうとする若い人たちも、その方面に心を向けて、あなたの望まれる平和な世の中を世界全体に示せる一歩として精進していけますように、お守り下さい。この学校が二五年経ることが出来ましたのも、平和ゆえでございます。どうか平和が一段と進歩を遂げることが出来ますようにお守りお導きくださいさい。

尽くしがたき感謝とお祈りを私たちの贖い主、イエス・キリストの御名を通して、御前にお捧げ致します。アーメン。

# Ⅱ

# 5　新渡戸稲造——その人とはたらき

## 一　札幌農学校二期生のトリオ

今日は宗教週間の話ということで、新渡戸稲造について話すようにとご依頼を受けました。皆さんも良くご承知のように、北海道大学の前身は札幌農学校であります。札幌農学校はもちろんたくさんの卒業生を出しましたけれども、しかしその中で、特に第二期生に三人の優れた人物が出ました。その一人は内村鑑三です。もう一人は宮部金吾、そしてもう一人が新渡戸稲造です。二期生が入学した時には二一人、卒業する時にはずいぶん減りまして一二人しか卒業しませんでしたが、この三人は、その入学から卒業までの間、とても仲良く交わった同窓であります。

三人にはいくつかの共通点があります。農学校ですから三人とも農業、広い意味での農業ですが、鍬を取って働くというだけではなく、農業に少しでも関わりのある仕事に、生涯にわたって関心を抱き続けました。そして、内村鑑三も宮部金吾も新渡戸稲造も、ともに自分の子供を失う、亡くすという悲しい経験をしております。

新渡戸稲造はアメリカ人の女性と結婚しまして、一年ほどして子供が生まれましたが、生まれた子供は、北海道札幌で生まれたのですが、どうやら帝王切開だったらしく、生まれて一週間で死にました。そして以後、実子を得ることはありませんでした。養子を取ったわけです。

宮部金吾は、子供は一人も恵まれず、養子を取りました。その養子も——宮部はずっと札幌農学校に勤めておりましたから——札幌農学校を卒業し、そして農業関係の仕事で満州へ行きました（中国の東北地方ですね）。その東北地方の田舎で植物の研究をしていたのですが、歯が悪くなりまして、歯医者にかかったところが、満州の奥地にはろくな歯医者がいなかったので、歯医者が失敗をして、そこからばい菌が入って、二八歳で死んでしまったのです。

内村鑑三は男一人、女一人の子供には恵まれましたが、ご承知のようにその女の子は一八歳で亡くなりました。ですから、この札幌農学校が生んだトリオといっていいでしょうが、みな子供を失うという悲しい経験をしております。

三人は、それぞれ歩んだ道筋はたいへん違います。宮部金吾は一番年上で、内村とは一つ違い、新渡戸とはまた一つ違いという年齢です。そして宮部金吾は札幌農学校でずっと植物学の先生をしました。札幌独立キリスト教会に籍を置いて、他へは動かずにずっと北海道ですごしました。日本の植物学の草分けといっても良いでしょう。

内村鑑三は、様々な経歴を経た後に、最後に天職としてキリスト教の伝道を始めました。そして、無教会のキリスト教という、それまで誰も試みたことのなかった、一つのキリスト教のあり方を開きました。

新渡戸稲造は札幌農学校、母校の先生をしておりましたが、それから、あとでも申し上げますが、色々な仕事を転々としまして、最後は国際人として様々な活動をし、その最中に死にました。

このように三人とも歩んだ道は違いますが、三人は生涯にわたって手紙のやり取りをし、また東京で出会い、あるいは北海道に来て出会いをしておりました。そして、生涯にわたって親友として、交わりを続けました。そのことは真に尊いことであると思います。

内村鑑三の葬儀が東京で行われた時に、焼き場へ棺を持っていきまして、そして焼き罐《かま》の中へ入れました。そこで、見送りに行った人たちが讃美歌の四〇五番「神ともにいまして」という歌をうたいました。新渡戸稲造はその席にいて、自分も一緒にその歌を歌い、また聞きました。そして、自分が死んだ時にもこの讃美歌を歌ってくれるようにと、周りの人に言いました。それは、やがて三年後、新渡戸が死んだ時に実現されました。ですから、死んだ葬儀に讃美歌も同じもので天国へ送ってもらうということに至るまで、彼らトリオは心を通わしていたわけであります。

## 二　仕事を約七年ごとに変わる

他の二人についても話すことはたくさんあるのですが、今日は新渡戸稲造に限ってお話をします。年表をご覧になるとおわかりのように、新渡戸稲造は仕事を七年毎に変わっております。現代では日本でも、仕事を変わるということはなんともないことになりました。初めから仕事を持たないという人もあるぐらいですから、変わることぐらいはわけもない。今はリストラで変わりたくなくとも、変わらされるということもありますが。でも、当時はこれはあまりないことでした。

新渡戸稲造は仕事を七年毎に変わっています。三〇歳までは勉強をしました。そして札幌農学校、母校の教員になって、七年間勤めました。その後は、台湾に呼ばれまして、台湾で砂糖を作る基本政策を彼は作りました。そして台湾総督府に籍を置いたのが、ほぼ七年です。その終わり頃には京都大学の教授もしておりました。それから明治三十九年（一九〇六）には第一高等学校――現在の東京大学の教養学部ですが――そこの校長になりました。これがまた七年間です。別に七年が任期という訳ではありません。そして、第一高等学校を辞めましてから、東京大学の法科大学、法学部の植民政策の教授になりました。それがまた七年間です。そしてヨーロッパへ出かけているうちに、ヨーロッパで国際連盟の事務次長に就任することを頼まれて、日本へ帰らずに、そのまま七年間勤めました。これは任期が決まっていまして、始めから七年間ということでした。そして日本へ帰ってきたのが昭和二年の初めです。それから死ぬまでが足掛け七年間でした。

ですから、新渡戸稲造という人は七年毎に、サイクルで決まったかのように、仕事を変わるわけです。変わるといっても、嫌気がさして変わるとか、あるいは誰かが足を引っ張って追い出したとか、そういうことではなくて、次々と新しい職場が開けていくわけです。それは自分で求めたというよりは、用意されて、そこへ迎え入れられるのです。

しかし、当時の日本人としては、非常に珍しい人生であったと言えるでしょう。そのことは、実は新渡戸稲造が五千円札になるまでは、あまり知られていなかったということの一つの原因であります。例えば、福沢諭吉の一万円札ですと、これは慶應義塾を始めた人だと、そして『学問のすゝめ』や『福翁自伝』といった主な本がありまして、誰でも知っています。内村鑑三というとキリスト教の伝道者ということで、これも決まっています。それ以外にあり得ないです。新渡戸稲造はいったい何をした人かというと、あれもこれもたくさんした人です。ですから、新渡戸稲造はもちろん教育者というのが中心ですが、それに限らず、その他にもいろいろな側面のある人だったのです。日本人の場合、やはり漱石なら小説家、内村なら伝道者というように、一つのレッテルといいますか、性格付けで決めやすい人については理解が深まりますが、いろいろと多方面の仕事をした人についてはなかなかわからないようです。これは現代も変わりないと思います。皆さんも、今日私の話をお聞きになるまでは、五千円札は使っておられても、その顔がどういうことをした人か、あまりご存知ない人が多いのではないかと思います。

## 三　日本紹介の英文をたくさん書く

新渡戸について最初に申し上げたいことは、新渡戸稲造が日本を紹介する書物を、英語でたくさん書いた人だったということです。現在は外国人で日本について研究する人もたくさんいまして、中にはサイデンステッカーだとか、あるいはドナルド・キーンだとか、日本人顔負けの広範囲な研究をする人もおりますし、優れた日本研究の書物は、外国人の手によって次々とあらわされてきています。つまり日本学（ジャパノロジー）です。しかし、明治の時代にはそういった営みをする外国人は非常に少なかったのです（もちろん、いなかったわけではありませんが）。また、日本人で日本のことを外国に紹介するという人もそう多くはありませんでした。外国へ留学する人はたくさんいました（今よりは少ないですが)。しかし、留学することは外国から学んでくるわけで、日本のこちらから発信するということは、明治の時代にはそう行われなかったわけです。

新渡戸稲造はそのような中で、日本を紹介する書物を英語でたくさん書きました。資料にも書きましたように、一つは今から一〇一年前に英語で書いて出した『武士道』です。これは現在も世界の三〇か国ほどの言葉で出版されています。もう古典の中に入ったと言っていいでしょう。そして、明治の終わり頃にアメリカに講演に行きまして、それをまとめたのが『The Japanese Nation』(一九一二年、『日本国民』)であります。これはわりと大きな本です。また、ヨーロッパで国際連盟の事務次長をしておりました時に、ヨーロッパのあちこちの大学に呼ばれて講演をしました。また、その他の機関でも話をしました。それらを集めて出したのが一九二七年の『Japanese Traits and Foreign Influences』(『日本人の特質と外来の影響』)という書物です。これには俳句やお茶、武士道のことも少し出てきますし、日本の天皇制のことも出てきます。

そして、新渡戸の日本研究の一番の主著というと、一九三一年の『Japan』(『日本』)という本です。これは頁数も一番多く、また三一年ですから、ちょうど満州事変が起こったその直後にイギリスで出版されました。ですから、当時この書物はほとんど注目を浴びませんでした。しかし、今読み返しても、日本のさまざまなことをただ並べて紹介するというだけでなく、当時日本が置かれていた状況に対する非常な憂慮、つまりこのままでは日本は滅びるというようなことが英語で書かれています。さまざまな方面、例えば政治、教育など、どこを見渡しても、日本の社会は難問ばかりであるということをこの『Japan』という本では述べています。

それから最後に、新渡戸は一九三二年から三三年にかけて、つまり昭和七年から八年にかけて、一年間アメリカで講演旅行をしました。それが死んだ後にまとめられて『Lectures on Japan』(『日本文化の講義』)という本になりました。

このように、主な書物だけでも五冊あります。なかなか独りで大きな日本紹介の書物を五冊も書いたという人はいないわけです。しかも、『武士道』は特別なテーマではありますが、その他のものは日本の歴史から、地理から、そして政治・教育・宗教事情から、つまり日本のあらゆる側面を外国人に知ってもらおうと書いたわけです。ですから、それだけ広い範囲にわたって書くことができた、伝えることができたという人はそれ以後もないと思います。もちろん専門家は、ある一つの側面についてはとても優れた知識を伝えますが、日本全体について、歴史もその他の側面もふまえて、広く紹介した第一人者は新渡戸稲造であると言うことが出来ます。

内村鑑三もアメリカへ留学しましたし、英語で本も書いております。自分の精神的な伝記としては『余はいかにしてキリスト信徒となりしか』(『How I became a Chrisitan』)が岩波文庫に入っていますが、これも古典でして、読めば今でも面白く、刺激を得ますし、また、ためになります。

さて、新渡戸が『武士道』を出した頃に、ちょうど岡倉天心という人が、アメリカのボストンの美術館の東洋部の部長に雇われておりました。そして日本のことを、特に美術関係のことを紹介した書物をいくつも出しています。例えば一九〇三年には、『The Ideal of the East』(『東邦の理想』)という、これはむしろ美術史を中心として日本および東洋の理想を語ったものです。また『The Awakening of Japan』(『日本の目覚め』)というものもあり、これは薄い岩波文庫で一〇〇頁位のものですが、なかなか日本を愛する気持ちに満ちた書物です。そして一九〇六年には『The Book of Tea』(『茶の本』)、これも岩波文庫に入っておりますが、お茶に関わる様々な問題、事柄を書いたもので、非常に興味深い本です。

また、内村鑑三が著したものに『代表的日本人』(『The Representative Men of Japan』)という書物があります。これは日本の生んだ、優れた人物の中から優れた五人を選び出しまして、例えば上杉鷹山とか、日蓮とか、中江藤樹や二宮金次郎、西郷隆盛も入っていますが、その人たちの生きた有り様を紹介したものです。

しかし、新渡戸のように日本の文化、歴史、地理、そして現状、全体を伝えたものは、これはやはり特筆すべきものだと思います。今でも、日本人が日本研究をする場合、新渡戸の書物にまず目を通して、それから考えをまとめ始めるというほどで、決して読んで損にはならない書物です。

そのようにして、新渡戸は七年毎に仕事を変わりました。そして、教育に身をおいたことがたいへん多くあります。札幌農学校、第一高等学校、東京帝国大学というようにです。しかし、ただし、札幌農学校は、やはり文部省、国家の管理する学校です。東京帝国大学も第一高等学校もそうです。新渡戸は、そこに身を置いただけではなく、学校に勤め励むとともに、それ以外の様々な方面で働きをした人であります。そこで、新渡戸の働きを、彼の特徴を拾いながら、少し話したいと思うわけであります。

新渡戸稲造という人は、何よりも愛の人であったということができます。ことに、小さい者、あるいは弱い者に対する愛が、絶えず新渡戸稲造の心の中に溢れておりました。それについて、少し具体的にお話ししたいと思います。

## 四　愛の人

### ①　子供

新渡戸は何よりも子供が大好きでした。子供が大好きというのは、先程も申しましたように、自分の本当の子供は生まれて一週間で死に、以後も子供は与えられなかった。そして養子を取り、養女を取り、また養子養女が結婚して孫も生まれましたが、長い間自分の子供が得られなかったということが、新渡戸が子供を大好きであったということの一つの理由でありましょう。

なによりも、本当に子供が好きな人に、悪い人はおりません。そして、子供というのはたいがい、大人を見た時にその大人が本当に心が優しいか、あるいはそうでないか直感的にピンと感じるようです。ですから、ある人がいて、その人がいい人か悪い人かということは、その近所に住む子供に聞いてみると、わりと図星を指すわけです。子供には遠慮がありませんし、正直に見ておりますから、大人のように考えをもって篩《ふるい》にかけたりはしません。

新渡戸は子供が好きで、写真の肖像をみてもわかりますが、いつもにこやかな温容をたたえております。そして、外出する時にはいつもポケットにキャラメルなどを入れておきまして、道を歩いていて小さな子供が――ことに女の子が好きであったようですが――遊んでいますとそばに行き、頭を撫でて飴玉などをあげるわけです。現代であれば、知らないよそのおじさんに飴玉などをもらったなら、睡眠薬が入っているかもしれないと親が言うかもしれませんが、明治・大正の時代はそのような心配はなかったのです。

また、現在でも東京に普連土《フレンド》学園という女学校がありまして、今は中学校と高校の一貫教育をしております。明治・大正の時代には幼稚園もあったのですが、新渡戸はその学校の理事もしておりまして、よく普連土学園へ出かけます。普連土学園に行くと、もちろん生徒を集めて話をするのですが、皆が集まって新渡戸先生が来るのを待っているのに、なかなか先生はやって来ない。どうしたことかというと、もう決まっておりまして、新渡戸は来ればまず幼稚園に行き、小さな子供としばらく遊んでいる。そうしてから、生徒たちに話しに来るのです。このように、どこへ行くにも、どこへ行っても、子供たちを非常に好んでおりました。

新渡戸の家は戦災に遭い、全部丸焼けになってしまいました。現在はかつての新渡戸の宅地を一〇軒ぐらいの家に切り分けしまして、残りは駐車場となっていますが、もと在った大きな家は部屋が二七ほどもあり、たいへんな屋敷でした。その屋敷の玄関を入った大きな壁のところには、子供たちが遊び、戯れている絵が掛けてあったということです。それも、戦災で焼けてしまいました。子供というのは力がなく、本当に人を信じ、人の愛によってしか生きることはできない。そのような子供を新渡戸はこよなく愛したのでした。

## ② 女性

そして、小さい者、弱い者といいますが――今ではそう言っては語弊がありますが、また決して弱くもありませんが――少なくとも戦前までは、女性は弱きものでした。「弱き者よ、汝の名は女なり」ということわざもありまして、今ごろこういうと怒られてしまいますが、明治や大正の時代には、女性はやはり弱い立場にありました。日本もご承知のように、あるいは他の国々もほとんどがそうでしたが、やはり男性中心の社会でありまして、仕事をして稼ぐのは男性、女性は家にあって子供を育て家事を切り盛りする、ということが多かったわけです。その中で、親父が威張る。いわゆる家父長制ですね。また、女性は法律上でも差別を受けておりました。ご存知とは思いますが、大正以降、女性にも選挙権を与えよという運動が猛烈に展開されましたが、女性が選挙権を得たのは、戦争に負けてから後の話です。それまでは女性には選挙権はありませんでした。男性であっても、税金を払っている額にかかわらず選挙権を得たのは大正の終わりのころです。ですから、女性がいかに法律上差別されたかということは、旧民法をご覧になれば歴然たるものです。相続の問題にしましても、あらゆる面で女性は差別を受けました。新渡戸は女性の味方でありました。それは、最も優れた意味におけるフェミニストといっていいでしょう。新渡戸の奥さんはアメリカ人で、五歳年上でした。その奥さんもクエーカー教徒で、学問をしておりました。そして、新渡戸の家では奥さんを中心として、家の中ではずっと、すべて英語を使っておりました。食事をするのも、テーブルにナイフとフォークを並べ、ナプキンを置き、三食とも洋食です。我々が三食全て洋食ばかり食べさせられたら困る気がしますが、新渡戸も時々やはり困ったようで、外へ出ると鰻丼を食べたり、たまにはお茶漬けをさらさらと沢庵で食べてみたいということも言っていたようですが。つまり、新渡戸の家庭は女性を、婦人を中心として家庭全体が動くようになっておりました。

新渡戸は、明治の時代に士族となった旧武士階級の出としては、まことに珍しく、女性の人権・人格と女性の社会的活動に対してたいへんな理解がありました。そして、新渡戸は女性の学校、女子の学校にもいくつか関係しました。例えば、年表をご覧になりますと、大正七年（一九一八）、東京女子大学初代学長となるとあります。東京女子大学は日本の、あるいはアメリカのクリスチャンの人たちがお金を出して創った大学です。もうじき一〇〇年を迎えることになるのですが、今でもなかなか良い学校です。新渡戸がその初代学長となった時、学生たちに「あなたたちは、やはり一つの人格として世の中に出て、仕事を持ち活躍しなければならない。それはこれからは、男性だけでなく女性も共に力を合わせて、日本の社会を良くしていかなければならない。その上であなたたちの期待されているところは大きい」ということを常々言っておりました。そして、女性も一つの人格として自覚し、自立しなければならないということは、女子大で語っただけでなく、女学校へ行っても話しました。

皆さんご承知かどうか、おそらく年輩の方以外あまりご存知ないと思いますが、吉屋信子という女流作家がいました。この人は戦前から活躍しておりました。私は小学生の頃に、姉が持っていた少女向けの雑誌で吉屋信子の少女小説を読み、名前を知りました。しかし、戦後は社会派になりまして、救世軍の山室軍平の伝記『ときのこえ』を書きました。『ときのこえ』というのはもともとは救世軍の雑誌の題ですが、これはなかなか良い小説です。全集にもありますので、図書館にあれば一度読んでみてください。この吉屋信子が書き、朝日文庫から出ました『わたしの見た人』という本があります。「わたしの出会った人」や「尊敬する人」ならばわかるが、「見た人」というのはおかしいかもしれませんが、これは実際、正直に「見た人」です。つまり、そこに盛られている話は、深く交わったというよりはむしろ、わずかに出会う機会があったというものが中心であります。例えば足尾鉱毒事件の田中正造を、吉屋信子はまだ小学校の幼い時に見ているのです。それは、吉屋信子の親父さんが地方のその地域の役人をしていまして、その家へ田中正造がどなりこんできたわけです。そして、親父さんと言い合いをしているところを、小さな子供としてちらっと見たというのです。

その中に、新渡戸稲造に関わる逸話が一つあります。それは、吉屋信子が県立女学校の一年生に入った時でした。全校の生徒を集め、新渡戸稲造を招いた講演会が開かれました。しかし、女学校といっても今の中学校から高校の二年までですから、中学校一年生といいますと小学校を出たばかりで幼く、一番上でも高二ですからまだ何もかもがわかる歳ではありません。一年生は一番前、上級生は後ろに座って、新渡戸稲造の話を聞いたのです。

その中で、「これからは女性も、ただ家を守る良妻賢母ではだめです。あなたたちもひとつの人格として、日本の社会で仕事を持って働くという覚悟がなければなりません」といった話をしました。もちろん悪妻愚母というのは困りますから、良妻賢母であることは悪いことではないのですが。加えて、最近のように子供を苛めて殺したりするというのは更に困ります。いずれにしても、それまで日本の女子教育は良妻賢母、良き妻、賢い母であれというものでした。

新渡戸はいつも聞いている人の顔を見ながら話をするのですが、小さいので一番前に座っていた一年生の吉屋信子を見ながら「そうでしょう?」と問いかけるように言ったとき、吉屋信子は思わず「ハイッ」と返事をしてしまったのです。すると周りにクスクスと笑われたので、吉屋信子は非常に恥ずかしく思ったということだそうです。

そのあくる日、教頭はもう一度全校生徒を集めまして、「昨日は新渡戸先生から、ただ良妻賢母ではいけない、女性も自覚をして、人格として社会に立たなければならないと聞きました。しかし、あの人の奥さんはアメリカ人であるから、あのように言うのであって、本校は創立以来、方針として良妻賢母であるから、皆さんも間違えのないように」ということを言ったのです。しかし吉屋信子は、教頭が言うことよりも、昨日新渡戸先生が言ったことの方が正しいと確信したということです。新渡戸の話は、たった一二歳の女の子にそれだけの確信をさせ、やがて彼女は女流作家になっていったのでした。

このように、新渡戸はどこへ行っても「女性は一個の人格として立つ」ということを常に語りました。

新渡戸の書いた書物に『一人の女』という本があります。これもなかなか面白い本です。大正八年(一九一九)に雑誌に載せたものをまとめたものですが、あらゆる境遇に置かれ、そして困難を極めた中、しっかりと身を処して立派に活躍している女性。あるいは、そうではなく、男性に騙されて本当に惨めな境遇に落ちてしまった哀れな女性。そのような何人かの女性を、名前は隠してありますが、具体例を出して、女性の生き方を考えさせるという書物です。そういった書物の中にも、新渡戸が様々な境遇の女性の相談に、おおいにのっていたということがよくわかります。

また、第一高等学校の校長をしていた時のことです。第一高等学校というのは、だいたい天下の秀才が集まるわけで、そこを出ればほとんどが東京帝国大学に入ります。そして、やがては官僚になるか、裁判官になるか、いわゆる日本社会の中枢を占めるわけであります。ですから、入ったときから秀才であるし、自分たちが日本を背負うという自負心があり、自尊心が強いのです。男性ばかりの学校ですから、女性などは初めから頭にないわけです。

ところが、毎年運動会がありまして、運動会には父兄も来るのですが、そこには生徒のお母さんなり、お姉さんなり妹なりもいるわけです。ある年、新渡戸校長が運動会に婦人席、女性が座るためのベンチを用意させました。すると、運動部の猛者連中が承知しません。つまり「校長は女を可愛がる」と、「婦人席など作らなくとも、立って見させればよい」というように、文句を言うのです。全校生徒が集まり、校長先生の話を聞く集会が定期的にあったのですが、そこで新渡戸は、「諸君は女性というと、どういった女性を思い浮かべるのかは知らないが」――これは痛烈な皮肉ですが――「我輩にとっては女性といえばまず母親が思い浮かぶ。年取った母親に、立って運動会を見学させることはなかろう」と言いました。すると、運動部の連中も二度とそういった文句を言わなくなったそうです。

今のベンチの話でもわかりますように、女性を尊重するといっても、それはちょっとした事柄でも本当に具体的に実行することによって、新渡戸は尊重したわけであります。その背景には、母親の思い出がありました。年表をご覧いただきますと、明治一三年（一八八〇）七月、母勢喜死す、とあります。新渡戸稲造は一〇歳のときに、勉強をするために東京へ出てきました。その後、北海道に渡り、数え年で一九歳まで九年間、足かけ一〇年間、母親とは一回も会っておりません。手紙の往復はありまして、母親はいつも「あなたは学問を終えて、立派な人となるまで帰ってきてはいけません。わたしは女であるけれど、我慢をします。ですが、あなたは男なのだから、日本はおろか世界に名を挙げるまでがんばりなさい」という、励ましの手紙を書きました。ですから新渡戸は、とうとう一〇年間、一回も家に帰らなかったのです。

しかし、新渡戸は卒業するとすぐに、北海道の役職に就かなければなりませんでした。そういう契約だったのです。札幌農学校は四年制ですが、当時は六月で学年が終わり、九月から新学年、七、八月は夏休みでした。ですから、この夏休みをはずすと帰れないというわけで、最後の三年生が終わった夏休みに帰ることにしました。しかし、めったに旅行をしなかったものですから、まず北海道の各地を回って、青函連絡船で渡り、また青森県などをうろうろしながら帰ってきたのです。そして、新渡戸が札幌農学校を出発してから電報がきました。「ハハキトク、スグカエレ」という電報です。ところが、現在ならば携帯電話で連絡をすれば、すぐに帰れますが、当時はそういった便利なものがあるわけもなく、予定も言っていない。調べようがないわけです。同窓の連中は、かわいそうにと心配して、祈っておりました。しかし、新渡戸が家に帰ると、お母さんは死に、葬式が済んで二日目でした。新渡戸はその時、気絶したと自分で書いています。つまり、一〇年間会えなかった母親に会いに戻ってみれば、自分がふらりと旅行をして帰ったために、とうとう死に目にも会えなかったのです。そして、お母さんは稲造と会うことを非常に楽しみに待って、待って、待ちながら亡くなったと姉から聞きました。新渡戸はその時、今までクリスチャンとして生活してきたにもかかわらず、神も仏もあるものかという気にもなった、非常な懐疑心が生まれたと言っております。

以後、新渡戸は母親の死を生涯忘れませんでした。そして、死に目に会えなかった自分の咎を、生涯許すことが出来ませんでした。お母さんは七月十八日に亡くなったのですが、それまでにお母さんから来た手紙を、新渡戸は大切に保存しており、それを表装して一巻の巻物にしまして、アメリカへも、ヨーロッパへもその巻物を持って行きました。そして、命日になりますと、日本ならば床の間にその巻物を広げ、母親の写真を飾り、花を一輪生けて、一日中その部屋で奥さんも子供も誰も立ち入りをさせず、母親の手紙を読み返して、母を偲んだといいます。ですから、新渡戸が女性という場合、真っ先に母親を思い浮かべるというその心の程は、よくわかるわけであります。

新渡戸は母親を尊重し、そしてそれ故に女性を尊重する。また、女性の人格を尊重する。そして、女性の社会人としての活動を期待して女子教育にあたる。そのように生涯を一貫しました。

### ③　貧しい人々

そしてまた、貧しい人々に対しても新渡戸の優しい心は、生涯変わることなく、溢れるように注がれました。札幌農学校の時でも、貧しい学生がいますと、様々な金銭的援助をしました。それは、たいへんな援助でありました。新渡戸はアメリカから帰るときに、アメリカでジョンズ・ホプキンス大学の出版部から一冊の本を出版しました。これは本来であれば博士論文になるはずですが、彼はもうドイツで学位を取っていたので、また在学年限が足らないので、アメリカでは正規の学位をもらわずに出版をしました。その費用二〇〇ドルを指導教授のアダムズ先生から借りました。親切な先生もあったものです。出版費用まで、全額立て替えて、出版してあげたわけですから、先生も新渡戸を見込んでいたのでしょう。その後、新渡戸は札幌農学校の教授になりました。そして、毎月月賦で返します。ところが、やがて返済が滞ってしまったのです。そこで、アダムズ先生からは催促の手紙が届きました。先生に恩になり、立て替えてもらったお金を返すと言っておきながら、新渡戸は返済を滞らせたわけですから、これはたいへんな、国際的な恥です。それに対する、新渡戸のアダムズ先生への返事の手紙が残っております。それを見ますと、新渡戸は先生への返済を忘れたわけではなく、札幌農学校に経済的に困っているかわいそうな学生がいるので、先生に返済を少し待ってもらって、金をその援助にまわしてしまった、しかし、必ず返しますからと書いています。返さなければならないことをわかっていながら、目の前の困っている学生にお金を与えていたということがこの手紙でわかります。

新渡戸は自分が困っている人を助けても、自分では少しも言いません。ですから、知られている事柄というのは全て、後から、他から分かったことだけなのです。今の話もそうです。以前、新渡戸の著作全集を一九八四年から一九八八年にかけて出しましたが、その時に、アメリカの文書館に保存されている新渡戸がアダムズ先生に送った手紙を取り寄せて、そこで初めてわかったのです。

また、北海道で言うならば、新渡戸が札幌農学校の教授をしておりました時に、遠友夜学校というものを創りました。これは年表で見ますと、明治二十七年（一八九四）一月、遠友夜学校創設とあります。この学校は五〇年続きましたが、戦争中の昭和十九年（一九四四）に廃校になりました。そして、それから更に五〇年経った一九九四年、北海道大学の主催で、遠友夜学校一〇〇年の記念会というものが開かれました。わたしも出席しまして、一席の話をいたしました。この遠友夜学校というのは、まだ当時は四年制の小学校すらも行けないような、貧乏な人の子供たちのための学校です。小学校へ行かずに工場などで働いている、一〇歳にもなるかならないかといった子供たちの中で、勉強したい、字を覚えたいという子供を集めました。授業料はなく、教科書も貸し与えて、その代わり退学といった処罰も無く、教える先生は札幌農学校の先生や生徒です。そういった趣旨の、今で言うボランティアで運営していました。もちろん新渡戸や農学校の先生はお金を出します。学生もお金を出したりします。けれども、ボランティアで運営している学校が、小学校の上級生程度の学力から、今の中学校一年生程度まで、ただし生徒の歳は問いませんから、かなり歳をくった人も来ました。そして、晩の六時ごろから九時ごろまで、色々な授業を教えるという学校でした。これは日本における、夜学校の始まりといってもいいでしょう。東京にもう少し早くありましたが、しかし、非常に珍しい学校を新渡戸は札幌に開いたのでした。

この学校を開くお金は、全て新渡戸が出したわけです。実はそのお金は、新渡戸の奥さんのメリーさんのかつての乳母だった人が――ここでいう「乳母」というのはいわゆる「ドライ・ナース」で、お乳を飲ませたわけではなく、抱いて育てる乳母です――送ってきたものでした。その乳母というのはもともと孤児でしたが、奥さんの実家のエルキントン家は、クエーカー教徒で慈善に励みましたので、その孤児の女の子を幼い頃からもらって、家族と同様に学校へ行かせ、育てたのです。その女性が奥さんのメリーさんの乳母になり、その後、歳をとって死んだ際に、日本にいる自分が若い頃に育てたメリーさんに遺産の一部を譲るといって送ってきたのです。新渡戸は、そんな貴重なお金は自分のために使ってはいけない、そんな人がくれたお金はみんなのために、困っている人のために使おうということで、遠友夜学校の資金に当てたのです。

今ではこの学校は無くなり、中央区の南四条東四丁目に「勤労青少年センター」というものがありまして、そこに一室だけ遠友夜学校記念室というのがあります。実に良く出来た記念室で、当時の様子もわかるように展示してありますから、是非とも行ってみてください。

新渡戸が困っている学生に援助をしたのは、なにも遠友夜学校だけではありません。第一高等学校でもそうでした。それも、新渡戸が死んでから追憶集の中に、東大教授になった人が、自分はかつて新渡戸先生から金銭的援助を受けて学校へ行ったと書いております。その他、ある人の書いた思い出話によりますと、新渡戸が国際連盟の事務局の次長を務めておりまして、その職を辞める頃に、スイスの町のある家に日本人が下宿をしたことがありました。その下宿には、おばさんと若い女性とがいると言います。ところが色々話をすると、そのおばさんも若い女性も新渡戸稲造のことを本当に尊敬していました。よくよく聞いてみると、そのおばさんと女性は非常に金銭的に困ったことがあり、その女性が学校へ行きたくても行けなかった。その時に、新渡戸稲造がお金を与えて、その女性が学校を出るまで面倒をみてやったというわけです。ですから、日本だけではないのです。外国へ行っても、困っている人を見れば、それを誰にも知らせずに助けていたのです。

新渡戸稲造は、ずいぶん収入が多かったと言っていいでしょう。亡くなる時も、貴族院議員でした。これは名誉職なので、一銭も入りません。また毎日新聞社の編集顧問でした。これはちゃんと入ります。その他、雑誌に文章を書き、講演にも行きます。講演でいくらもらったといった記録もあります。

けれども新渡戸稲造が死んだ時、部屋が二七もあるあの大きな家には、その時使える現金はたった三〇〇〇円しかなかったそうです。誰が聞いても嘘だと思います。当時の新渡戸家の暮らしからすれば、どんなに少なくとも月二〇〇円はいるでしょうから、これでは一年半ももたないでしょう。一年半しか家族が暮らせない、それだけのお金しか残っていなかったのです。では、たくさんもらっていたお金はどうなってしまったのか。それはみんな、分け与えてしまったわけです。

それでは、経済観念がなっていない、家族が食べていけるだけのお金を置いておいて、どこか値上がりする株でも買って、路頭に迷うことがないようにしておかなければならないのではないか、というのは一つの理屈であります。例えば、内村鑑三は伝道者であり、伝道者は金儲けをする気は毛頭ありません。しかし、内村鑑三が死んで、奥さんが死ぬまでの間、一〇年ほどありますが、内村は、その間奥さんが生活できるだけのお金は蓄えていました。内村の方が経済観念が発達していたと言えます。新渡戸の方が経済観念はなかったのです。そう考えますと、新渡戸がいったいどれほど困っている人を助けたのかということは、助けてもらった人と神様以外は知りようがありません。

貧しい人はいつの世にもいます。日本にいなくとも、世界中にいます。そういう人たちを助ける場は、絶えず私たちの周りにあります。私たちもそういう時に、財布の紐を緩めることを怠ってはならないとつくづく思うわけであります。

## ④ 病人

その次は病人です。現在は学生の皆さんも、国民健康保険の恩恵を受けられるでしょう。ご両親が勤めておられれば、そちらの社会保険で賄われます。社会保険は加入者本人ならば二割負担ですね。家族でも三割払えばよいだけです。ですから、手術をするといっても、それほど大きなお金はいりません。しかしそういった制度が、つまり国民全部が入る保険制度が日本でスタートしたのは一九五八年です。戦争で負けて以後のことです。日本で最初に、積み立てをして、病気になったときに安いお金で診てもらえるという制度を始めたのは、新渡戸稲造と、やはりクリスチャンで牧師でもあった賀川豊彦です。このことは忘れてはいけません。ですから、病気になって、保険制度のもとで安く医療を受ける時には、これを始めたのは新渡戸稲造だということをどうか思い起こしてください。

新渡戸は賀川豊彦と相談をしまして、貧しい人々が医療を受けられない、受ければ生き延びられるのに、受けられないために死んでしまう。それをどうにかして助けたい。そのためにはみなが力を合わせて病気の人を支えなければならないと考え、組合員二〇〇〇人を集めることを目標とし、一口一〇円で五〇〇〇口を集めまして、昭和六年（一九三一）六月十一日、東京医療利用組合を創立しました。そして、今もありますが、東京の中野に組合直属の病院を創りまして、その病院へ行けば組合員が安いお金で手術などをしてもらえるという制度を創ったのです。その発会式に決議をしました。それは新渡戸稲造の生誕一〇〇年までに、この制度を日本全国に推し及ぼすという決議でした。新渡戸の生誕一〇〇年は一九六二年ですが、日本が戦争に負けたおかげで――もし戦争に勝っていたら軍国主義の軍事予算に多額の金を使い、健康保険などはとても制度化しなかったでしょうが――その四年前の一九五八年に国民全部が健康保険の恩恵を受ける制度ができたというわけです。これは、私たちはやはり、新渡戸と賀川という人に対して感謝しなければなりません。そして、その両人を動かして、ただ直接助けるというだけでなく、貧しい人もみんなの力で一人の病人を支えるという社会的な制度にまで結実させた、その発想に私たちは学ぶところがなければならないと思います。

## ⑤　勤労青少年

それだけでなく、新渡戸は勤労青少年のために、雑誌にわかりやすい文章を連載いたしました。それは、『実業之日本』という雑誌です。これは今でも続いております。今ではもうたいしたことのないサラリーマン雑誌になってしまいましたが、明治四〇年頃に新渡戸は、その社長から、当時、学校へ行けずに商店に勤めている、いわゆる丁稚さんや、あるいは住み込みの店員をしているような人が、仕事が終わってから寝るまでのちょっとした時間、または朝一〇分早く起きて読め、そして自分の人生のためになるような、わかりやすい文章を書いてくれと依頼されました。新渡戸はそれを引き受けました。月刊雑誌ですが、初めは月二回出ていまして、その毎号にわかりやすい文章を載せていたわけです。それも、新渡戸は文章を書きますと、家のお手伝さんにわかるかどうか読んで聞かせ、わかると言うまで書き直して載せていたのです。そういった文章がたくさんたまりまして、次々に出版されました。

例えば明治四四年（一九一一）のところを年表で見てください。ここに『修養』出版と書いてあります。この『修養』という書物が、その第一号です。これは個人として、自分の心をどのように養うかということを問題にし、様々な方面からテーマが挙がっています。今読んでも大いに参考になります。その翌年の明治四五年、大正元年に『世渡りの道』とあります。これも同じように雑誌に載せたものです。これは、『修養』は個人ですが、『世渡りの道』の方は、世の中の社会を渡っていくときに、どのような心掛けをすべきかということを書いたもので、少し観点が違いますが、いろいろとためになることが盛られております。それから、大正五年（一九一六）に『自警』出版とあります。これもまた雑誌に載せたものですが、これは講談社の学術文庫に私が編集し、『自警録』として入れておりますので、今でも千円ぐらいで買って読むことができます。このようにして、新渡戸は働いている人たちが心を養うための足しになるようにと、たくさんの文章を書き、忙しい中からそれをその人たちの役に立つようにしました。

そのようにして、新渡戸の生涯における活動は、役所あるいは学校での役目はともかくとして、それ以外にも気の付くあらゆるところで自分の心に満ちる愛を、何とかして、困っている人、弱い人、小さな人、貧しい人たちに注ぎ、そういった人たちの助けになるように、生涯心がけて歩んだということを、私たちは心に置きたいわけであります。

## 五　博大なる知識

そして、新渡戸のそういう働きを支えた事柄の一つとして、新渡戸稲造は非常に博大なる知識を持っていた人で、明治の大教養人の一人であったということを申し上げておきます。現在は日本でも教育がずいぶん進みました。そして、大学教育を受ける人の数も三六％から三七％ということです。明治から戦前にかけては、大学教育を受ける人の数はわずか二％程度のものでした。第一、大学へ行くのにはお金がかかります。お金持ちでなければ子供を大学になど行かせられません。ですから、ごくわずかの人しか行けませんでした。

当時の人たちは、幕末から明治の初めに教育を受けたわけですが、その頃の日本の学問は洋学というよりはむしろ中国の学問が中心でした。ですから、漢籍、漢文を読む。論語、孟子、大学、中庸、そういう「四書五経」を初めとして、中国の歴史の書物を読む。それから日本の古い歌の書物を読む、物語を読む、そういった日本のことを、中国のことをという、和漢の学問教養の基礎を作った人が多くありました。そして、その上で西洋の学問をも学んだわけであります。

ですから夏目漱石にしましても、森鷗外にしましても、和漢洋に長じております。漱石も鷗外も漢詩を作るのが上手でした。漱石は俳句も上手い。日本のことも、古典も良く知っている。そして森鷗外も和歌をたくさん詠んでいます。もちろん西洋のことも留学しておりましたから良く知っています。そういう和漢洋にわたる、非常に広いすそ野を持った教養を身につけた人が明治時代にはかなりたくさんいたわけです。

新渡戸稲造もその中の一人であったといってよろしいでしょう。新渡戸がどれほど大きな教養のすそ野を持っていたかということは、先ほど新渡戸が日本紹介の本の最初として『武士道』を書いたと述べましたが、この本は百数十頁の小さな本です。岩波文庫ですと一五〇頁ぐらいです。けれども、そのわずか百数十頁の中に、人の名前が二七五も出てきます。その中には日本人の名前ももちろん出ますし、中国の孔子、孟子を始めとする人たちの名前も出ますし、西洋はプラトンから始まり、ずっと一九世紀の文学者、思想家に至るまでたくさん名前が出てきます。シェークスピアもたくさん引用されております。聖書ももちろんたくさん引用されています。つまり、そういう和漢洋にわたる広い教養を備えて、それを本当に自分の血となり肉として、それを英語で表現していく、そして武士道の説明をしたわけです。ただ、日本の古文書の中に武士はこういうことをしたと書いてあるのを紹介したわけではなく、また、日本の侍たちの立派な行いを色々紹介したわけでもなく、そうではなしに、西洋と中国と日本の昔からのたくさんの事柄を踏まえて、西洋人に紹介したわけであります。そのことは、ただ名前をたくさん引けばいいということでなく、それがどのように本当にその人の心の中に溶け込んでいるか、そしてそれがわざととってつけたものではなく、ごく自然に説明の際に生かして使われているかということがとても大事なわけです。ですから、『武士道』という本は短い本ではありますが、これを本当に完全に理解しようと思うと、相当の教養を必要とします。皆さんもぜひ挑戦して欲しいと思います。

## 六　専門センスよりコモン・センス

それほど学問があり、教養があり、そして難しい文章を書ける、あるいは読める。そういう人ではありますが、しかし新渡戸稲造は、「専門センスよりコモン・センス」ということをしばしば言っておりました。「専門センス」というのは、新渡戸が作った言葉です。「コモン・センス」というのは英語で、日本語では「常識」と訳しますが、日本語で常識といいますと、クイズ番組に出ていつも良い点をもらうのが「常識」のように考えるといかんのでして、単なる物知りではなく、物事の的確な判断ができるという判断力を持っているというのが「コモン・センス」です。新渡戸は学問に当たって、真理というものは行と行の間にあるというのです。つまり書物を読んでも、本当の真理は文字に表れている外にある、文字と文字との間にある、行と行との間にある、行間を読めということをしばしば申しました。

新渡戸稲造の大学での講義を聞いた学生は、東大でも京大でも札幌農学校でもたくさんおりましたが、新渡戸の講義は全く座談調です。この頃ではこの大学にも次のような先生はおられないと思いますが、今から四〇年ぐらい前はそういう先生が多かったのですが、ノートをカバンから出して講義でそれを読み上げるのです。先生はちゃんとノートを書いてくる。それを時間が始まると読むのです。第一章第一節第一項と。そしてわからない言葉は、黒板に書いて、先生はゆっくり読む。学生はそれをずっと全部ディクテートする、書くのです。試験の時にはそれを頭に入れて来て、吐き出すというわけです。先生はノートを作り、ノートが貯まれば本になる場合もあり、ならんことのほうが多いでしょう。先生によっては、そのノートはもう煮しめた手ぬぐいのように黄色くなっている、もう何十年も前からノートは全く書きかえていないというような人もいたということです。

新渡戸稲造は、学問といっても、第一章第一節とか言っている間は、そんな学問はダメである。そんなことは全て忘れてしまって、本当に自分の心の中に入って、本当に自分の知識となったもの、それを語る。それが本当の学問であると言っておりました。新渡戸稲造の担当は植民政策です。その講義を聞いた矢内原忠雄という人が、学生の中には生意気なやつもおり、新渡戸先生の話は「お話」であって講義ではない、つまらないなどと言う者もいたが、自分にはとてもためになった、とても面白かった、新渡戸という先生の人格が毎時間の話の中に表れていた、と書いております。そして、ちょっとしたことでも、言葉の端々にたいへんな示唆を受けたし、ヒントを得たし、その時間に話される日本の政治家たちに対する批判など、そういう批判精神を先生から受けることができたと、感謝を述べております。それは「コモン・センス」で、新渡戸は自分の大学での講義でもこれを一貫したわけであります。ですからノートなどは作っていません。

この矢内原忠雄は、新渡戸稲造が東京帝国大学の先生を辞めて国際連盟に行ってしまいましたので、その後を受けて先生になりました。同じ専門の植民政策です。そして新渡戸稲造が国際連盟から帰りました時に、新渡戸を訪ねまして「先生の植民政策の講義は面白かったし、ためになった。あれを一つ本にしてください」と言いました。ところが新渡戸稲造は、「自分はメモを取って話しているだけで、ノートなどはないからわからない」と言うと、矢内原は自分がノートはとってあると言うのです。矢内原は几帳面な人で、実に字も上手く、もれなく新渡戸稲造が言ったこともエピソードも全て書いてありました。そして「このノートを見てください。これで本にしますから。これに先生のメモを貸してもらって補っていきますから」と。そして新渡戸が、「どれどれ見せてくれ」と言う。「こんなことを俺が話したかな。俺の講義よりも、このノートの方が良く出来ている」というようなことを言ったそうです。それでもわかるように、新渡戸は大学での講義も、本当に自分の身についたもので話しました。それが「コモン・センス」ということです。遠友夜学校の記念室へ行ってご覧になりますと、そこに新渡戸の書いた大きな字が飾ってあります。それは「学問より実行」と書いてあるものです。これは遠友夜学校のように、小学校も行けない子供たちだからそう書いたというのではなく、ただ文字の上だけの学問というのは学問ではないという意味です。そしてむしろ本当にそれを行ってこそ、知識になるというのが新渡戸の生涯貫いた考えでありました。

## 七　ユーモアとSociality

そのことを、また側面から申しますと、ユーモアということになります。日本人はユーモアの足りない国民だと言えます。ことに政治家にユーモアが足りないのは、これはもう世界一と言ってよいでしょう。漫才師や落語家はユーモアがたくさんあるというのは間違いなのです。あの人たちは、そういう商売をしているのですから。新渡戸稲造は巧まずして、いつも面白いことを言う人でした。だいたい東京女子大の卒業生が言っておりますが、学校へ行って、学校で大きな笑い声が聞こえている。そして、そっちへ行くとその笑い声の中心には新渡戸先生がいたというわけです。ですから、新渡戸稲造という人は、絶えず面白いことを言って人を笑わせておりました。

それは、日本だけでなく外国へ行っても同じでした。変わることはありません。最後のアメリカ旅行は、新渡戸にとってたいへん苦しい講演旅行でした。それは先ほど申しましたように、死んでから後に、昭和十一年（一九三六）に『Lectures on Japan』として英語で出版されています。新しい全集では、それを全部翻訳して入れてあります。しかし、その非常に苦しいアメリカでの講演旅行の講演の中でも、絶えず面白い話を中に取り込んでいました。

例えば、日本の歴史のことを話しています。廃仏毀釈《はいぶつきしゃく》、明治の初めに仏教を止めにして、神道にしようというわけで、お寺を潰《つぶ》し、立派な仏様を焼いてしまったりしたわけです。奈良へ修学旅行で行った方は多いでしょうが、奈良の駅を降りると前に五重の塔が建っています。興福寺の五重塔です。あれは鎌倉時代の終わり頃にできた国宝です。ところが廃仏毀釈の時に、あの塔は売りに出されたのです。そして、あの五重塔は五〇円で売りに出ました。誰が買い取ったのかと言いますと、風呂屋さんが買い取ったのです。何に使うのかと言いますと、あれを崩して風呂を焚くために買い取ったのです。ところが、あれを潰すのにはもっとお金がかかるのです。それで潰す金まで積むのであれば、山の木を買った方が安いからというので、あれは残ったのです。安く潰されていたら、今あの五重塔は残っていないのです。あそこに、中金堂というのがありますが、あれも仏様を放り出して、奈良の警察署がそこに入っていたのです。その廃仏毀釈のことを新渡戸はアメリカで講演しました。その時に、こういう面白い話をしました。

ある百貨店の帽子売り場に、婦人が帽子を買いに行きました。店員は横について「これはどうでしょう、奥様。これがよろしゅうございますよ」と試着させるわけです。ちょっと被ってみては、鏡で見るのですが、なかなか気に入った様子はない。そして、店員がある一つの帽子を取って、その婦人に被せました。そして「奥様、これをお召しになれば、一〇歳は若くお見えになりますよ」と言ったのです。するとその婦人曰く、「脱いだ時に、十も老ける。そんな帽子いりません」。新渡戸が言うに、しかしこの婦人も、やはり結局一〇歳若く見える帽子を買ったと思う、つまり新しく帽子を買ったであろうということを言いまして、廃仏毀釈、古いものはダメだというのではなく、やはり古いものにも大事なものがあるということに日本もやがて気がつくであろうと言っております。

そして、どういう話をする時でも、そのような面白いエピソードを、これは自分で考え出したのもあるでしょうし、それ以外にやはり絶えずたくさん本を読み、面白い話は心に留めて置くのです。でも、いちいち引っ張り出してくる、ノートを開けて読む面白い話ではダメなのです。パッと口をついて出るわけで、特に新渡戸稲造のユーモアというのは本当に人柄そのものがユーモアに満ちていたのです。ユーモアというのは心の余裕であります。日本の政治家にユーモアが足りないのは、余裕が無いからです。国会でのやり取りを聞いていましても、なかなか面白いことはめったにありません。この頃は少しありますが、ほとんど政治家というのは下向いて読んでいるだけですから、あんなのは話でも演説でもありはしません。少なくとも、ユーモア溢れる一こま二こまが、一〇分話せば一つ出てくるぐらいに日本人もなりたいものです。

また、ユーモアを語れる人は、本当は心がとても真面目な人です。本当に真面目であってこそ、その真面目さが溶けた時にユーモアとなって表現されます。新渡戸はそのユーモアをふまえて、「ソーシャリティー」ということを言いました。これは、日本人は人を見れば敵だと思いがちで、「渡る世間に鬼はなし」ということわざもありますが、「男子家を出ずれば百人の敵あり」とも言います。つまり、「寄らば斬るぞ」という気がまえの侍なので、人から恥をかかされないように、あるいは揚げ足を取られないように、後ろ指を指されないようにと、いつも構えている。そんなことでは人と人との交わりは出来ない。そのことが日本社会を極めて沈滞したものにしている。そうでなくて、本当に心を割って、人と人とが人間として、人格としてまじり合う、交わり合う、そういう精神を日本人はもっと養わなければならない。自分だけがお高く留まったり、卑下したり、そんなことではダメである。みなが人格として平等であれば、おのずから人と人との交わりはできてくる。それが「ソーシャリティー」、日本語に直すと社交性です。社交性と言っても、ダンスクラブにでも行かないと社交性が養われないと思う人があっては困りますが、本当の良い意味での「ソーシャリティー」です。人と人としての交わりという意味です。これを新渡戸は自らも実行し、人にも絶えず勧めました。ことに、第一高等学校や東京大学などの、日本のリーダーになるべき人たちを教えている学校では、このソーシャリティーということを絶えず教えたのです。

## 八　その心を示す二つの古歌

さて、新渡戸稲造が、人から頼まれればよく筆をとって揮毫《きごう》した、二つの歌があります。新渡戸は歌をたくさん覚えておりまして、二つだけではありません。一〇〇も二〇〇も覚えておりまして、自分で作った歌もありますが、頼まれればそれを軸に書いたり色紙に書いたりしました。日本の政治家も、よく書くのが好きな人がおりますが、これはどうもキザなところがあって、やたら中国の古典を引っ張り出してきたりしますが、ご本人がやっていることはその正反対であったりして、そういう記念にはなるにしても、もう一つ面白くないのです。新渡戸稲造の字は、遠友夜学校の記念室に行ってご覧になればわかりますように、決して達筆や名筆といったものではありません。しかし、味のある字です。とても味があります。別に習字を、特に先生について習ったわけではなく、おのずからできた書です。その揮毫するたくさんの歌の中に、この二つの歌は非常によく書き与えております。

一つは「見る人の心ごころにまかせおきて高嶺に澄める秋の夜の月」。もう一つは「僅かなる庭の小草の白露をもとめて宿る秋の夜の月」。後の歌は西行の『山家集』に入っています。初めの歌は「詠み人知らず」です。どちらも「秋の夜の月」です。

新渡戸が好きなのは月です。内村鑑三が義の太陽であるとすれば、新渡戸は月です。内村鑑三が男性的な要素が強いとすれば、新渡戸はむしろ女性的要素が強いと言ってもよいでしょう。新渡戸が好きなのは月です。花で言うならば、バラや牡丹や芍薬といったものではなく、新渡戸稲造が好きな花は梅や萩です。梅は、冬、他の花が咲かない時に小さな花をつけます。そして、花そのものより、香りが人を楽しませてくれます。萩の花は、小さな小さな花です。しかし、群がって咲き、秋の七草の一つとして、私たちの心を和ませます。新渡戸はそういった小さな花を好みました。ですから、秋の夜の月が好きです。その月を詠んだ歌を、新渡戸はたくさん覚えて書いておりまして、その中の二つがこれです。

初めの歌は大きな景色です。つまり、山の高嶺の上に、雲一つない空に、煌々と秋の満月が輝いている。それを下から仰ぎ見る人は、その月を見ながら何を思うか、また月を見てどう考えるか、それは人々が思うように思えばいいので、月そのものは人々がなんと思おうと、そんなことはその人に任せて、月はただ高嶺に澄みきっているという、広々とした、そしてこの世の塵をすっかり洗い去った、真に清らかな光景を詠んだ歌であります。

それとは一転して、西行の歌は、小さな小さな風景です。これは、九尺二間の裏長屋の猫の額ほどの庭、そこには名もない雑草が生えております。名もない雑草にも秋ともなれば、夜は露がおります。

その小草、庭の小草の葉末に白露が宿っており、月は空に輝いています。しかし、その名もない小草の葉末のひとつひとつの白露に、月の光が宿っている。それは月の光が、小さな白露をもとめ、その中に宿る。そういう秋の夜の月の光景を西行は詠んでおります。西行のこの歌は、仏教の、ことに念仏の世界を詠み込んだ、その境地をよんだものであったと考えてよいでしょう。

新渡戸が好きな歌は、この大空に澄み切った月と、葉末の小さな白露の中に宿る月、その両方です。つまり、高いところにあろうと、低いところにあろうと、光は同じ光なのです。そして、その光が照らすべきものは、同じ人間の魂です。新渡戸は東京大学で教えようと、遠友夜学校で小学校に行けなかった子供たちに話をしようと、同じ精神で、同じ真理を、誰にでもわかるように語ったと申してよいでしょう。

## 九　二一世紀への意味

そこで、まとめになりますが、では二一世紀にとって、新渡戸稲造という人とその働きの意味は、一体どこにあるのか。第一に新渡戸稲造は、世界の全ての民族の文化の中に、それぞれ独自の価値があるということを確信していました。『武士道』は実に、そのことを日本の武士の道徳について語った書物であります。しかし、歴史上に名を残さなかったような未開民族の歴史にしても、これもまた天地創造の神が創られた人間の歴史の一こまであると書いております。つまり、世界のあらゆる民族の文化には、それは神が創り、そしてそこに置き、そこに生かされた一つの価値があるのだということを新渡戸は認めております。その価値を否定して、例えば近代西洋文明だけが世界で唯一の文明だと思えば、一つの文明が世界全体を侵略することになります。日本文化だけがアジア全体を支配すべき文化だと思えば、先の戦争のようなことをやり始めるでしょう。しかしそうではなくて、どの民族のどの文化にも、どの時代であれ、それはその価値があるのです。その価値を認めれば、そこから互いに学ぶことができます。それが平和共存の根本であります。

それと同時に、ただ多様なる文化価値があるというだけでなく、人類は一つであるということを新渡戸は確信しておりました。つまり、様々な民族があり、様々な文化があり、表向きは異なって見えるとしても、全て同じ人間であります。人間が人間として生きる限り、道徳も様々な礼儀も、その根本においては相通うのだということです。そしてこのことは、新渡戸のクエーカーのキリスト教信仰から由来するものと考えてよろしいのではないでしょうか。

また、互いの価値を認め、しかも人類は一つであるという確信に立って平和を目指す場合に、目を注ぐべきところは、弱く、小さく、低いもの（ところ）である。そこにこそ心を向けて、働き歩むということです。そのことは、現代の環境問題にも、また南北問題にも大きな示唆を与えると思います。皆さんは、そういう新渡戸稲造が、生涯のかなりの年月を学び、そしてかなりの年月を働いたこの札幌で学んでおられるわけであります。ですから、できる限り、先人の真理を学び取っていただいて、新渡戸がここから、ここを踏み台にして、世界に雄飛し、そして新渡戸の手の届く限り、目に見える限りの人々に心を運んだように、皆さんもその力の限りを尽くして、生涯の終わりまで歩み通していただきたいと思います。

# 6　新渡戸稲造の平和

## 一　家の伝統

新渡戸稲造は文久二年八月八日（西暦一八六二年九月一日）、盛岡藩士新渡戸十次郎、勢喜《せき》の三男として、盛岡鷹匠小路《たかしょうこうじ》（いまは下の橋町）で生まれました。

新渡戸家は江戸時代を通して南部家に仕え、天保八年（一八三七）までは、花巻に住んでいました。天保八年に盛岡へ移り、翌九年に鷹匠小路に移ったのでした。

稲造は幼時稲之助と名付けられました。新渡戸家は代々南部家のもとで重い役を担い、稲造の曾祖父傳蔵維民《これたみ》は儒者にして兵学の大家、祖父傳《つとう》常澄《つねずみ》は勘定奉行をつとめ、嘉永五年（一八五二）から、三本木原の新田開拓を藩から認められ、子息十次郎もそれを手伝い、経営六年、十和田湖の水をトンネルを掘って引き、十万石をあげる沃野としました。

稲造の父十次郎も傑出した人物で、開拓に努めるとともに、三本木市街地の建設にも腕をふるい、盛岡へ戻っては藩校の教頭から目付役、勘定奉行、江戸留守居役など抜群の功をあげました。

江戸時代二五〇年間、日本国内には島原の乱以外に戦いはなく、したがって武士階級も今の官僚と等しく、多くは筆と帳面、少数は算盤も用いる仕事に専ら従事していました。もちろん武芸に精進する武士はあり、新渡戸十次郎などは、実戦を重んじて柔道を練習するにも鎧冑を着用していました。新渡戸家も主な仕事は経済官僚だったと言ってよいでしょう。今の役所でいえば、防衛省ではなくて農水省と国土交通省を兼ねた〝平和の業〟で仕えたと言ってよいでしょう。

稲造が札幌農学校二期生として入学すべく、東京から船で三陸沖を北上しているとき（東北本線の完通は明治二四年のこと）折しも起こっていた西南戦争の政府軍に加わるため、長兄七郎と次兄道郎はともに西方へおもむいていました。稲造はひとり、逆に北上し、開拓という平和の業に徹しようとしていたのでした。

父十次郎、祖父傳、曾祖父傳蔵の三代はみな力よりは筆で藩に仕えたのでしたが、いざ戦となると、やはり武士の血はたぎるのでした。稲造ひとり、平和の業に心身を鍛えたのでした。

## 二　稲造の平和思想及び実践の根本

昭和八年（一九三三）十月十五日（アメリカ時間）、八月からカナダのバンフで開かれた第五回太平洋問題調査会会議に日本代表団をひきいて出席した新渡戸稲造は、会議の全日程をおえて、太平洋岸のブリティッシュ・コロンビア州に戻り、静養中発病し、ヴィクトリア市のジュビリー病院に入院しましたが、一月ほど手当てをうけたのち腹部の手術をうけ、その日のうちに世を去りました。

その前の年四月から一年間、アメリカ各地で日米関係の修復を目標として、大学、研究所、学会、ラジオ放送等を用い、有識者層を対象に国際平和の講演を計一〇〇回以上行っていましたが、一仕事了えて日本へ帰る際、少し体調の悪かったメリー夫人をフィラデルフィアの実家に置いて、独りで帰ったのでした。

そして、天皇にまず報告し、太平洋会議で必ず話題にのぼると思われる満州問題に備えておくため、大阪から飛行機で満州を往復し、向こうでは執政の溥儀《ふぎ》に会い、帰ってきました。そしてカナダのバンフへの最後の太平洋横断となるわけです。

稲造がカナダに客死して、その平和への意志に感銘を受けたカナダの人々は、ブリティッシュ・コロンビア大学の庭園の中に日本から大きな石灯籠を輸入し、その竿に稲造を記念する銘板をはめ、そこに記念の銘文を刻みました。

INAZO NITOBE（1861-1933）
APOSTLE OF GOODWILL
AMONG NATIONS

生まれた年が一年狂っているのはご愛嬌ですが、ここに「善意」という語で示されているのは、まさに、貧富の差、宗教の違い、民族の相異等をこえて、人間が同じ人間として、運命を共にし、協力し合い、助け合い、励まし合うことを勧める力をさす言葉です。人類は一つである。人類が互いに信頼し合ってこそ、戦争を避け、互いに乏しきを補い、共同の進歩をなしうるのであるという、新渡戸稲造の信頼と寛容の精神を「善意」という言葉はよく示しています。

この善意という言葉はまた、稲造が一九〇〇年に英語で出した、今は古典に数えられる『武士道』の中で特に強調している徳目、誠実・まこと（Honesty, Sincerity）という語とも通じます。

稲造はただこの言葉を口にするだけではなく、身をもって実行した人でした。当時カリフォルニア州出で常に排日を売り物にして議席を得ていたシャーレンバーグという政治家がいましたが、稲造はアメリカ講演の旅のとき、わざわざ時間を割いて彼と一度ならず、肚を割って話し合う時間をもうけ、この排日家も稲造の発言が善意と誠からするものであることを十分認めたとのことです。

一九三二年（昭和七）四月から始まり、ほぼ一年続いたアメリカ講演旅行は、稲造の生涯で最も苦しく厳しいものでした。日本軍は偽りの争いをかまえ、満州をすでに席巻し、そこに偽りの国を作ろうとしていました。朝鮮軍（同地在留の日本陸軍師団）も、中央政府の命令もないのに独断で越境し、満州にいる関東軍（日本陸軍）と呼応して作戦を展開しました。中央政府はこれを咎めようにも咎めえず、結局黙認・追認するばかりでした。海外特にアメリカはそれらを激しく非難しました。

さてこそ、大正十一年ワシントン条約交渉中、アメリカが日本人のアメリカ移民を排斥する移民法を通過せしめ、当時ジュネーヴの国際連盟事務次長をしていた稲造は、日本にかつて軍艦をもって開国を迫ったアメリカが、今日本人排斥の非をあえて行うことを厳しく批判し、「排日法が撤去されるまでアメリカの土は踏まぬ」と明言しました。

ですから大正十三年末から七十八日間の休暇を得て、関東大震災後の情況を見、かつ国際連盟のことを日本国民に知らせる講演を行うため帰国したときも、往復とも太平洋とアメリカ横断という楽な旅路はとらず、スエズからインド洋廻りのきびしい航路を取り、世界にその意を知らしめたのでした。

連盟の任期が満ちて帰国する時も航路はインド洋を取りました。排日移民法はアメリカの政治的大失態で、内村鑑三も徳富蘇峰と壇を等しくして一場の講演をし、アメリカ宣教師の教えを受けるな、アメリカ人の書いた本を読むな、と熱弁を振るいました。

その稲造がアメリカへ一年間講演に行こうというのです。アメリカからも日本国内からも様々の批判が行われました。それらを胸に太平洋を渡る船上にあった稲造は、自分の思いを神に告白し祈りに祈ったのでした。メリー夫人がそれを憶えていて、稲造の没後編集した本の序文でそれにふれています。

険しい講演の日々に備えつつも、国内外から自分の真意を少しも解しようとせず、ひたすら批判に終始する人たちのことを、稲造はさすがに赦しがたく、神に祈ったのでした。

「ゆるすのか？
そうだ、私はゆるす。
そして、私は喜びに満たされよう！」

（『幼き日の思い出』全集第一九巻五九〇頁、加藤武子訳）

この稲造の徹底した赦しの精神は、人類は皆一つであるという友会徒（クエーカー）の信仰に基づくものにほかなりません。欧米のキリスト教国と自称する国が、自国の人権不平等を無視しつつ、他国を非難し、他の民族を迫害してやまぬことに、そしてそれはまた力を得た非西欧国、たとえば日本が、西欧の悪しき人権蹂躙を真似て、アジア・アフリカ等の民をさげすむ悪弊に陥っているのを、稲造は黙視することはできませんでした。

しかし、アメリカ人のその建国の精神の中心たる平等を無視した非難をも稲造は赦し、自らも自らの民もが犯しがちなその罪を、神に赦していただこうとしたのでした。

クエーカーは人類のすべての人種、キリスト以前の民であれ、キリスト教にふれることもない民であれ、他の神々や仏菩薩を信じる民であれ、すべての人間の内に、まことの神、天地創造の神の光が差しこんでいると信じます。少なくとも稲造はそのことを文字どおり信じました。「内なる光」はおよそすべての人類の心の内に差しこみ、輝いていることを、稲造は疑いませんでした。

クエーカーのいう「神の種子」は、皮膚の色、眼の色がどうであるにかかわりなく、すべての人類の心の内に蒔かれている、と信じたのです。たとえ異教徒であれ、その心の内にも神の光は差しこみ、神の種子が確かに蒔かれている以上、そのことを信じる者は、異教徒をも、また無神論者をも、尊敬せざるをえないのです。そこにこそ、人類平和の根本があると稲造は確信するに至ったのです。

このクエーカー信仰こそ、ことに晩年の稲造の文をも活動をも、その根本で支え動かしていたものでした。

## 三　稲造の平和実践

### 一　国際連盟

第一次世界大戦が一九一八年（大正七）一一月に終わり、一四年七月以来四年近く続いた近代戦は、飛行機と戦車と、爆弾と毒ガスとで、それまでとは大きく異なる大被害を交戦国民に与えました。戦争終結後、フランスのパリのヴェルサイユ宮殿で戦後の世界政策を議論し合いました。その中で、特にアメリカのウィルソン大統領が力説して、もはや二度と近代文明の利器を用いて殺人に走る戦争をしてはならないことを述べ、各国も賛意を表して、戦争を防止するための国際組織を結成することを決め、それが、国際連盟（League of Nations）として発足することとなりました。

しかしアメリカはウィルソンの意に反して国際連盟加入を拒み、参加したのはヨーロッパの交戦国（ドイツとその同盟国は省く）と南アメリカの国々、それにアジアでは日本、中華民国、タイ、それにオーストラリアでした。しかしともかく人類史上初の国際平和機関が組織され、イギリスから事務総長を、フランス、日本、イタリアから事務次長を出し、その他各国が有能な人材を提供して、国際公務員組織を結成し、一九一九年にはロンドンに仮事務所をもうけ、年明けてはスイスのジュネーヴに事務局を置いて、戦争防止を最大の目的とし、それに寄与するさまざまの部門の活動をも併せ行っていくこととなりました。

日本は事務次長一人を国際公務員として出さねばならず、その人選に平和会議代表団も苦慮していました。ただ英語やフランス語ができるというだけでは事務次長はつとまりません。事務局に勤める多くの国の職員の信頼をえられぬようでは、事務次長はむりです。ただ事務をてきぱき処理するだけでは、単なる事務屋です。何か実現すべき目的を与えてもらえれば――例えば経済交流とか軍事同盟とか――それをちゃんと実行に移すというのは、国益を実現するだけのことで、事務次長はそんな能力では果たせません。

これまで人類で誰一人果たしたこともない新しい任務を実行しなければならないのです。単なる有能な外交官というだけではどうにもならないので、代表団も人選に頭をかかえていました。

さて、新渡戸稲造は、世界大戦後の欧米の事情、ことに大戦の影響とそれが日本に及ぼす諸般の事情を直に確かめるべく、大正七年一一月の大戦終了から四か月後の大正八年（一九一九）三月、後藤新平らとともに、アメリカを経てヨーロッパの戦跡、各国の国情を見定めようと太平洋を渡り、北米大陸を横切り、少し疲れをおぼえたメリー夫人を実家にあずけ、大西洋を渡り、激戦地の遺跡を見学し、パリへ入り、日本代表団を表敬訪問したあと、イギリスへ渡ったのでした。

後藤新平が稲造らを伴って日本代表団を訪れたとき、代表団中の外交官たちはその中に稲造がいることに目を留め、彼こそ事務次長に最適任と、後藤ら一行がイギリスへ渡ったあと、そのことを決めて駐英大使に稲造を説得してくれるよう特電を打ちました。

稲造はその依頼をうけて、まず後藤新平に確かめますと大賛成、それで在米の妻メリーに電報を打ちますと、メリーも賛成、それで事務次長就任を了承し、そのままイギリスに留まり、翌一九二〇年一月正式に事務次長に就任し、しばらくはイギリスで実務に当たり、ジュネーヴの事務所が整うのを待って、スイスにおもむき、一九二六年末まで七年間、この重職を負ったのでした。

事務総長はイギリスの貴族で新渡戸より若いドラモンド、他の二人の事務次長は国際規約や経済関係を扱うこれまた年少者で、稲造は五八歳、『武士道』『日本国民』『随想録』など英文著作も多く、国際職員としては全く適任でした。しかも、東洋の古典にも通じ、キリスト教徒であり、夫人はアメリカの名家の出とあって、当時日本では他の誰よりもこの任にふさわしい人物でした。日本が割り当てられた職務に最もふさわしい人物を任にあてることができたのは、まことに幸いでありました。

### ① オーランド諸島問題

一九二〇年一月、稲造が正式に事務次長に就任して程なく、新たな北欧の国フィンランドは、オーランドに自治を与えることを提案し、それを受けて国際連盟は理事会でこれを処理することとし、連盟事務局の中で国際部をも担当している新渡戸事務次長に、その取り扱いを委ねたのでした。

これは、新発足した画期的な国際組織に課せられた最初の極めて難しい問題で、ヨーロッパ諸国は一斉に着目しました。

オーランド諸島とは、バルト海からボスニア湾へ北上する途上、スウェーデンとフィンランドの間に点在する数百の大小の島や岩礁の総称で、そのうち人の住んでいる島はごく限られていて六五島です。総面積は一五二六平方キロ（大阪府の八〇％）人口はほとんど主島に集中していて約二万五〇〇〇人です。

この小さな島々が重要性を帯びたのは、一〇世紀にキリスト教が伝わり、一三世紀には教会も建ちスウェーデン治下となり、一六世紀にはスウェーデンとデンマークの間に争奪戦が起こりスウェーデンが勝ちましたが、一八世紀にはロシアが侵入、一八〇八年には遂にスウェーデンを破り、フィンランド全体と共にオーランド諸島を取得して、そこに要塞を築いたからです。バルト海の要所を抑える港と要塞は、飛行機やミサイル以前には、それだけで軍事力の大拠点となりました。

しかしクリミア戦争（ナイチンゲールが活躍した）では、その主戦場は遠く黒海沿岸でしたが、オーランド諸島でも戦闘が行われ、英仏艦隊がロシア要塞を一八五四年、たった二日で陥れました。一八五六年のパリ条約では、オーランドは非武装となりましたが、一九一四年に始まった第一次大戦ではロシアは条約を破りオーランドに侵入、また要塞化を行いました。

しかし、一九一七年ロシア革命が起こり、オーランドは八月にスウェーデン復帰を公表しましたが、その四か月後一二月にはフィンランドが独立宣言を行い、事態は紛糾してきました。

一九一九年にはオーランドの代表が三名パリ平和会議に来て、スウェーデンへの復帰を陳情しました。住民は全部スウェーデン人でスウェーデン語を話すからです。ところがフィンランド政府は一九二〇年にはオーランドに自治権を与えると提案し、国際連盟はスウェーデンとフィンランドの対立を処理すべく委員会を作ったのでした。フィンランドは人種的にもスウェーデンと異なり、その言語はラテン文字を使うもののウラル・アルタイ系でスウェーデンとは全く違う東洋系でした。

陸続きのヨーロッパでは領土の変更は戦争のあるごとに起こり、複雑に入れ替わります。元に戻すとしてもいつの元かが大問題で、決して紛争が消滅することにはなりません。これはあるいは永遠の課題とも思われたのでした。

新渡戸は連盟の最初の難問に、力を尽くして、速やかに対処しました。スウェーデンを訪れて要人と意見交換し、フランスやベルギーの国際法学者の考えを慎重にうかがいました。

そして、一九二一年六月二五日、軍事対立をも辞せぬ意気込みだった両国が、七割方は満足する「三方一両損」的裁定を下すことができ、戦争再発を防ぎ、今も保たれている平和の基礎をきずいたのでした。

「新渡戸裁定」とよばれ、今も国際連合で事あるごとに参考にされている「裁定」の主なものをあげますと——

（1）オーランドはフィンランド領とする。
（2）オーランドの公用語はスウェーデン語とする。
（3）オーランドは自治領とする（国防、外交、国税をのぞき）。オーランドには独自の議会、政府、知事を設ける。
（4）オーランドは非武装中立とする。兵役の義務はない。

加えてもう少し説明しますと、

(1)は直近の出来事で決定したと考えられます。フィンランドはロシアの体制変革に伴い独立を成就したのですから、その時ロシア領であった地は自らの領土とする理由があると見たのです。遡れば、スウェーデンもデンマークもあるいは英仏も領有権を主張しかねませんから。

(2)はオーランドの現住民はスウェーデン系だからです。オーランドには大学はなく、スウェーデンの大学へ行けばよいとして、フィンランドのヘルシンキ大学へ入るには、新たにフィンランド語を習得する必要はありません。ヘルシンキ大学では卒業に必要な課目の授業はすべてフィンランド語とスウェーデン語の双方で行うことになっているのです。

(3)オーランド住民は五年領土を離れれば、市民権を失います。また外国人がオーランド市民権を得るには、到来して在住五年を経過せねばなりません。オーランド港への輸入品には関税はかけないので、大量の輸入が可能であり、島には外国製品が安価に入り、多くの利益が得られます。知事はフィンランド政府が任命するが、自治権を侵すことはしません。

(4)フィンランドは徴兵制をしいています。しかし、オーランドの住民には兵役は免除されます。元来要衝の地にある島々ゆえにこそ、ロシアが何度も砲台要塞を築いたのですが、武器の性能も一変した今、オーランドは大砲一つない島となりました。中立で兵役の義務も免除され、完全な平和境となりました。

この新渡戸裁定が当初はオーランドの住民にいささか不満足を与えましたが、一九二一年からすでに九三年、裁定以後の世界情勢をも考えて細部の修正も何度か行い、貿易の利益も増大し、今では裁定への賛成が圧倒的に多くなっています。新渡戸稲造の裁定が、北欧でのもはや不動の記念碑になっていると考えられる今です。

## ② 連盟を知らせる講演

国際連盟は人類史上初めての、戦争防止、平和維持・推進の国際機関です。世界の先進国から集められた数百人の国際職員が、自分の国籍を離れ、国際平和の理想に心身を捧げ尽くす覚悟で、精神を傾け思いを注ぎ、体力の限りを尽くして各自の任務に邁進しました。その献身的態度は、どの国の人々にも感銘を与える程のものでした。

何よりも連盟の理念とその理念を現実の世界にいかにもして少しずつ実現してゆくかということには、加盟国諸国民の平素の努力と覚悟に待つところが少なくなく、役人や政府が条約を交わしたりしただけで平和が成るものではないことは、連盟自身がその成立時の難問——アメリカ合衆国の孤立主義や、当初加盟を認められなかったドイツやソ連の国内での事情、大戦後東ヨーロッパに出現した民族主義的国家とそれが孕んでいる困難など——を考えるだけでも、十分に判り切ったことでした。

人類初の戦争防止組織、それにしては、アメリカが加入せず、アジアやアフリカでは植民地となっている地域は加入を認められず、加入したとしてもほとんど自国にとっての意義を認めようともせず、認めれば、総会で反対国を一方的に非難して、虚実混沌として、むしろ平和を崩す方向に力を貸し与えるさまでした。

人類は全体として、まだこのような平和機構をして十分にその目的を達成できるところまで、経験も至らず、知識も足らず、覚悟も及ばぬ状況に留まっていたのでした。

今、ヨーロッパを中心として結ばれた、この欠陥だらけの国際組織が戦争を防ぐのに失敗したことは、人類すべての知るところです。何千万人の人命がその為に失われ、今なおその後遺症に人類は苦しみつづけています。しかしてこの失敗に終わった試みの後に、それを少しでも改善し、相互秩序と戦争防止を一層力づよく行うために、国際連合（United Nations）が組織され、主要国は脱退を許されぬ強い拘束のもと、七〇余年の努力をつづけ、教育、健康増進、医療保護、軍備縮小、戦争防止に尽くしてきたことも、また事実です。

それでも、なお大国自身、その国境の内なる諸民族に十分の権利を認めず、政治への参与すら許さず、国際法に反して、隣国を自国に併合し、海上自由権益を無視して独善的に海底油田を掘削し、公海上に目に見えぬ国境線を勝手に張って、戦争の危機をあおり立てている状況です。人類の愚かさに平和の女神はもう愛想をつかしかねまじき有り様です。

九〇余年前、第一次大戦にそれまで登場しなかった暴悪なる新兵器――タンク、飛行機、飛行船、毒ガス、潜水艦等々――を用いて殺傷し合い、八六〇〇万の死者と、二一〇〇万の傷者を出し、巨万の国富を蕩尽《とうじん》したヨーロッパ諸国には、もう何としても戦争はさけねばとの決意だけは、敵国への憎悪心と並行して、強いものがありました。

ジュネーヴに連盟が事務局を置いたのも、この永世中立国スイスの首都こそ、平和なヨーロッパの礎となるべきであるとの覚悟に基づくものでした。（それは、第二次大戦後、国際連合がその事務局本部をアメリカのニューヨークに置いたのが、再びアメリカは連合から脱退しないという決意表明だったのと同じです。)

新渡戸稲造は連盟事務次長として、ヨーロッパの復興もいまだ成らざる各国に、国際連盟の意義をひろく知らせるための講師として派遣されたのでした。

新渡戸が事務次長の辞令を受けたのは、連盟がまだ出発当初ロンドンに仮事務所を置いていた一九一九年八月八日のことです。それから年明けてスイスのジュネーヴに本部を正式に移すまで一年と二か月、ドラモンド事務総長のもとで、新渡戸はこの極めて重要な、世界史的にも意義深い初めての国際機関が、アメリカ合衆国の不参加という大きな欠陥を負いながらも、今可能なすべてのことを試み尽くし、一層秀れたさらに力ある国際機関が正義と平和の永久統治を行う日まで、活動を続けることを確信して、心身に鞭打ってそのあらゆる力を傾けて、平和建設に尽くしたのでした。

『新渡戸稲造全集』には、その平和構築活動の記録が、いくらか抑えた筆によって留められています。

第一は、一九二〇年九月一三―一四日、ベルギー市国際大学で行われた講演「国際連盟の業績と現状」(What the League of Nations Has Done and is Doing. 訳文は加藤武子氏により全集第一九巻四五三―四八六頁に、原文は第一五巻三六九―四〇〇頁)です。

二日間にわたり連盟の組織、加盟国数、加盟国人口そして連盟総会〔この講演の時は未開催なので、代わって理事会が常任国四か国(英、仏、伊、日)と非常任国四か国(スペイン、ブラジル、ベルギー、ギリシア)で、短くは二、三日、長ければ二週間開かれ、相互理解と協調の精神で全人類平和を望みつつ前進している〕のことから話を始めました。

そして新渡戸自身が働いている事務局が、議事の準備、加入国との通信、文書保存、決議案の実行を行うことを示します。

事務局で働く人は、英、仏、伊、米、スイス、ポルトガル、デンマーク、ベルギー、スウェーデン、ノルウェー、オランダ、ギリシア、日本人と多様で、任期は五年の国際文官、出身国政府との関係は無く、総長と事務次長のもと、行政、経済、国際事務、法律、政治等十の部門に分かれて任務を分担し、専門委員会にも属して働きます。

多くの国の人々が集った団体ですが、事務局には秀れた団結心が広く行きわたっており、国際平和の理想実現のため世界を建て直そうとする強い責任感が満ち充ちています。

ついで新渡戸は一九一九年八月の事務次長就任以後一四か月間に、連盟がすでに成就したもしくは取り組んでいる、きわめて多様な問題を何と一七もあげ、その進行状況を示しています。文の終末に新渡戸自身がまとめあげているところで示せば、

（1）司法関係——常設裁判所設定、条約登録、オーランド諸島問題。

（2）政治関係——ザール地方境界決定と管理、軍備縮小、ダンチッヒの政府、委任統治、武器売買。

（3）経済関係——財政会議、労働局事務所、交通委員会。

（4）道徳、人道主義関係——抗発疹チフス運動、白人売春婦取り締まり、阿片売買取り締まり、捕虜の本国送還、保健局の創設。

連盟は世界の平和と民主主義の為に働く機関として、その使命を急がず、挫けず、慎重に、堅実に果たしてゆくのです。そして高邁な理念に導かれ、専門知識からの助言を与えられ、見識ある世論の裏付けを得て、さらに進歩した世界機構がこれに代わって地上に正義と平和の永久統治を行う日まで、活動を続けてゆくことを信じる、と結んでいます。

新渡戸のあげた一七にのぼる連盟一年間の仕事のうち、国際連合七〇年の歴史をへた今日に至っても、成功を収めたといえるものは六、七にすぎず、不動の成果といえるものは、オーランド諸島問題の確定のほか保健衛生施策ぐらいであることを思えば、国際連合もまだまだ過渡的機関にすぎぬことを痛感するのです。

新渡戸の明快かつ的確な叙述がこの講演をきいた人々に、連盟の意義をよく理解せしめたことだけは、疑うところがありません。

第二は、日本での講演旅行です。一九二四年一一月、すでに五年間事務次長として経験をつんだ新渡戸が、関東大震災の一年後の日本の現状視察をも兼ねて、初めての賜暇をすべて連盟についての啓蒙活動にあて、往復の船中（印度洋まわり）で一一回、一二月八日神戸を皮切りに、翌一九二五年二月一五日、神戸を船出するまで七八日間、東は水戸から西は熊本まで、摂政宮や皇族から普通の女学校の生徒まで、多きは長崎の国際連盟協会の二五〇〇人から少なきは摂政宮（昭和天皇）らの一五人まで、女性のみを対象としては一五回、八三六〇人、学生対象は二七回、一万六七二〇人、一般民衆は二三回、二万五七一〇人、在日中八三回、船中外地も含めては九四回、総人員五万一〇九〇人に、国際連盟の意義を述べたのでした。

この一日に四回の日もある連盟を遠い地の日本人一般に知らせる啓蒙講演、七八日に八三回という（クリスマスや元日もその中に含まれる）、過密な日程をこなしての講演旅行の一覧表は、ジュネーヴに帰任して程なく英文でドラモンド総長に提出した「日本における国際連盟運動」（The League of Nations Movement in Japan. は佐藤全弘訳が第二一巻四九八―五一三頁、原文は第二三巻一二一―一三六頁）に付されています。

この報告書は、一々の講演をそのままのせたものではなく、日本での講演での留意点を

（1）連盟への疑念一掃

（2）連盟の実際活動

（3）連盟の達成した事業

（4）国際心の強調

（5）連盟における日本の地位と責任

にしぼり、特に（4）と（5）は若い人々に訴えかける際、心に置いたとしている点に、その啓蒙的性格が明らかに示されています。

新渡戸がこの度の八三回の講演の際に、特に専門家（官吏、議員、教授、実業家）がもたらした連盟への疑いを一〇点あげて検討を加えています。

主なものを列記しますと、連盟は超国家か。連盟は戦争を避けうるか、連盟には構想とそれに見合う構成があるのか、連盟とユダヤ人との関係、連盟は大国の道具で平和は口実ではないか、連盟は欧州にだけ利益を与えるのではないか、日本にも利益があるのか、アメリカが枠外では仕方ないのでな

いか、です。

新渡戸はこれらの疑問に簡単に答えてはいますが、日本の上層部の考えの偏りにはもっと高い物の見方が欠けていると見ているようです。

ことに日本では二つの大きな障害が連盟の前に立ちはだかるとして、軍部と教育界とをあげています。どちらも国家中心の思想に立っており、世界とは対立しているからです。

連盟は日本にとって何の役に立つのかという底にある疑問には、新渡戸は自分がジュネーヴにあってその重職に就いていることが何よりも良い証拠だと述べ、連盟理解を深める世論形成にもっと努力しなければならぬ、と結んでいます。

この報告書を読んでドラモンド総長は、自分も日本を訪問したくなったという考えを新渡戸に寄せているのでも、その価値はわかるでしょう。

### ③　知的協力委員会

第三は知的協力委員会（Intellectual Co-operation Committee）です。平和はまず各国民、各民族がお互いのことを良く理解することが必要で、互いに相手の長所を認め、尊敬し合うことこそ平和の基礎なのです。ゆえに、この目的を達成するのを励ます機関がなければならず、知的協力委員会はそのために設けられ、新渡戸は事務次長としてそのお膳立てに力を尽くしました。

文化交流、国際著作権、教育交流、国際語問題、世界の国際交流機関の調査などが、まず考えられます。世界のノーベル賞クラスの学者一二人を委員とし、委員長にはフランスの哲学者アンリ・ベルクソン（ユダヤ人）がなり、科学者のキュリー夫人、イギリスの古典古代学者ギルバート・マレー、ドイツの物理学者アインシュタイン（ユダヤ人）、日本の岩手出身の田中館愛橘（物理学者）など錚々たる人々が名を連ねました。

一九二二年七月八日に第一回会合を開き、新渡戸はジュネーヴ滞在中借りていた邸宅（レザマンドリエ）に委員の人たちを招いてお茶の会を催し、興に乗ってアインシュタインが得意のヴァイオリンを披露したこともありました。

国際語との関連では一九二一年七月末から八月六日まで、チェコのプラハで開かれた第一三回世界エスペラント大会に、新渡戸は連盟を代表して出席し、英語で一場の講演を行いました。この講演は総長にのちに提出した報告書（同年八月三一日）の中に含まれています。「エスペラントと国際連盟における言語問題」（Esperanto and Language Question at the League of Nations. 全集別巻二、原文は一―三〇頁、佐藤全弘訳は同四〇七―四四一頁）がそれで、新渡戸はこの中で国際補助言語の必要性の検討について、国際会議、通商、科学、労働界などの例をあげて述べ、さらに言語民主主義という重要な観点を示唆しています。連盟のように英語とフランス語だけに国際語の資格を与えることは、世界の各言語のもつ権利を損なうおそれがありはせぬか、それを避けるにはどういう方法があるかという、今日も少しも解決されていない問いかけを行っています。

### ④　子供の権利に関するジュネーヴ宣言

第四は「子供の権利に関するジュネーヴ宣言」が一九二四年（大正一三）に採択されたことです。

この宣言は、「人類はその子供に対して最高のものを与える義務を負っていることを認識し、人種、国籍、信条のいかんを問わず、次のことを義務」とするとのべ、子供の権利を初めて宣言しました。

次のこととは、（1）子供は正常な発達のため物心両面にわたる必要な手段を与えられねばならない。（2）子供の飢え、病気、心身の遅れ、過ちには、それらに対応する適切な対策がなされねばならず、孤児・浮浪児は住まいと援助をあたえられねばならぬ。（3）子供は応急の際は真っ先に救済されねばならぬ。（4）子供は自立して生活できるよう導きをうけ、あらゆる搾取から保護されねばならぬ。（5）子供はその才能が広く人類同胞のために捧げられるべきであるとの自覚のもとに育てられねばならぬ――といった条項をさします。

この宣言は第二次大戦をへて国際連合で、いくつもの人権宣言、人権規約の積み重ねに支えられて、六五年後の一九八九年一一月二〇日の国連総会で満場一致で採択された「子どもの権利条約」に結実するのです。

一八九四年（明治二七）、当時は四年制だった小学校へも通えず、小さい身で傭われて働いていた子供たちのため私財を投じて、授業料不要、奉仕経営の「遠友夜学校」を札幌の貧しい地域に設立し、五〇年間続けることになった新渡戸は、あの宣言、この権利条約が空文とならず、すべての子供たちの幸福のため、すべての国で実行されることを今も祈り見守っていることでしょう。この宣言以来九〇年後の今も、人類は子供に十分の保護を与ええない状態だからです。

⑤ 日本文化の紹介

第五は日本文化の紹介です。新渡戸は連盟に勤めている日本人に、日本人の言行はそのまま祖国の評価に直結する、と教え、一挙一動ことごとく日本人の誇りをもって行うよう促しました。

自分の執務室には日本から陶磁器、仏像、色紙、短冊、茶道具、花器を取り寄せ、その適切な選択と展示は、室に入った外国人の心に忘れることのできない印象を刻み込んだのでした。季節により品を替え、色や形のバランスを考え、レマン湖畔の邸宅にも然るべきものを飾って、さながら日本文化サロンの趣を呈し、訪れる客の心を大いに和《なご》ませたのでした。新渡戸夫妻が客の質問に応じて、飾られている品の美的価値を説明したことはもちろんのことです。

⑥ 人助け

第六は、スイスの貧しくて困っている人に新渡戸は直接助けの手を伸ばしたのでした。これはなにも外国で、晩年に始まったことではなく、若いとき留学中のドイツでも、また農学校教授時代にも、孤児たちに公園で好きな物を買わせたり、学費に困っている農学校生徒の学費、生活費を補助したりしました。

スイスでもこの「右の手のしていることを左の手に知らせぬ」（マタイ六・三）人助けは、何の記録も残すこともなく、また人に言うこともなく、どれほど行われたかしれません。

新渡戸が連盟の任満ちて帰国してのち、連盟に赴任した一日本人が一老婦人の経営する下宿に紹介されて宿りとしました。しばらくして気付いたことは、その老婦人は新渡戸を知っており、彼のことを語る時は心からの敬意をこめ、まるで神か聖人のことを話すような口振りなので、そのわけを尋ねると、彼女の言うには、「私は夫に死に別れ、一人娘はまだ学生で、途方にくれ、娘を退学させて働かせようかと考えていました。その時ドクター・ニトベがそれを知って、娘の学費を卒業するまで出してくださいました。おかげで学校も出て良い仕事につき、私の下宿も良い客を次々と得て、暮らしも立つようになったのです。私たち一家の最大の恩人はドクター・ニトベです。」

彼女の名も娘の名も伝わってはいません。娘もとっくに亡くなったでしょう。もちろん生存中は子にも孫にも、若い時に助けてもらった日本人の事を話して聴かせないことはなかったでしょう。新渡戸は帰国後は、祈りの中以外には彼女たちの名を口にすることはなかったでしょう。

これに類する逸事は他にもあって、決して彼女だけ特例というわけではありません。もちろん外国人だけ助けたのではなく、日本人の困窮者はその何倍もの人を助けたことは、助けてもらった人が出世して文に書いたりしているだけでも何人もあります。新渡戸は、メリー夫人との祈りの外には、その人たちのことを口にも文字にも一切していません。本人以外は誰一人知らないことです。しかしこの愛の種は、実を結び、美しい花をさらに数増して、人の世を明るく、温かくしてきたことはまちがいありません。平和は雄弁な政治家の口から出る言葉の花に咲き出るのではなくて、神のみが知りたもう、隠れて香る心の花によってこそ、しっかりした実を結ぶのだとつくづく思うのです。

## 二　講演・講義

### ①　日米交換教授

さきの国際連盟での働きにも、講演はあげました。しかしこれとは別に、一年間を外国の諸大学、諸学会で、平和の育成を最終の目標として、新渡戸は講演したことが少なくとも二回あります。一九一一年（明治四四）八月から一九一二年五月まで、アメリカの六つの大学で計一六〇回行った講義・講演を自ら編集し、それら六大学――ブラウン、コロンビア、ジョンズ・ホプキンス、ヴァージニア、イリノイ、ミネソタの諸大学――への献辞を巻頭に、一九一二年ニューヨークのG. P. Putnam's Sonsから出版された『日本国民――その国土、民衆、生活――合衆国との関係をとくに考慮して』がその一つです。（全集第一三巻三―三〇二頁、The Japanese Nation–Its Land, Its People, and Its Life, with Special Consideration to Its Relations with the United States. 訳文は全集第一七巻三―二九七頁、佐藤全弘訳）

これは新渡戸の包括的日本紹介の最初の著作で、「序文」でも述べているように、明治一六年（一八八三）東京大学に選科生として入学する時、面接官だった外山正一《とやままさかず》教授から経済学と英文学を兼ね修める希望の理由を問われ、「太平洋の橋になりたいのです」と答えた若い素志の実現であったのです。「西洋の思想を東洋に伝え、東洋の思想を西洋に伝える媒介」こそ、新渡戸青年がまだ札幌農学校生徒であった一八八〇年頃、自分の生涯の仕事として心深く思い描いたものでした。この度の講演はその実現であったのです。

この日米交換教授の企ては、アメリカの教育家にして、「ジ・インディペンデント」誌の主筆であるハミルトン・ホルト（Hamilton Holt, 一八七二―一九五一）が企画し、コロンビア大学長ニコラス・マリー・バトラー（Nicholas Murray Butler, 一八六二―一九四七、コロンビア大学長を一九〇二―四五年までつとめ、一九三一年ノーベル平和賞を受けた）が受けいれて形をなし、カーネギー平和財団に移されて実現したものでした。

当時四八歳という心身最も壮健だった新渡戸は、メリー夫人に付き添われて、この全アメリカでの一年講演行を立派に果たしあげました。そして約束のように帰国後直ちに原稿とし、一九一二年一一月に出版され、一二月に再版されました。『武士道』の著者として知られてはいましたが、その簡にして要を得、巧みなバランスで日本を紹介し、しかも随所に詩文をちりばめ、自分の体験をふまえ、ユーモアをまじえた達意の文で、好評を博しました。

人類は精神において一つというのが新渡戸の信念です。東西もこのゆえに相会い、相むつみ、相学び、相助けることができるのです。この一連の講演で新渡戸は、日本の地理、歴史、民族性の特長、宗教信念、道徳理想、そして明治の新教育発展、経済、植民国としての日本、そして日米関係、最後に（じつはアメリカ到着すぐにスタンフォード大学で）心から離れぬ思いとして、「武器と軍国主義とそれらが引きつれてくるものは、極まるところ、それをもてあそぶ国の破滅を招くでありましょう」と述べ、日米双方の幸せを熱心に祈り、平和のため力を尽くして働こうと結んでいるのは、預言的でもあります。

## ② 最後のアメリカ講演

第二の連続講義は一九三二年四月から一九三三年三月まで、アメリカの各所、大学や研究所そしてラジオ放送でも、日米が当面している問題について連続講義や講演を一〇〇回も行い、三三年三月に稲造だけ独り帰国して、その年夏カナダのバンフで開かれる第五回太平洋問題調査会の準備をととのえ、そのため飛行機で大阪から満州まで往復もし、彼の地で溥儀にも会って話をし、八月二日、日本代表団を率いて日枝丸で太平洋をカナダへと渡ったのでした。一三日無事ヴァンクーヴァー着。

太平洋会議が終わってのち八月二九日、汽車で太平洋岸へ出る途中にも体調不良を覚え、ヴィクトリアへ来て稲造を待つメリー夫人と合流して程なく発病し、九月一三日同市のロイヤル・ジュビリー病院に入院、九月下旬には快方へ向かっていたようでしたが、一〇月に入り悪化、一〇月一五日開腹手術をうけたが、手の施しようもなく、同日（日本では一六日）午後八時三五分病院で永眠しました。満七一歳と一か月の寿命でした。メリー夫人が最期を見届けることができたのは幸いでした。

この一九三二年四月から翌年三月までの一〇〇回に及ぶアメリカ講演は、新渡戸の寿命を縮めたことはまちがいありません。排日法が撤回されるまでは米大陸へは足を印しないと、連盟との往復には印度洋航路をとり、夫人の実家へも久しく寄らなかった新渡戸が、またアメリカからの招待をもその理由で断っていたのに、手のひらをひるがえしたように一年間困難な講演旅行を続けたのです。

満州事変が日本陸軍の侵略であることは世界の認めるところであり、連盟の平和解決策にも拒否を続けるその国から、二度とアメリカの土は踏まぬと述べたのをひるがえして来たというので、軍閥に屈服してその代弁者として来たとか、右翼テロに命を奪われるのを避けて逃げてきたとか、アメリカでは二一年前の交換教授の時とはマスコミの報道も逆で、日本軍閥や右翼テロの動きは、新渡戸が同じクエーカーのフーヴァー大統領と会見する前には五・一五事件を惹し、日本を事実上支配しているのは軍であるという考えの裏打ちをしました。

このような中で、メリー夫人をその実家に託して健康回復を祈りつつ、独り広い大陸に吹きすさぶ反軍閥の風を真正面に受け、講演に、会見に、訪問に、歴史をふまえ、理を尽くし、どんなに論じても、説得力は得られませんでした。逆に日本国内では、新渡戸はアメリカの手先となって遂にアメリカへ逃げたと報じるものもいて、四面楚歌の中、心を尽くして平和のため粉骨砕身する新渡戸の胸の内はどんなだったでしょうか。

この最後のアメリカ講演は、『日本文化の講義』(Lectures on Japan—An Outline of the Development of the Japanese People and Their Culture. 1936 研究社。全集第一九巻三—四五二頁、原著は第一五巻三—三六七頁。松下菊人訳)と題して、メリー夫人が夫の書き遺した手書き原稿から編集したもので、一九三二年一〇月五日から一二月二日まで週二回全二〇回の講義をカリフォルニア大学で行ったものです。日本についての新渡戸の他の書物と同様に、日本民族の特性を述べ、また中国文明の影響下に久しくありながら、西洋文明をいち早く受容したことをも論じ、かつ満州問題や日中関係、国際連盟や不戦条約、日米関係をも時局に十分着眼しつつ扱っています。

この『日本文化の講義』が新渡戸自身が出版したものと異なる一つの点は、論じているテーマに関してとても素晴らしい、適切なユーモアを随所に活用していることで、当時の日米関係の険悪さを思えば、それがどれほど理解を助け、心を和ませたかがわかるのです。

## 三　太平洋問題調査会

新渡戸稲造が死ぬまで勤めていた国際的任務に、太平洋問題調査会があります（Institute of Pacific Relations, IPR.）。

この会は新渡戸が連盟在勤中の一九二二年、ワシントン会議のあとで、ハワイを中心とするアメリカのＹＭＣＡのリーダーたちが呼びかけて作った全くの民間有志非政治団体で、環太平洋地域諸国の国際的人権的問題の底にある事実を、学究的に明らかにして、友好平和に寄与しようというものでした。

第一回会議は大正一四年（一九二五）ハワイで開かれ、米、日、中、加、濠、ニュージーランドが参加し、ハワイに本部を設け、隔年に会議を開き、その間は各国支部で関連問題の調整、情報の交換、研究を行い、結果は公表して平和と理解に資することとなりました。

日本でも大正一五年（一九二六）四月、渋沢栄一の努力で支部ができることとなり、日銀総裁井上準之助が初代理事長に就任、理事には阪谷芳郎、沢柳政太郎、鶴見祐輔、斉藤惣一、高柳賢三、高木八尺《やさか》がなりました。

第二回会議は一九二七年再びハワイで開かれ、この時から英本国が加盟し、一流の政治家を派遣したため、いささか政治的外交的色彩が濃くなってきました。そして第三回は日本でということで準備が進められていました。

あたかもその時、昭和四年（一九二九）七月、田中義一政友会内閣が倒れ、民政党浜口雄幸首相は井上準之助を大蔵大臣にしたため、三か月後に会議をひかえ、新渡戸が代わって理事長につくこととなりました。

「太平洋の橋になりたい」希望を、一〇代から心に蔵し、そのため機会あるごとに努力してきた新渡戸は、いま日米間の政治外交上に常ならぬ問題が渦巻くとき、それらを冷静に根本から調査分析し、相互理解を深め合って平和に貢献しようというIPRの理事長につくことは、この生涯の志の最終的実現につらなる場が与えられたことと、欣然としてこの重責を引きうけ、四年後カナダのバンフでの第五回会議後の死に至るまで、力を尽くしたのでした。武士は死所《ししょ》を得ることに心を砕くのですが、新渡戸にはこの任務こそまたとない死所と感じられたにちがいありません。

さて、昭和四年の秋の日本でのIPRは、当初東京で開こうと計画したのですが、ちょうど同時期に世界の工業関係の会合が二つも開かれることになっており、それらの客五〇〇人に合わせてIPRの二五〇人を受けいれて開くには、東京のホテルの収容数では不足するので、IPRは京都で開くことになったのでした。それはかえって落ちついた京都の雰囲気、古い社寺のたたずまい、茶席、町屋、町を南北に貫く賀茂川、秋の彩り美しい庭、北東を鎮護する比叡山で、日本の最も日本らしい時季に世界の客を迎えることになったのは、とてもよかったのでした。

新渡戸理事長が心をこめて用意した開会演説は、高遠な理想を力強き行文に盛り、国際精神漲る至高の名文で、列国代表の絶賛を博しました。ごく一部を引きましょう。

「本会議は研究せんため、視野展望を大きくするため、精神を向上し心を同じくする者が相交わるためであり、競争心でなく、諒解と平和の意志をもってである。人類は究極の目的において一つであり、諸国民は今や一つの協同体を渇望している。国家もまた良心をもつことが必須で、そのためには国家の絶対主権という旧い考えを捨てて、共通普遍の正義を培わねばならぬ。……国際会議をバベルの塔とするか、ペンテコステの火とするかは、国際精神の有無による。一国の利己心を離れて、あらゆる国際問題を、公平客観的科学的に観ようとする精神がなければならぬ。本会議は解決の場ではなく理解の場であり、何人に対しても悪意を抱かず万人に愛をもって運営していかねばならぬ。昔その名を平和の都（平安京）と称えた京都、比叡山の麓、琵琶湖のほど近くに今われわれは会している。平和的討議の地理的条件はととのった。私は遠大の希望をもって本会議の開会を宣言する光栄を有する。」

ＩＰＲの京都会議は大成功のうちに幕をとじ、『太平洋会議』一冊がそこに集った多くの人々の論旨をつづり、新渡戸のこの開会演説も、まだ四〇歳のＡ・トインビーの「国際関係の現状認識」の戦争を国策の具とする国は亡ぶという、日本はじめ諸大国を批判した公開講演をも収録して出版されました。

太平洋問題調査会の会議はこのあと昭和六年（一九三一）には、予定の杭州を満州事変勃発のため上海に変更して行われ、ついで昭和八年（一九三三）新渡戸が最期に平和のため働いた場となったカナダのバンフで開かれました。

世界全体が軍備拡張に走り、軍部の力が政治上も大きな影響をもつに至った当時、純学術的に冷静に、政治、経済、民族等を論じ、相互理解につとめ、識者の識見を深めて対立を緩和しようとすることの会の営みは、大衆にまでとどかず、新聞、雑誌、ラジオはそれを伝える器としては力弱く、後から顧みるとき戦争防止を果たすことにはなりませんでした。

しかし、昭和天皇自身が新渡戸にこのＩＰＲの話を聞かれ、国家間の対立緩和の力になることを期待して、新渡戸と直接会われたとき、表向きの政治交渉ではなく、知識人の親交をとおして戦争を防ぐようつとめてほしいと望まれたのでもわかりますように、民間から生まれた一つの意志疎通の重要な機関ではありました。

第二次大戦後、一九六〇年にこのＩＰＲは幕を閉じましたが、今進展の度も定かでないＴＰＰと比べるとき、その目ざす目的の高遠、集う人々の学識、金や物を越えた思想や宗教にまで目を確《しか》と据えて、平和をこの地にと念じる志の高さを感じるものです。

## 四　著述

### ①　日本紹介の多くの著述

国際連盟の②のところで、新渡戸が各地で平和のため講演を行ったことを述べましたし、また別に、二講演・講義のところでは、二〇年を隔ててアメリカで行った二つの連続講演のことにも触れましたが、これら講演をまとめた著作のほかに、新渡戸には日本を紹介する英語著作がまだいくつもあります。

『武士道』（一九〇〇）は余りにも有名で、今では英文著作の一古典（世界的水準）と言うことができましょう。これはただに源平時代（一一世紀）に形成され始め、江戸時代に至って安定した形をとるに至った武士の精神、その生き方の根本をなすものの特徴を、巧みに手堅くまとめた書物にとどまりません。

その論述に当たっては、ギリシア、ローマから一九世紀にいたる西洋の哲学者、文学者、思想家はじめ、中国古典はもとより日本人の言行を何百も引き、抽象的道徳論にならぬよう、具体的描写につとめています。

それらもあって、ことにその最後の三章が、特に最終章が、そしてその最後の二段落がとりわけ示すように、新渡戸は武士道は人類の魂の底の底では他の文化の礎と通い合っており、世界のすべての民族の文化の中にそれぞれの精神的価値があって、今や、民族とその文化が平和共存し、互いに奉仕し合わねば、人類の未来はもはやない時に来ていることを洞察しているのです。とりわけ宗教についてはそのことが言え、その崩れた退廃形である過激派盲信や、科学的狂信といってよいイデオロギーは、それこそ人類を壊退滅亡せしむるもので、真の平和協同こそが人類の未来を開くのだという新渡戸の確信は、今二一世紀のすでに七分の一を体験した私たちが、等しく確信するところです。『武士道』は新渡戸の若き日の著作ですが、そこに彼の平和思想の確信の具体的表現が、如実に表現されているのです。（教文館版の佐藤訳『武士道』をぜひ読まれたい。そこには右のことに加え、脚注が五五八付けられ、理解を助けている。不明の脚注も一一ありはするが。）

次は国際連盟在任中にあちこちで講演したものや、頼まれて寄稿したものを編んで一冊とした『日本人の特質と外来の影響』（Japanese Traits and Foreign Influences, 1929. 全集第一八巻三九五—六二三頁、加藤英倫訳。原著は全集第一四巻四二七―六三三頁、London の Kegan Paul, Trench, Trubner 社から出版された）です。

全九章からなり、第一章「変貌する東洋」と第二章「東洋的心性の特質」は、巻頭に置かれ総論を提供しています。西洋と東洋を対比して、東洋の歴史には西洋人は異質感を抱くが、例えば中国を考えれば、それは保守、停滞、固定を本質とすると見るが、それは中国の歴史の長さ、歴史舞台の広大さを忘れたからの謂であって、歴史の尺度をもっと長く大きく取ってみれば、中国でも西洋の体験したような変化は同じような経過を辿って起こっていることがわかるとのべています。日本の明治維新以後の着目すべき急速な変化も、それまでの長い歴史で十分の準備が貯えられたものが一気に進展したもので、決して異常現象ではないことを示しています。

第二章では西洋は東洋より人格 Personality に富み、東洋は西洋より知覚 Perception に秀れていることを論じ、西洋の知性は思想、概念、論理、科学、哲学を用いるにすぐれ、東洋の精神は直接知覚、感情、直観、宗教を扱うにたけているとまとめた上で、しかしこの両傾向は相容れないものではなく、根底において人類は一つであると結んでいます。

ついで各論として、中国語が日本人の精神生活に及ぼした変化を、ギリシア語、ラテン語のヨーロッパ諸言語への影響と比較して、その異同を述べた第三章「中国の日本に対する文化的影響――特に日本語に関連して」が来ます。

つづいて第四章「日本の君主制の倫理的基礎」では、日本の有史以来一系の皇統が続いているのは、政治的、法律的本質に基づくのでなくて、倫理的、精神的本質に立つからで、大嘗祭の天皇が深夜ただ独り行われる即位の儀式は、祖先への愛と畏敬を母と父に対する服従として学ばれる絶好の機会である、と新渡戸自ら随従した大正天皇の即位儀式を細かに描写しつつ述べています。社会不安と政治的大変動に満ちる今日、国家にとり安定を与える要素以上に望ましいものはないとすれば、東洋精神にとっては、民主主義と君主制は調和する、君民の相違を均して一体化することに喜びを味わい、動中の静、静中の動をそこに見ると論じ、独自の天皇制民主主義を提示しています。

第五章「茶道について」は戦国武士の生活と仏教が冥合して生まれたことを、幾多の例を引き、利休に極まる素朴と自然のこの道を説明した類ない好篇です。第六章「俳句について」も俳句成立の歴史を略述し、俳句の際立った特徴を五、七、五音節から、切字《きれじ》、季語の説明を一句も引かず行い、ついで芭蕉の生涯を句を少なく引いて伝え、「行脚掟《あんぎゃのおきて》」を全文伝え、「古池」の句の成り立ちで俳人の心をしのばせています。自身俳人ではない新渡戸の俳心をよく英語で伝えたものです。

第七章「東洋の慈善観」は日本の精神史を古代神道からはじめて、仏教の憐れみの思想、慈悲の心の気高さ、それはやがて武士の戦いにおいても、敵味方区別なく死せる者は葬られ、虜《とりこ》は然るべき敬意をもって遇されるに至ったと論じています。博愛と公正を君主の徳とする儒者がその次の時代を担いました。つづく武士道の時代には、敵も自分と対等であり、外国人といえどもその敬意の例外ではないと考えられました。その社会に明治になって西洋のキリスト教精神に基づく赤十字の精神が入ってきて、定着したのでした。

つづく第八章「東洋の一キリスト者の人種問題観」は一九二四年のアメリカ排日法を機縁として、人種差別という人類の共有の悪習について、ユダヤ教、キリスト教――キリスト自身の言行、原始キリスト教、中世以後のそれ――を詳しく検討し、その教えに照らして本来人種差別はあってはならず、人類は一つであり、東洋も西洋も、その宗教も思想も努力すれば、人類平等、無差別の境地に至るであろうと結んでいます。

以上の緒論、各論をふまえて、第九章「東と西はいつか相会うことができようか」が結びを行います。ここには新渡戸の生涯を一貫する信念である、東西は互いに学び合い、人類は一つであるとの基礎に立って、互いをもっとよく知り、共通の目的のために東西は力を合わせ進まねばならぬとまとめています。

この講演は新渡戸が自由にテーマを選び、東洋と西洋にわたる博大な知識と秀れた洞察を自由に織りまぜて人類統一の理想に立つ自由な議論を展開したもので、新渡戸の全著作中でも、平和の礎の広さ深さをあまねく知らしめる名著といってよいでしょう。

日本紹介の新渡戸の著作で、最も統一がとれ、日本の近代化を簡潔に各分野で描き出し、ことに軍閥の横行により前途に国の危うきを予見し、預言的発言も再三見られる著作、襲わんとする戦争を十分見据えつつ、何とか平和の道を拓り開こうとする、〝憂国の書〟といっても過言でないものは、一九三一年（昭和六）九月一日、満州事変勃発のわずか半月前にイギリスのアーネスト・ベン社から出した『日本――その問題と発展の諸局面』（Japan – Some Phases of her Problems and Development. 原文は全集第一四巻三―四二五頁、訳文は佐藤全弘、全集第一八巻三―三九四頁）です。出版後直ちに事変が始まり、満州国成立まで突っ走ってしまい、新渡戸のこの力作は、ほとんど注目をひかなかったのでした。いかに新渡戸が日本の事態を深刻に考えているかが、この本でよくわかりますのに。

新渡戸が日本のかかえているさまざまの欠点に率直に思いを致し、むしろ日本の孕んでいる数多くの危険を世界に訴えかける観すらある幾多の発言に、今読んでもつよく心を打たれるのです。と同時に西洋列強がアジアで果たした役割にも、公義に立つ解釈が提言されているのです。

第三章「新日本の出現」は近代史の要約ですが、西洋は文化の進歩を軍事力・暴力の形をとらぬと認めないこと、人類の半分以上は白禍で苦しんでいるのを西洋は理解せぬこと、明治以後の教育は、技術面では進歩したが、理想を心に懐かせることはますます少なく、人格は培われず、政治教育、国際関係、宗教教育は無視され、集団心とナショナリズムばかりが養成されたとの概歎は、まことに鋭い指摘です。新渡戸自身の行った教育、受けた教育はまさにその逆だからです。

第四章「政府と政治」にも日本の政治の腐敗を政府、議会、選挙買収、議員の低劣に反省を具体的に促し、このまま進めば日本は「世界の政治地図から抹消されてしまうであろう」、日本国民の歴史は「人類にとって一切の意味を失うであろう」、「われわれは無きに等しいものに沈むことであろう」と痛言しているのは、今日の政情にてらしても考察を迫ってやまないものがあります。

第五章の「教育上の制度と諸問題」でも批判は厳しいものがあります。教育勅語が与える「国民道徳」は狭く欠陥があり、大学は教授も設備も不完全で金儲けの種となっており、日本の教育の根本には人格向上の理想が欠けているとありますが、大学の数が新渡戸当時の三〇倍にふえた今、この欠点は正されたでしょうか。

第七章の「日本人の思想生活」は日本精神史の概説ともいえるもので、神道の分析と鋭い批判、仏教の比較宗教学的考察から仏教は個人道徳と社会改善への実際的取り組みを要すると指摘し、近代国家が永年培ってきた自由、平等、個性、社会正義、男女平等も、キリスト教の与える人格尊貴の根底に立たなければ確かなものにならぬとの力説は、永遠の課題の提示といえるでしょう。

### ② 「編集余録」――〝白鳥の歌〟

一九二九年(昭和四)四月一日から一九三三年一〇月一六日の死の日まで、新渡戸は大阪毎日及び東京日日の編集顧問として、英文大阪毎日・東京日日に四年半の在任中に、およそ八二七回執筆しました。社説をはじめ一年間に二〇回担当しましたが、一九三〇年六月一日からは「編集余録」(Editorial Jottings)を執筆しました。

社説は月二回位の特定の記事ですが、もっと自由にどんなテーマでも毎日筆をとれる形式ばらない短文を、新渡戸は望んだのです。

土日は休刊だった英文大阪毎日に、日々多忙のなか時間をさいて執筆し、七三一篇にものぼるコラム随想を寄せたのです。原稿は車上船中で鉛筆で走り書きされたものがほとんどです。社説ページの上方中央に、枠で囲み、必ず肖像写真を(時々変えて)掲載しました。カナダでの死後もまだ何篇かが毎日新聞社に届きました。暗黒と困難の増し加わる昭和初期の新渡戸の心の証しとして「余録」は特別の価値があります。

英文で発表されたこともあって、読者は日本人では学者、実業家、知識層、少数の学生に限られ、在日外国人では外交官、貿易業者、学者、留学生、それに外国政府、外国新聞社などもこの貴重な短文を日々楽しみ読んだと思われます。

新渡戸は内外の外国人知識層に、直接自分の考えを訴えかけるのが、主な目的であったでしょう。取り上げられたテーマは、およそ人生の万般にわたります。〝自然〟の森羅万象、〝日本人〟の言語、国民性、文学、趣味など、〝信仰〟は神、キリスト教、各宗教、生、死、墓など、〝人生〟なら愛と感謝、医療と看護、子供、筆跡、性格、孤独、幸福、ユーモア、老年など。最も多く力をこめて書かれているのは〝平和〟で愛国と憂国、外交、軍縮、国家の罪と利害と嘘、国際心、世界経済、戦争、相互理解、民族、世界の各地域で全一九三篇。

しかし最多は〝社会〟で二〇八篇、機械化、発明、遺伝子改造、不況、国産品、能率、青年、女性、労働、天皇、農村、政党、議会。とりわけ多いのは政治思想と政治批判です。共産主義、軍国主義、自由主義、民主主義、個人主義、ナショナリズム、ファシズムが前者なら、党利党略、政治屋、テロ、嘘、金力、専制などは後者です。

「編集余録」には〝オキナ物〟と通称される独特の諸篇が計三五篇あります。これは八五歳位の元気で快活なオキナと新渡戸（七〇歳前後）の対話です。オキナは新渡戸の分身であり、また現身《うつしみ》を去った霊体ともいえます。時局を語り、人事を談じ、世相を憂い、自分の前世を想い返し、心憂うる新渡戸を励まし、自分の神秘経験を語ります。一九三一年二月七日に初登場し、死の病気が起こる直前の一九三三年九月一四日に最後の姿を現します。「余録」全体に深遠、高雅、神秘の趣を添えています。時勢のますます険悪になってゆく中、自分の世にある時ももはや短いと察した新渡戸が、分身のオキナを登場させて話を交わし、自分の鬱屈しがちな心を励ましているとも思われるのです。

これらは新渡戸の死後五年、新渡戸家の定紋である月星を打ち、見返しには特愛の萩の絵をあしらった二巻の美しい本となって、北星堂から出ました。英文大阪毎日の編集次長で、親しく新渡戸に接した佐藤劔之助（一八九一―一九六七）が編集し、メリー夫人に託し、夫人がその内三九篇を除き六九一篇だけを二冊の本にして出しました（一九三八年四月二一日）。これはメリー夫人が夫の本を遺著として出した最後の本で、夫人自身、その年の九月二三日軽井沢の別荘で亡くなります。

右の省かれた三九篇を、私は第二次全集刊行時、大阪毎日新聞社を訪ね、保存されたマイクロフィルムから全篇を刊行本と対比し、全集の第二〇巻には全篇に一連番号を付けて元の日付の所へ収めました。さらに、一九三三年一一月一八日の新渡戸の青山斎場での葬儀の前日一七日から三日間、佐藤劔之助は英文大阪毎日に追悼英文 'Dr. Nitobe—Personal Recollections (I-III)' を書きましたが、その心に沁みる追憶文の最後に、メリー夫人とも相談のうえ、掲載を見合わせた最後の「余録」を全文引きました。

『編集余録』こそは、まことに新渡戸稲造の〝白鳥の歌〟だったといえるのです。

そこで、この〝白鳥の歌〟の平和に直接ふれた十八編の中から、何篇かを引いて結ぶこととしましょう。

「剣によって得られたものはなんでも剣によって奪われるであろう。しかし、鋤で得たものはなんであれ、決して失われることはない。」（三七七、「劔のあとは鋤」三二・二・三、モムゼンの言）。

「五か月まえに東京の家をあとにして以来、私は、わが尊敬する友人オキナから三通の手紙を受け取った。／その国の現状を歎き悲しんだのち、オキナは言っている——『私はわが国民が政治理想では約三〇年後戻りしてしまったのではないかと思う。……もう一世代たって、世界の評価において、三〇年前に達していた地位を再び得られるかどうか、心がかりだ。』……『私はしばしば祈るのだ——汝の僕《しもべ》を平和のうちに去らしめたまえと。すると平和のうちに去らしめて下さるように感じるのだ。ただ、私の平和に対する願いは、私自身の小さな自我の為ではなくて、この国と世界のための願いなのだ。』」（五〇九、「ふさぎこんだオキナ」三二・一〇・一六、これは死の一年前の日の文です。）

「日本への帰りの大洋の半ばで、嬉しいことに、私はわが尊敬する老友オキナから、電信の便りを受けとった。そこにはこうあった——『あなたは一年前出発のとき、まるで闇の中へ突っこんでゆくような感じだと言われた。どの国も自分の物呼ばわりしない大洋だけが光だ。誰にもその平穏を乱させるな。』……『万一嵐が平穏を脅かすなら、なにかの犠牲を龍に捧げねばならぬのではないかと心配だ。』……」（五九〇、「龍へ捧げる犠牲」三三・四・一九）

新渡戸は太平洋を日本へ向かう船中、平和をもたらすためには自分の命を犠牲に捧げる必要があるのだ、と感じたのでしょうか。

「全人類が兄弟となり、戦争が人類を引き裂くことはなく、戦争の噂が女性の心に恐れを抱かせることもない未来の夢を私は夢見る。／私の夢のことで私を嘲らないでほしい。夢こそ来たるべき時代のさきがけだからである。進歩はすべて一連の夢である。一つの夢が実現すれば、それは文明発展の一時期を画するのである。／偉大なる夢想家が見た夢で、無駄だった夢はない。偉大なる夢で、それに姿を与える実際的天才がみつからなかったものはない。」（六〇四、「夢と夢見る人」三三・五・七）

若き時、「太平洋の橋」とならんと志し、長じてはその〝橋〟となって国々の平和のためありたけの力を注ぎ、大陸に大洋に戦火燃え始めんとするとき、平和回復のため老骨に鞭打って、渾身の努力を尽くし終え、太平洋の彼方にその命を捧げたわが新渡戸稲造を、世界になお愚かなる争いの火の消えることなき今、私たちは決して忘れはしない。

（付記……本稿は二〇一三年八月二日、岩手県久慈市山形町の山形村チャペルで開かれた「第三九回岩手三愛山村塾の「世界の平和と新渡戸稲造の生涯――新渡戸稲造没後八〇年特別企画」の一環として、同題で話したものを、少しく充実してまとめたものです。企画に永年渾身の努力を注がれ、計画運営に傾注してこられた山形村チャペル牧師・角谷晋次塾長に、今回も心から感謝を捧げたい。）

# 7　新渡戸稲造と内村鑑三

## はじめに

さて、今日は「新渡戸稲造と内村鑑三」についてレクチャーします。斜めから見た新渡戸稲造と内村鑑三についてです。信仰についてお話ししますと時間がかかりますので、今日はお話ししません。お手持ちの資料にありますように家族と結婚、子供の教育、経済観念、仕事、友誼については伝記の中で美しくは書いてあっても、なかなか問題点を指摘してはいません。二人を対照的に並べてお話しするのは私が初めてではなく、愛弟子矢内原忠雄が一九四六年九月二七日、北海道大学で講演しており、その講演の題が「内村鑑三と新渡戸稲造」ですが、その中で矢内原は「内村鑑三からは神を、新渡戸稲造からは人を学んだ。二人は私の先生です」と紹介しています。矢内原忠雄は大学生の時に父親を、その後母親も亡くしておりますので、新渡戸を母、内村を父のように慕っていたのでしょう。また信仰の面でも人間に対する理解の面でも、この両先生を受け継ぐにふさわしい人です。矢内原自身は無教会のキリスト者ですが、新渡戸稲造に対する正しい評価をきちんとした形で発言しているのは、無教会の中では矢内原と私（佐藤）だけです。

矢内原は新渡戸稲造を母とし、内村鑑三を父としました。また内村が太陽ならば、新渡戸は月であると言っています。内村鑑三は烈しい気性で、近寄れば火傷をするような人でした。新渡戸は見るからに穏やかで温容であり、「キャラメルおじさん」と子供たちから慕われるようなおじさんでした。二人ともオーラがありましたが、それぞれ性質の違うオーラでした。内村は太陽が好きで、新渡戸は何よりも月が好きでした。新渡戸は月を謳った歌を何首も『一日一言』に取り入れています。

## 一　家族

家族については、家族の中での在り方が違っています。新渡戸は八人兄弟姉妹の末っ子。内村は五人兄弟姉妹の長男でした。現在では長男も末っ子もなく一人っ子という家庭もあります。遺産も長男だけが継ぐのではなく、兄弟で平等に分けることが法律で決まっております。しかし幕末の頃は、長男であるのと末っ子であるのとでは在り方がうんと違っておりました。新渡戸は男の兄弟が三人で、長男七郎とは一九歳離れていました。五人姉がいましたが、早くに亡くなった者もいましたし、次々に結婚をして子供を儲けておりました。新渡戸からすると三、四つ年下の姪と一緒に育ったわけです。いつもはお母さんと寝ていた新渡戸ですが、姪が遊びに来るとお母さんは姪と一緒に寝るのです。新渡戸はその姪に意地悪をし、お母さんに叱られます。新渡戸は末っ子でお母さん子だったのです。家の中には女性が多いのです。お母さん、お姉さん、姪っ子たち。女の家庭の中で育ったわけで、そのことが結婚にも影響しています。

一方、内村は長男で、お父さんが漢学の先生です。お母さんは次々に子供を産みましたから、内村は構ってもらえずに育ちました。父親は優しかったようで、とても慕っていたようです。この家族構成が後に影響したということが言えます。

新渡戸には三つ上の次男がいて、一緒に駕籠《かご》に乗って東京の叔父の家へ行き暮らしましたが、病気がちなため盛岡へ帰りました。結婚をしましたが、子供が出来ないまま亡くなってしまいました。子をもたなかったため、奥さんは実家に戻っています。このように次男は跡取りを遺すことが出来ませんでした。長男は良く出来た人で、働き者で父十次郎の跡を継いでいましたが、稲造がドイツ留学中に亡くなってしまいました。そこで父十次郎の弟の養子に入っていた稲造が本家に戻ることになったのです。養子に入ったり出たりすることは、昔はよくあったことです。

明治の初期から徴兵制がありましたが、長男は免除でした。そのためその頃は養子縁組が大流行でした。それから大学生も免除でした。長男や資格を持つものは徴兵されることがない制度でした。そのため農村からはどんどんと徴兵されたわけです。

新渡戸は五歳で父親を亡くし、父の弟の太田時敏という盛岡南部藩の侍のところへ九歳で養子に行きます。明治になり秩禄債券をもらい、太田は東京へ行って洋服屋を始めます。もともと侍あがりで、番頭も使用人も元は侍で「武家の商法」、商売は上手くいきませんでした。太田は新しく器量の良くない意地の悪い奥さんをもらい、新渡戸は養母から苛められました。新渡戸は徴兵逃れのために養子に行ったわけではありません。しかし養父はよく出来た人で、新渡戸が洋行をしたいと言った時には、取っておいた一千円ばかりの秩禄債券を売って協力したのです。

## 二　結婚

結婚についてです。ご承知のとおりアメリカ人のメリー・パターソン・エルキントンと結婚します。結婚した時、稲造は三〇歳、メリーさんは五つ年上です。当時の日本の戸籍はあいまいで、新渡戸の戸籍は何種類かありますが、メリーさんの生まれた年を新渡戸と同じ年にしています。そういうことも通用する戸籍です。新渡戸が死んだあとメリーさんを離縁した形にしているのもあります。あり得ない話ですが、それは稲造名義で持っていた山林などを横取りするために親類がメリーさんを戸籍から外したものだろうと思われます。そういうわけで明治の戸籍は信用できません。

結婚して一年ほど後、札幌に住んでいた頃メリーさんは出産します。三五歳の初産は難しいものでした。当時の札幌は三―四千人の人口で、今とは違いますから難産をきちんと処理できるような病院施設はありませんでした。難産の末、赤ん坊は生後八日で亡くなってしまいます。その後、メリーさんは二度と妊娠することはありませんでした。しばらくして、養子養女を迎えました。養子孝夫《よしお》は養女琴子さんからすれば伯父にあたります。ある意味、血族結婚ですから、あまりよいものではありません。その間には一男一女が生まれ、男の方は六〇歳頃で亡くなり、女の方は今もご健在です。九一歳になられ、新渡戸基金の行事にも最初の頃は出ていらっしゃいましたが、たいへん上品な方です。新渡戸からするとひ孫さんはお一人で、現在六〇歳を超えています。未婚ですので、直系の子孫は今存在している方で絶えることになります。

内村鑑三は浅田タケさんと一八八四年（明治一七）三月二八日に結婚しました。タケさんは当時ハイカラな、最先端を走っている女性でした。新島襄と一緒の上州の生まれです。女学校で英語を学び、内村はそんな彼女に情熱的でした。一方、家族は反対でした。学問を学んでいる女性は駄目だというのです。内村が譲らなかったため、両親は妥協しました。新渡戸はタケのことを結婚前に知っておりました。内村が結婚する前に、宮部金吾に宛てた手紙があります。その中で、この結婚については非常に心配しているが理由については後で語る、ということが書かれてあります。結婚は上手くいかないだろうということをにおわしているのです。新渡戸は内村の結婚式に出席しています。それから勝海舟の息子の奥さんがアメリカ人ですが、そのクララ・ホイットニーも出席しています。そのクララの日記に、この結婚式のことが詳しく書かれてあります。キリスト教式での結婚式で、儀式が済み、新郎新婦の紹介にあたりタケさんがクスクスと笑ったことが記されています。厳粛な結婚式でそういう態度をしたとは驚きます。大抵は神妙な顔をしているものです。

内村の家には、姑、小姑がおり、その中にハイカラな女性が入れば、上手くいくわけがありません。内村がもう少し女性のことを理解できる人であれば、それなりに対応したでしょうが、内村は情熱家ではあるが、女性に対する理解力は、新渡戸が一〇〇点としたら五〇点でしょう。内村には女性の気持ちを理解して解決してあげるという気持ちはなかったでしょうし、タケの方も強い女性ですからストレスがたまると言いたいことを言うわけです。この結婚が上手くいかなければ上州（群馬県）でまた別の話がないわけではない、というようなことを内村に言ったようです。内村はそれに対して怒り、結婚六か月にもかかわらず、戸籍は抜かぬまま離縁しました。アメリカからの帰国後一八八九年五月、再婚前に戸籍を抜いております。このように第一の結婚は失敗しました。

第二の結婚では、内村も懲りていましたから賢い、学のある女性は駄目だと思ったようです。タケさんはクリスチャンで、新島襄から洗礼を受けています。クリスチャンは懲りたので、クリスチャンでもなく学もない女性・横浜嘉津子さんと結婚しました。しかし、三年もたたないうちにかの不敬事件が起こり、内村が病気で寝ているのにもかかわらず、第一高等中学校の生徒、それに便乗する青年たちが襲ってきました。暴漢が襲ってきて自分は袋だたきにされるだろうと思うぐらいでしたが、その時、奥さんは生徒たちに「主人は病気で寝ていますから」と応対しています。しかし、内村の病気が回復すると、病気がうつった奥さんが寝込んでしまい、それが原因で亡くなってしまいます。内村が寝込んでいるうちに、第一高等中学校宛に誰かが代筆で辞職願を出し、辞職させられます。職を失い、妻も子供もおらず、実家に戻ることも出来ない。それから内村は一年間ほど日本中を札幌から熊本まで流れ歩き、色々な学校に席をおいて過ごします。内村は信仰の面では歴戦の勇士ですが、人としては飾らない人です。さらには第一高等中学校で不敬事件を起こしたということで、受け入れる方はよっぽど勇気がいります。長くても七か月しか勤務が続かず、内村が勤めて止めた学校は二か月で潰れるということで、学校潰しとも呼ばれています。

その後、内村は京都で岡田静子と結婚します。静子の父親は弓の先生で、日本中行き場のない、見上げた男だということで結婚させたのです。二人の子を儲け、一八歳でルツ子は亡くなりましたが、もう一人は内村祐之という東大の精神病学の教授で、のちプロ野球のコミッショナーになった人です。

新渡戸が亡くなった後もメリーさんは新渡戸の遺作を四冊出版しながら五年間生きました。新渡戸に尽くし終えて亡くなりました。

内村は三度目の結婚で二人の子供を儲けましたが、内村の精神を継ぐ子孫は祐之の妻の美代子以外ありません。

二人の結婚を通して思うことは、新渡戸は良い結婚をした。しかし、子供は幼くして亡くなり、最初札幌にあった墓は、後に新渡戸と同じ多磨霊園に移されています。

内村の墓も多磨霊園で、新渡戸とは少し離れた場所にあります。

新渡戸はアメリカからドイツに留学した時に、婚約者のメリーさんと文通を交わし、理解を深めていきます。しかしその手紙は残念ながら公開されていません。

内村の最初の結婚は（新渡戸の直観通り）上手くいきませんでしたが、タケさんはその後再婚して子供を儲けています。そのうち、末の子は無教会のクリスチャンとなり、内村の精神を受け継いでいるようです。内村の直系の子孫には一人もクリスチャンがいないのですが。

内村祐之が訳した本で『天才の心理学』（岩波文庫）が出ていますが、その中で祐之の師でドイツ人のクレッチマーが天才はいつ頃出るのか、何処に出るのかを研究しています。地方の中心都市に天才は生まれる、長年文化の伝統をくむ、歴代の名家から出るといっています。新渡戸がそれに合っているのが興味深く、クレッチマーの論と合致しています。さらに天才の家は必ず絶えるとも言っています。ゲーテやモーツァルトもそうです。天才の家は歴史の上で果たすべき仕事を成し遂げたということでしょう。モーツァルトは作曲の時、初めから終わりまで一瞬のうちに頭に曲が浮かび、それをもとに楽譜を書くそうです。だから家も絶えたわけですが、新渡戸家も四代で絶えるわけです。

スイスに精神病学の先生トゥルニエがいますが、その先生の本に『Creative Suffering』というのがあります。日本訳のタイトルは『苦悩』といいますが、何とも不味い訳です。英語題を訳すと「苦しみは創造の源」という意味ですが、こちらの方が良いと思います。

フランスの大統領で芸術に詳しいポンピドゥーが一九七六年に亡くなりましたが、その時にフランスの評論家ランチニクは大政治家について調べました。大政治家には共通点があり、それは二親そろって良い環境で育った人はいないということです。片親がなくなったり、里子や養子に出されたりしている。生活環境が幼い頃から整っておらず、小さい頃から苦しみを味わって育った人が大政治家になるというのです。カルル（シャルル）大帝、シーザーもそうです。ところがランチニクは例外があるとも言っています。例外はドイツのビスマルク、フランスのドゴールです。ドゴールは名家出身です。ビスマルクは一度里子に出て帰ったから、例外はドゴールだけです。

また、大宗教家と言われている人も、同じく小さい頃に里親に出されるなどしています。イエス・キリストもそうです。モーセはユダヤ人の男の子を殺せという命令下に生まれたため、捨て子として育てられました。ムハンマドも小さい頃に親を失っています。孔子も釈迦もそうです。トゥルニエがいうように「苦しみは創造の源である」ということの表れです。埋め合わせのつかない苦しみによって魂が鍛えられ、やがて大宗教家になって多くの人に教えを広めていくのです。

新渡戸稲造も小さい頃から、父親は開拓の仕事で家を留守にしたし、五歳の頃に亡くなっており父親とは縁が薄いです。母親とは九歳で別れ、札幌農学校に在学中、一〇年ぶりに帰郷した時には二日前にすでに亡くなっていたという大変つらい経験をしています。母の死を知った時には気絶し、その時には信仰も揺らいだと述べています。

大きくなるまで両親が揃っていた内村と新渡戸とは全く違っています。

## 三　子供の教育

新渡戸は札幌農学校を病気で退職後、養子にしていた孝夫《よしお》をアメリカに連れて行き、孝夫はほとんどメリーの実家において育てられました。その時孝夫は小学生の頃です。アメリカの教育を受けさせ、体格は新渡戸よりも大きく風格があり、英語も堪能に育ちました。しかし日本語は不出来なので当時の日本の企業や役所では雇ってもらえず、星製薬に勤務することになります。その後、ジャパンタイムスに勤め、タイプライターが得意だったため大変有能な人だったようです。二つ年上の養女の琴子さんと結婚し、一男一女が生まれます。日本のことも良く理解できる琴子さんとアメリカのことしか解らない孝夫とではすれ違いもあったのでしょう。孝夫が不倫をし、そのことを新渡戸は弟子たちに咎められ、止むを得ず昭和五年に離縁となったのです。しかし新渡戸の葬式の時には葬式を取り仕切るなど、絶縁状態ではありませんでした。

新渡戸は教育家であり、近代日本教育への貢献からすれば福沢諭吉よりもはるかに上であると言えます。しかし自分の子供の教育では失敗したと言えるでしょう。孝夫は優秀な人でしたから、せめて中学まで日本で生活をさせ、日本の教育を受けさせ、日本語の文章を書けるような能力をつけてからアメリカに留学させせれば良かったと思います。「紺屋の白袴」という言葉がありますが、まさにそのとおりでしょう。私たちも考えるべき事柄です。

内村祐之は一高から東大の医学部に入り、ドイツのベルリン大学でクレッチマーにつき、北海道大学の教授を経て、東大の教授を務め、日本の精神病学会で活躍しています。若い時は一高でピッチャーとして活躍し、後にプロ野球のコミッショナーを務めています。内村は息子の教育に関しては成功したと言えるでしょう。しかし、信仰面では成功しませんでした。無宗教で葬儀を行っています。宗教面では内村の意思をつぐことはありませんでした。

## 四　経済観念

次に経済面についてです。

お金のことですから詳しいことはわかりませんが、二人とも貧しさを知っています。幼少の時から苦労をしています。二人とも私費留学をしました。内村は知恵遅れの施設で働きながら学んでいます。クエーカーの人たちからフィラデルフィアでお金がかからないように環境を整えてあげようという話もありましたが、内村は他人のお金で学ぶのを嫌ったため、貧乏学生で通しています。

新渡戸は私費留学をしていましたが、生活費が高くつき次第にお金が尽き、歴史学のアダムズ教授からアルバイトの世話を受け、新聞の切り抜きなどを行っていました。アダムズ教授は新渡戸の勉強を兼ねて切り抜きをさせた大変親切な先生です。留学から帰る印として何かしらの証明が欲しいと新渡戸が頼んだため、アダムズ教授は論文を書かせ、学位を取らせることは出来ないが、ジョンズ・ホプキンスの出版部から本を出せるよう取り計らってあげます。その費用をアダムズ先生は立て替えています。新渡戸は札幌農学校の教授になってからアダムズ教授に借りたお金を月賦で返していましたが、返すはずのお金を札幌農学校で困っていた学生に貸してやったということもあります。その時のやり取りの手紙が残され『新渡戸稲造全集』に収録されています。本来は先にお金を返すのが普通だと思いますが、そういうように新渡戸は経済観念が緩いです。

このように若い頃に労働をしながら学生生活を送るということが如何に苦しいのかを二人ともよく知っています。

内村は労働をして生活をするということがどんなに苦しいかを不敬事件に遭う前から理解していましたから、人を使う時には必ず給料を払っています。弟子にも、身内である嫁の美代子さんに対しても校正料を払っています。内村の家もそれなりに大きな家でありましたが、新渡戸の家には敵いません。盛岡市先人記念館に図面が展示されていますが、部屋数は二七部屋あります。新渡戸家は、メリーさんがアメリカ人で大企業のお嬢様ですから家も相応の大きさなのです。新渡戸の方が生活の面では贅沢であったと言えるでしょう。

内村が死んだ後に昭和一三年まで静子さんは生きますが、充分な財産を静子さんに遺しています。新渡戸は金銭については止めどがなく、お金があればすべて人助けの為に使ってしまうような人でした。台湾勤務の時には、新渡戸の行動に後藤新平が注意したほどでした。またコックさん、女中さん、英語の出来る女中さん、書生、運転手など一五人ほどを雇っていましたので、新渡戸が亡くなった後にはほとんどに辞めてもらうことになりました。また屋敷の半分を貸すことになります。今、邸の跡地一〇〇〇坪には、財務省の集合住宅などが建っています。鎌倉には別荘があり、聖路加病院の保養所になっています。軽井沢にも広い別荘がありました。

新渡戸が亡くなった時、資産としてはこういったようにたくさんありましたが、現金は三〇〇〇円しかありませんでした。当時の新渡戸家の大所帯では半年ももたないくらいです。食費を切り詰め、骨董品などを書生たちに処分してもらうこともあったようです。

内村は全体を考えた上で、寄附は出来るだけをしていましたが、新渡戸は講演料などでたくさんもらってはいたものの、全て困っている人に与えてしまうのです。どれだけの人が助かったでしょうか。それは助けられた人しか知りません。そんなことは何処にも書かないし、誰にも言わないし、右の手のしたことは左の手に知らせない、という聖書の言葉を新渡戸は実行していたのです。しかしお金がなくとも、遺された新渡戸家の人たちが新渡戸に対して、もう少し遺しておいてくれたらなどと思うことはありませんでした。それは新渡戸が遺した良い家風といえるでしょう。

経済観念についていえば内村は堅実的、新渡戸は無計画です。人助けについては見境がないのが新渡戸だと言うことができるでしょう。宗教団体でモラロジーがありますが、そのモラロジーで頼まれて講演をしたことがあり、その講演料は七〇〇〇円です。大学教授の月給の三・五倍です。新渡戸は英文毎日の顧問もやっていましたが、その手当も安いものではなかったでしょう。しかし家族には遺せなかった、ということです。

## 五　仕事

仕事についてです。

新渡戸は何といっても教育者ということが筆頭にあげられます。ドイツ留学後、母校札幌農学校に勤め、神経衰弱になり休職、退職することになります。その後アメリカに渡って『武士道』を執筆し、台湾への要請に応じ糖務局長として勤務します。後、植民政策の教授として京都大学に勤め、一高校長に転じ、東京大学農学部教授から法学部教授、ついで国際連盟の事務次長になります。学識、人格も優れていましたから待遇も良かったと思います。国際連盟を退職後、貴族院議員、毎日新聞社顧問としても活躍しています。学校関係については、もらうより出す方が多かったでしょう。官界に勤めながら私立学校にも関係していたのです。

内村は独創的で気性が烈しかったため、他人の下で働くタイプの人ではありませんでした。四〇歳にして『聖書之研究』を出し、天職を発見します。その『聖書之研究』で生活を支えていました。内村は独立して仕事をし、不敬事件以後は公務員として給料を得ることはありませんでした。

新渡戸は芯のある人物でしたが、人と協調することができるタイプの人でした。人によっては八方美人だと言われます。誰に対しても悪い顔をせず、暴力をもって牛耳るという共産党を認めませんでした。理想を曲げず一歩一歩前進していき、他人のことも少しずつ自分の理解に近づける努力をしました。

一方、内村は労働をしながら対価を得ないで無料奉仕をするということに反対し、宣教師とは意見が合いませんでした。北越学館で教頭をした時も、ここで伝道をしようと思えば仏教を理解しないといけないと考えた内村は、学校教育に仏教を取り入れようとしました。しかし、宣教師や学生らに反撥を受け、六か月後に退職をしています。

どんな悪い制度も人が作ったもので、どんなものでもゆっくりと時間をかければ変えることが出来る、という考えを新渡戸は持っていました。現実の中で一歩一歩という考えです。

一方内村は、人間の力で平和を築くのは大間違いであり、平和は神の力によってしか実現しないという考えです。ですから国際連盟に対しては反対でした。しかし現実に平和に少しでも近づけようとしている多くの人たちによって、一人でも救われる人がいて、その人たちの努力を軽蔑するのは宜しくありません。その人たちの努力によって一〇人でも二〇人でも死なずに済む人がいれば、それは神様も喜ばれるでしょう。ですから、内村と新渡戸の考えは反対のようですが、目ざすところは一つでした。内村はそういう意味では気が短いというよりは、遠くに眼をもっぱら向けたのだと言えるでしょう。

## 六　友誼

最後に友情です。

札幌農学校の同期である宮部、内村、新渡戸は生涯文通を交わし友情を培っていました。互いの性格が異なることは理解していましたが、互いに尊敬し合う仲です。卒業式の後、偕楽園という公園で三人は祈ります。そして「歩む道は異なっていても三人それぞれ信仰を守り、神と国のために尽くそう」という誓いを立てています。

札幌農学校時代は、内村が常に成績がトップで、最初の頃は一教科につき賞金七円（のち五円に値下げ）が与えられました。一人三教科限りとなりましたが成績がトップであればお金がもらえたため内村は潤っていました。おそらく親元へ仕送りをしていたと思います。しかし英語だけは新渡戸がずっとトップでした。

三人は久しく英文で文通を交わしていました。日本の文章では型にはまっていて、感情を表すのは無理なためです。三人とも手紙を読むと見事な英語です。英文聖書を読みこんでいるため、宮部は植物学を目指していましたが素晴らしい英文の手紙を書いています。

一九三〇年に内村が死に、内村の全集が編纂されることになります。新渡戸は若い時から内村からもらった手紙を全集編集者に渡しています。宮部もそうです。新渡戸は海外を回る機会が多かったにもかかわらず、内村の手紙を遺していますし、宮部は少しアメリカとヨーロッパにいたことがありますが、ほとんどを札幌で過ごしておりますので内村の手紙が残っています。しかし二人が内村に宛てた手紙は一通も残っていません。内村が遺していなかったからです。深い友情でつながれていましたが、その友情についてはそれぞれ温度差があったのは感じられます。ただ単に手紙が残っていないからではありませんが。火事にあった訳でもないですし、内村も手紙を残そうと思えば残せたでしょうに。

新渡戸が二人を讃えた文章があります。

『随想録』という英語の本（Thoughts and Essays, 1909）に書いてあります。桜井鷗村という人の訳文から紹介します。「同窓の情誼」という題で、札幌時代の友人を懐かしんで褒めています。

内村に対しては、

「勇剛なる鑑《カン》よ！　汝の手の何ぞ痩せて戦《おのの》けるや——其《その》手は多時の奮闘を記す。汝の敵——汝が霊魂至奥の内戦、汝の信仰を嘲けるものとの戦を善く戦ひたり。」

とあり、新渡戸は同期生の内村の苦悩と栄光を、深く理解しています。友人をこのように雄々しく心のこもった言葉で評しうる人、そのような友人をもつことのできた人は祝福されています。

次は宮部です。

「又た汝、愛する金《キン》よ！　孜々《シシ》兀々《ゴツゴツ》、汝の択《えら》べる路を歩み、而《しか》して汝は少年時代に夢想せしものをば、成人の日に至りて成就するを得たり。汝の学は其名に冠するに名誉を以てし、而して汝の名は科学の宮殿に銘記せらる。」

（全集第五巻一二二一—一二二三頁）

札幌農学校卒業の日、三人で偕楽園の池の端で祈った日の志どおり、宮部は植物分類学・植物病理学での日本での草分けとして、北極星のごとく札幌にあって動かず、善き学者を多く育成し、信仰を全うしたのでした。（広井勇についてもつづいて一文があります。）

つまり三人の友情は厚いもので、生涯続きました。それを証しする手紙は、内村宛のものは残っていませんが、お互いが敬い合い助け合いながら神のために尽くしたということは間違いありません。この友情が札幌農学校時代に生まれたということは、日本の教育史上、稀なことであったと思われてなりません。以後この三人に相当するような友情は札幌農学校でも見つけることは出来ません。

内村鑑三が昭和五年三月二八日に死に、その葬儀は内村の住居の敷地内にある「今井館聖書講堂」で行われました。その後遺体は斎場に運ばれ、柩が火罐に納められるとき、期せずして列席者一同から「神とともにいまして」（現行四〇五番）の讃美歌が歌われました。新渡戸はその歌を聞き、「これはとてもよい歌だ、私の葬儀でもこれを歌ってくれ」と傍の人に言いのこし、そのとおりになりました。二人は同じ讃美歌で天に帰ったのでした。

以上をもって本日は終わりといたします。

（この講演記録は二〇一二年（平成二四）八月三〇日、ニトベ・フレンズセミナー夏の会でおこなったものです）

# 8　ゆがめられた『武士道』の真意

## 新渡戸稲造の「愛国心」と「国際心」

「愛国心」をめぐって、二十世紀前半に活躍したクリスチャン新渡戸稲造（一八六二―一九三三）が引き合いに出されます。前の五千円札に肖像が印刷されていた、あの新渡戸稲造です。東京女子大学初代学長、国際連盟事務次長を務め、著書『武士道』は欧米での日本理解を広げ今も読み継がれています。その新渡戸のことを、昨今の教育基本法や憲法の改定に絡み「愛国心」推進論者が引用するのです。それは真意を曲解した悪用だと、新渡戸研究の第一人者、佐藤全弘氏（大阪市立大学名誉教授、キリスト教愛真高等学校理事長）は異議を唱えます。「愛国心と国際心――新渡戸稲造の国家観」について述べた佐藤氏の講演（＊）から、新渡戸の真意を検証してみましょう。

＊ニトベ・フレンズセミナー／新渡戸稲造会総会記念講演（二〇〇六・五・二〇）。

## 二つの愛国心

新渡戸稲造は愛国心をどのように考えていたのか。愛国心はどの国にもある自然的なものだが、外向的と内向的の二種類あると新渡戸が言っていることを、佐藤氏は紹介しています。

「外向的愛国心は、他から入ってくる文物を受け入れず排他的です。自分のブロックに凝り固まる頑迷なものです。自分の国にあるもの、自分の国がやっていることなら間違いだと分かっていても強引に正しいと言い抜くという偽善があります。内向的な愛国心は、自分の国の罪をわきまえ、自分の国が行った悪い事柄を心の底から憂い、自分の国に存在している不正、国が行った不義に対して憤る。外のものを排除するのではなく、国民と痛みを共にし、憂いを共にし、相携えて解決しようとする和解的な方法です。」

## 国の罪を悲しむ心

新渡戸は英語で「愛国心」を意味する patriotism（パトリオティズム）に飽き足らず、matriotism（マトリオティズム＝憂国）という新語を好んで使ったといいます。英文大阪毎日の「編集余録」に書いた文章（一九三一年一月二十五日付）を、佐藤氏は紹介しています。

〈憂いは愛から来るのだから、その感情は同じだが、かといって全く同一ではない。己が国を愛する人は、その罪や欠点すらも愛するであろうが、それにひきかえ、己が国を悲しむ人は、その罪と欠点のゆえに憂うるのである。〉

「この考え方から、愛国心と国際心とは決して矛盾しないと新渡戸は考えました。国を憂える心をmatriotismとすれば、キリストは最高の憂国心の持ち主だと新渡戸は言います。キリストが最後に十字架に付こうとしてエルサレムに入る時に、丘の上からエルサレムの街全体を見降ろして嘆きのことばを発していることが、聖書のマタイ福音書二三章三七節に記されています。『ああ、エルサレム、エルサレム、わたしはおまえたちを自分のもとへ、正しい道に導こうとしたが、だれも言うことをきかなかった』と。」

## 愛国心と国際心

続けて佐藤氏は、「愛国心と国際心」と題した一九三〇年六月七日付「編集余録」を引用します。

〈愛国心の反対は、国際心や四海同胞心ではなくて、狂信的愛国主義である。国際心は愛国心を拡大したものである。自分の国を愛するならば、自国の生存に欠くことのできぬ国、その国がなければ自国がその存在理由を失う他の国々を、どうしても愛せずにいられない。……自分の国を他の国々の敵とすることによって自国を讃《たた》えようとする者は、憐れむべき愛国者である。自分自身の国に何一つ欠点を見ないような愛国者も、また等しく憐れむべき者である。自分を義《ただ》しとする国は決して改善されえないからである。〉

「この文の中で新渡戸は当時の右翼を批判しています。新渡戸がこの文章を書いたのは昭和五年ですが、新渡戸がその三年後に死んで、それから太平洋戦争となり日本はどのような状況に陥ったかはご承知のとおりです。日本は国際心と一つに結ばれた愛国心を採らず、政治家もそれを考慮しなかったゆえに日本は滅んだと言ってよいでしょう。自分の国だけを正しいとする愛国心は国を滅ぼすと、新渡戸は述べているのです。」

## 真の国際協力とは

新・教育基本法や自民党新憲法草案は、国を愛することと相まって国際社会への協力や責務をうたいます。憲法九条を変えて自衛軍を持つことで、国際社会の平和と秩序維持のための活動を行おうというのです。一方、国際主義者であった新渡戸稲造も諸外国との協力を説きました。しかし佐藤氏は「国際協力とは、一緒にやろうという国に協力して軍隊を送るというようなことではありません。新渡戸が国際協力と言っているのは、もっと深い意味で平和を願ったことです」と言い、英文大阪毎日の一九二九年八月三十日付社説「日本の国際協力」を引用します。

〈……国際協力が、その精神にまたその定義に忠実であるためには、全く自発的でなければならぬ。強制はどんな仕方でも加えられてはならぬ。国際連盟の加盟国として、また、〝不戦条約〟の署名国として、日本の参与は自由で、日本の寄与は自発的で、その奉仕は誠実でなければならぬ。国際共同には眠っている者は一人もあってはならぬ。〝不戦条約〟には無関心な党が一つでもあってはならぬ。……国際連盟に加盟し、条約に署名することによって、日本は、戦争をやめるだけではなくて、地上に平和をもたらす助けをすることを誓約したのである。日本はなんの強制もうけず、自発的に、他国との関係において平和の原則を堅持することを約束したのである。……われわれは、中国との交渉に当たって、あの有害な優越感を変えることにより、学校での軍事教練をやめることにより、政治から軍人を追放することにより、海軍軍縮会議において黙従的態度を取ることにより、陸軍を縮小することにより、戦争反対の明瞭な宣言を行うことにより、〝不戦条約〟を効果的にする方法について積極的提言を行うことにより、そして最後に、国際連盟の仕事においてもっと活発な役割を演じることにより、われわれの誠実さを示すことができるのである。〉

「新渡戸がここで具体的に並べている各項目を、もし日本の国家が昭和四年当時、誠実に採り上げ、あるいはその方向で国策を検討することがあれば、日本は誤った方向に行って国を滅ぼすということはなかったと考えられます。」

## 国家が教育をなぶる

新渡戸稲造が「教育上の制度と問題点」（新渡戸稲造全集十八『日本』収録）において、国家が教育に手を付けてなぶってはいけないと言っていることは、まるで昨今の教育基本法改定をめぐって、児童生徒に神社参拝が押し付けられる時代が再び来ることを予期していたかのようです。

〈宗教教育が万一強制されるならば、やがて当局は、なんらかの形の教理問答を作り、儀式儀礼を採用し、それによって若い人々の感覚に訴えようとするだろう。……〝国民倫理〟体系は、愛国と忠君を強調したが、これまでその目標に達したことはなかった。こんな体系は、狭い基礎に建てられているから――人間の魂には狭すぎる――もちろん失敗するに決まっている。同様に、国民の利害関心に制限されている宗教など、決してうまくゆくはずがない。その名に値する宗教は、全人を認めねばならぬ。そして〝国家〟は人間の全体を包括しはしない。人間は〝国家〟より大である。人間は自分の内に、この世の国や〝国家〟の一切の主張を超越するものをもっている。人間の無限の魂を、国家の限られた枠組みの中へ閉じ込めることはできない。〉

今日、『武士道』を我田引水的に愛国心教育の論拠にしようとする動きを、佐藤氏は憂慮します。「教育の第一の目標に、国を愛するということを掲げようという考え方は、百年あと戻りすることです。これでは何のために戦争に負けて三百万、五百万もの人が死んだのか分かりはしないと思います。新渡戸を正しく理解しえた時に、日本はほんとうに平和な、民主的な国家になるでしょう。」

# 9 新渡戸稲造（一八六二―一九三三）
## ——日本最初のクエーカー

### その生涯と功績

新渡戸稲造は一八六二年九月一日、盛岡に南部藩士新渡戸十次郎と勢喜《せき》の三男末子として生まれた。上に兄二人姉五人があった。十次郎は一八六八年讒言《ざんげん》され、蟄居閉門《ちつきよへいもん》中に亡くなった。七一年叔父太田時敏の養子となり、上京。七三年東京外国語学校に入学したが、七七年札幌農学校二期生として入学。翌年六月二日M・C・ハリスから二期生内村鑑三、宮部金吾ら七人と洗礼をうけた。

一八八〇年、入学以来初の帰省で盛岡の生家に着くと、二日前の七月十八日、九年間会わなかった母は五十六歳で死去、彼は卒倒した。その深刻な煩悶を慰めたのはカーライルの『衣服哲学』だった。

一八八一年七月札幌農学校卒業、開拓使に勤めたが二年後開拓使は廃止となり、東京大学に学士入学。翌年退学してアメリカへ私費留学してジョンズ・ホプキンス大学に入り、三年間経済学・史学等を修め、八七年五月母校の助教に任じられ十月からドイツへ留学した。

この間一八八六年十二月、キリスト友会（クエーカー）のボルティモア月会会員として受け入れられ、日本人最初の友会徒となる。

一八八七年からドイツのボン大学、ベルリン大学、ハレ大学で修学し、九〇年六月ハレ大学でドクトル・デア・フィロゾフィの学位を受ける。その前年四月、長兄七郎が四十七歳で死に、在独のまま新渡戸姓にもどる。

一八九一年一月一日、フィラデルフィア市でメリー・エルキントン（一八五七―一九三八）と友会徒として結婚し、二月帰国、三月札幌農学校教授となる。

以後の経歴は極めて多様なので主なものを項目化する。
一、札幌農学校教授（一八九一年三月―九八年三月）……病気のため退職。
二、台湾総督府技師・殖産課長、ついで臨時糖務局長（一九〇一年二月―〇六年九月）。
三、京都帝国大学法科大学教授（一九〇三年十月―〇六年九月）、台湾総督府と兼任。
四、第一高等学校校長兼東京帝国大学農科大学教授（一九〇六年九月―一三年四月）、一九〇九年十二月から法科大学教授。
五、東京女子大学学長（一九一八年四月―二三年十二月）。
六、国際連盟事務次長（一九一九年八月―二六年十二月）。
七、大阪毎日新聞社・東京日日新聞社編集顧問（一九二九年四月―死去まで）
八、太平洋問題調査会理事長（一九二九年八月―死去まで）。
そして第五回太平洋問題調査会がカナダのバンフで開かれたのに、日本代表団を率いて加わり、その終了後ヴィクトリア市で、一九三三年十月十五日、七十一歳で召された。

## その信仰

新渡戸はクエーカーである。これは十七世紀にイギリスで起こった平信徒《ひらしんと》の少し変わったキリスト教で、創始者はジョージ・フォックス（一六二四—九一）である。彼は神と直接交わり、神の声を聞いて新しい教えを打ち出した。その教えは、はなはだ神秘主義的である。すべての人の心の内にはキリストの光「内なる光」が差し込んでいる。すべての民の心には「種子」がまかれている。この「種子」は、機会を得れば育って実を結ぶのである。

新渡戸は母の死後陥った懐疑の淵から、カーライルの『衣服哲学』によって、この光を見出した。そのカーライルがフォックスを賞めていることが留学前から心にあって、特にキリスト教の教派の問題、ひいては日本の多宗教の問題を、クエーカーに入ることで解決できると考え、それに入会したのだった。

新渡戸は日本人クエーカー第一号として、クエーカー信仰こそすべての信仰の底にある真理を見失うことなく、心寛く認め合いつつ、最も広く最も深い真理へと導くものと考えたのだった。

矢内原忠雄が『新渡戸博士文集』中の「一高倫理講話」に収めた文がある。

　「六つになる博士の子供が〔養子〕、月夜に植木を供えて、月に手を打ちならして拝んでゐるのを博士が見て尋ねると、『お月様は神様だから』とのこと。やおら伝道心を振り起こして『月は神ではない、ただの天体だ』と偶像崇拝を直してやらうとすると、子供は『神様とは何？』『眼に見えないものである』『どこに居られるの？』『どこにでも居られる』『それならお月様にも居られるでせう』。これには一言もなかった。」（二九四頁）

神はどこにでも居られる、月が神ではない、月にもいます神を拝むというのである。

また、『世渡りの道』にも次の文がある。

「僕は往々年老《と》った婦人が、路傍の石地蔵に祈念するのを見た。石地蔵に祈念したとて、別に功徳もあるまい。つまらぬことをする婦人と思ふもののものもあらう。併《しか》し僕は斯《か》かる婦人を見る毎に、その向上の念あるを喜ぶのである。言語を発せぬ石地蔵に対してさへも、あれ程に祈念する。もし石地蔵に優《まさ》ったものを見たら、如何《いか》に其《その》祈念が進むであらう。又、一歩を進めて神の存在を理解するに至ったなら、如何なる人物となるであらうか。殆《ほとん》ど測り知れぬ。僕は斯く思ふと、彼女の向上を尊む念が大に増して来る。」（全集八巻一一一頁）

ここで戦前版「講談社の絵本」の『桃太郎』では、子を送り出した後爺さん婆さんは、村外れの大杉の根方の小さい祠《ほこら》に並んでうずくまり、一心に祈っている姿があったのを想い起こす。戦後版にはない。祈る心は相通じるのだ。

## 人々が兄弟愛において相睦むところ

こうして新渡戸は、日本の宗教伝統も「内なる光」に照らされてキリスト教の真理に近づくと考えた。『日本』の結び近くで言う、

「日本国民がキリスト教に近づきつつある道は、西洋諸国民がたどった道とは異っている。彼らは、ローマは別として、比較的真直な道をたどったのだった。わが国民は、渓流にそい九十九《つづら》折《おり》の山路を縫って進むが、その道しるべたる十字架の影は薄くとも、やはり正しい方向を指している。そしてやがて、キリストの信仰は、幾世紀にもわたる知的伝統によって豊かにせられ、東洋の神秘思想によって深められて、わが国民をその運命の向かうところへ赴かしめる力の一部となるであろう。」（全集十四巻三八二頁、原文英文）

そして、世界の宗教全体を歴史的視野に入れて新渡戸は言う、

「二つの宗教――今では東洋の宗教と西洋の宗教とよばれている――の起源が一つであっても二つであっても、両者の外被を剝《は》いでみれば、個々の点の多くで、両者は何と相似ているかが判るであろう。麓の道は遠く離れていても、登れば登るほど道は近より、ついに両宗教はその頂で

合して、同じ神の叡智の高嶺より、眼下の大平原を共に眺めることとなる。この高嶺において、時充《み》ちるや、相共に兄弟とならしめられるであろう。北国の哲学者も南国の先見者も、西洋の思想家も東洋の賢者も。そして一なる神が、そのすべての子等によって誉めたたえられるであろう。時は来つつある、サマリアの山上でもエルサレムの市中でもなく、東洋だけでなく、西洋だけでなく、霊において、また真理において、人々が兄弟愛において相睦《あいむつ》むところではどこでも、同じ一なる父を拝する時が。これこそ真のキリスト教の精神ではないか。」(全集十三巻『日本国民』一四〇頁、十五巻『日本文化の講義』一五〇頁以下。原文英文。最後の一文は後者で付加)

これは新渡戸の筆になる文の中で、その信仰の本質を、最も美しい言葉で言い表した大宣言ともいうべきものであって、その格調の高さ、その思想の広大、深徹、まことに類を見ないものである。ともすれば他派や他宗教を排斥し、人権を無視し、独善をほしいままにする偏狭な教派心、さらには何の罪もない女性や子供を何百人も殺してやまぬ偽りの宗教を、遥かに超えるものである。

# Ⅲ

# 10　正直・親切・思いやり

二〇一一年九月十—十一日、奈良県社会教育センター「かつらぎの森」で行われた一泊研修で、十一日の聖日礼拝に述べたものです。

聖書はフィリピの信徒への手紙四章八節をよみ、讃美歌は五二二番と五三六番を唱和しました。

## 一　はじめに

今日は九月十一日、二〇〇一年のこの日、ニューヨークの貿易センタービルの二棟が、ともにハイジャックされた乗客満載の航空機に突入され、相ついで崩壊し、さらにワシントンの国防総省にも飛行機が突入し、フィラデルフィア郊外ではワシントンへ向かおうとするハイジャック機を乗客が犯人たちと格闘してシャンクスビルの森の中の空き地に墜落させ、合計二九七七人の多くの国々の人たち（日本人は二四人）が犠牲となりました。

さらに今日は、今年三月十一日、三陸沖の巨大地震と大津波そして福島第一原発の大事故による、敗戦後最大の天災・人災で、二万人以上の命が失われ、十万人の人が故郷を去り他地方へ避難してから満六か月に当たります。

アメリカはイスラム過激派アルカイダの仕業と断定し、その首謀者オサマ・ビン・ラディンの潜伏先として、直ちにアフガニスタン東部山岳地帯に空爆を開始し、やがて地上軍も出し、さらにサダム・フセイン大統領下のイラクが湾岸戦争後も大量破壊兵器（生物化学兵器・核兵器）を貯えているとの疑いのもと、全面戦争をいどみ、一月間に首都バグダッドを占領しますが、ゲリラ化したイラク軍の反抗はやまず、フセイン体制は崩したものの、戦争は十年にわたりました。

唯一の超大国アメリカも二地域で、戦死六四七〇名負傷者約四万人を出し、二国の国民の死者は十七万人にのぼります。イラクには大量破壊兵器はみつかりませんでした。

国内ではテロ防止策が市民に不便を強制して進められ、その設備・要員のため十年間に二〇〇兆円を費やしました。これにほぼ同額の軍事費が加わります。国の建設に何一つ役立たぬ、破壊のみにこの巨額を費やして、さすがのアメリカ経済も落ち込み、リーマンショックもあって失業者は九％を越えるに至りました（日本は五・一％）。オバマ民主党政府もこの負の遺産を容易に解消できていません。

日本はここ半年、政治家の質の低下、財界人の見識のなさ、官僚の反政府的怠慢、自民党政府と癒着し財界の走狗となり真実を覆い隠し、自己の利益と名誉を追求した原子力関係者の亡国的態度を、これでもか・これでもかと見せつけられ、その余りの無責任に国民は唖然としました。

広島原爆二十六発分以上の核物質をすでに撒きちらした福島原発、半年へていまだに毎日二千人の作業員（ほとんど下請けの、原発のことは何も知らぬ大阪や九州の労務者もまじえて）が働いている原発、広範にわたり放射能に汚染された土、木、草、建物、そして住民とりわけ子供と妊婦の汚染度すら正確に測定する措置はまだ何ひとつとられておらず、汚染廃棄物の捨て場所も全く未定です。汚染地には今後十年から三十年は帰ることはできなかろう、といわれています。

地震と津波の被害復興に（人命は致し方なしとして）二〇兆円がいると政府はいいます。そのほかに、原発の核燃料容器の冷却に使った汚染水の浄化に、フランス・アレバ社の特許を使っており、汚染水一トン当たり一億円かかるのです。今すでにたまっている汚染水が一二万トン、その浄化だけで一二兆円、核容器の冷却はずっと続き、アレバ社の機械も耐用年数は一年、ほかにアメリカのギュリック社のも併用しています。

こんな欠陥原発を、自民党政府はその政権担当中に、この狭い日本に五十四基も造ってしまったのです。あと一、二か所の原発が爆発すれば、日本は滅びます。福島を含め三か所で大事故が起これば、浄化費用だけで七十兆円、これは国の租税収入の倍です。つまり日本国は汚染水の浄化金をフランスとアメリカに払うだけで、教育にも福祉にも、公共事業にも国防にも使うお金は無いことになります。

九州電力でも中部電力でも曝露された公聴会でのサクラ、やらせをみれば、福島原発で起こったことは他のどの原発でも起こります。原発こそ人命を奪い、国土・環境をきわめて長期にわたって荒廃させ、農林業に破滅的影響を与え、国を亡ぼし民を苦しませ、一億総難民にもさせかねない恐るべき機械《からくり》です。

この化け物を五十四も作らせてしまった国民の怠慢こそ咎むべきでありましょう。私たちもその責を免れません。今こそ国民も政府もその向かう方向を改めねばなりません。生活万般の様式を変えねばなりません。全面壊滅に陥る前にこの非常事態を知らされたことを、上よりの警告の恵みと受けとめ、敗戦で方向転換したのにいつしか誤った方向に走ってしまった過ちを、こんどこそ深く認識して、御旨にかなう道へと歩みを進めねばなりません。非常時には非常の策が必要だとしても、今国のこの危機をまたぞろ復興による景気刺激のチャンスとだけ見るのは誤りです。金もうけだけを念頭におく、高度成長以来の考えそのものを清算しなければならないのです。

## 二　昭和初期の日本との酷似

「非常時」という語がしきりに使われたのは、昭和初期、満州事変が起こった一九三一年九月十八日以後で、それからは日中戦争、太平洋戦争と非常時つづきでした。結局、徹底した敗戦亡国に終わったのでした。

今の非常時は、この昭和初期の非常時ときわめてよく似ています。

日本は第一次世界大戦ではほとんど局外に立ち、西洋諸国がみな戦争にのめりこむ中、貿易で巨利を博し、好景気に湧きました。しかし大戦が終わると反動的に不景気がおこり、大戦中の生産拡張もたたり、関東大震災による経済混乱もあり、昭和に入ると金融恐慌となり、多くの一流銀行・会社の倒産が相つぎました。昭和四年には世界大恐慌のあほりをうけ、東北農村の凶作、失業増大に物価下落とつづきました。

当時は、政友会と民政党が二大政党として交互に政権を握っていたのですが、腐敗がいちじるしく、財閥と軍閥が結託して、軍需産業拡充によって不況を克服しようとし、大陸侵略を実行し、反対派にテロを行い、戦争へとのめりこんで行ったのでした。

アメリカも大恐慌を脱出するため、ニューディール政策をとり、大公共工事により雇傭を生み出し、かたわら軍備を拡張して景気を刺激し、来るべき全体主義国との戦争に備えて行きました。

今の日本は軍閥というものはありません。自衛隊は文民統制の下にあります。それを拒否しようとする人たちが自衛隊にいないわけではありませんが、またそういう人たちが代議士になってもいますが、軍閥を形成する力はありません。

しかしかつての財閥、軍閥の協調にもまさり、アイゼンハワー大統領の指摘した産軍共同体に匹敵する力をもつグループは、今の日本にもあります。先の始末を考えず、十分な危険保障をも見込まず、ひたすら目前の自己の利益の為に相結んで五十四基の原発を造ってきた政官財学癒着村などは、その代表的一例といえましょう。農業帝国主義を実行し国策を実現している韓国・インド・サウディアラビアの企業もそれに属します。自国、自己の属する集団の利益のためには、自国民をも苦しめても意に介しないグループです。武力ではなくて金力がそれを動かしているのです。軍閥は戦争と亡国に導き、癒着村は国民生活を破壊するに極まるとすれば、それらではなくて、日本国民の歩むべき道はどこにあるのでしょうか。その魂の還るべき所はどこなのでしょうか。今さら軍国主義や天皇制ではありえないとすれば、それはどこでしょうか。

## 三　新渡戸稲造の日常道徳の強調

ここで、昭和五年（一九三〇）十一月十五日号の「実業之日本」誌に新渡戸稲造がのせた、「教育勅語発布四十年を迎へて」（全集四巻五七三頁以下）をご紹介したく思います。当時同誌は月二回刊行でした。

教育勅語が出されたのは、明治二十三年（一八九〇）十月三十日ですから、新渡戸は満四十年のころに筆をとったのでしょう。

そこで新渡戸は「教育勅語の道徳教育は失敗であった」と断定しています。

一九四五年の敗戦まで、小学校も高学年になれば、教育勅語は皆丸暗記させられたもので、私も今でも全文を覚えています。学校で年に九回ある祝日の式では、毎度校長先生が大礼服に威儀を正して、恭《うやうや》しく奉読されますから、三年にもなると半分位は耳から覚えてしまうのは門前の小僧と同じでした。

教育勅語に限らず戦前の教育は暗記中心でした。口に誦えている言葉の意味など、判っていなくてよかったのでした。

新渡戸は郷里の岩手へ帰ったときには、盛岡であれ地方であれ、小学校を不意に訪ねて、授業参観をし、担任の許しをえて生徒たちに直接質問したり、話をしたりするのが好きでした。その一例が『編集余録』の一九三一年六月二日の記事にあります。『編集余録』は新渡戸が「英文大阪毎日東京日日」に一九三〇年六月一日から三三年十月十五日の死の日まで、短いコラム記事に内外、古今東西、万般のテーマをユーモアとウイットあふれる名文で掲載しつづけたものです。全部で七三一篇にのぼります。その第二四九篇に「機械的に学ぶ」という文があります（全集二〇巻二八一頁に拙訳）。

田舎の小学校で新渡戸は子供たちに質問します――「あなたたちはなぜ学校へ来るのだろうね。」

沢山手が挙がりましたが「重ねて質問するよ」というと、男子はほとんど手を下ろしました。小さい少女に当てると彼女は答えて――「ガクモンを身につけるためです。先生。」「とってもよろしい。」「では学問を身につけるのは何故だろうね。」少女いわく――「チトクヲミガクタメ。」新渡戸はこの立派な返事に手を拍きます。そして――「知徳を磨くとはどういう意味か、だれか言ってくれませんか。」皆黙っているので、さきの少女を再び指名すると、落ちついて慎重に言いました――「私はわかりません、先生。」――教育の多くは決まり文句のくりかえしだ、と新渡戸は慨くのです。

勅語を丸暗記して育った青年男女（昭和の初めには二十代から三十代）は、間違った思想にかぶれ、誤った行動に出ている、皆明治生まれで教育勅語は暗記しているが、暴力革命を肯定したり、右翼のようにテロを行ったり、モガ・モボ（モダンガール・モダンボーイ）のように享楽に走ったりしている、してみると、教育勅語に基づく教育は不毛なことがわかる、というのです。

また他の本の中でも面白い事を書いています。昭和の初めは不景気で失業者も多く、泥棒も大はやり、その中でも説教強盗といってピストルをもって大邸宅に夜押し入り、家人を縛って金品を取ったあと、「もっとしっかり戸締まりしないと物騒だ」と一場の訓示をたれる変わったのもいました。説教強盗といわれるゆえんで、彼は新渡戸の家にも入りましたが、大声でどなられて何も取れずに退散しました。勅語教育に関連するのは別の強盗です。

屋敷に押し入り、家人を縛り、金品を大風呂敷に包んで背負い、豆絞りの手拭いで覆面して引き揚げようとする強盗が、抜けて通っていた一室の長押《なげし》に、天皇・皇后の御真影がかかっているのを目にし、手拭いを取って ヒョイと頭を下げてから出て行ったというのです。彼も勅語は暗記していたことでしょう。

教育は生き物である、機械的丸暗記ではその役を果たすことはできない。本当に心を改め、思いを開かせるのは、友の一言、母の瞳、鳥の一声であって、難しい文章の丸暗記ではないのです。

明治以後の日本の道徳教育は、個人人格としての日々の生活の徳を教えてこなかった。教育勅語は「一旦緩急アレハ義勇公ニ奉シ以テ天壌無窮ノ皇運ヲ扶翼スヘシ」要するに戦争になれば天皇陛下のために死ねと教えるが、日々どう生きるかは皆目教えもしない、嘘などつき放題だというのです。

この日々の徳を強調した『編集余録』の「日常の徳」(一九三〇・八・一七、全集二十巻一一三頁以下)を見ましょう——

「われわれが最も涵養する必要があるのは、〝正直〟とか〝無私〟とかいった日常普通の、平明な庶民の徳である。それこそ、よく秩序だった社会生活になくてはならぬものである。〝愛国心〟とか〝忠義〟よりはるかに根本的なものである。これらは二次的な義務である。/不正直な人間が良い愛国者になりえようか。利己的な人物が本当に忠義でありえようか。/嘘つきの愛国心は信頼できない、いつ何時《なんどき》裏切者になるかしれやしない。利己主義者の忠義は頼むに足りない、さらによい報酬がもらえるなら、主君を裏切るかもしれないから。/職業的愛国者や忠義者が、あまりにも目につきすぎる。彼らは嘘を口にし、嘘を行い、自分だけ利益を得ようと汲々としている。彼らこそもっとも見下げはてた生き物である。……」

教育勅語が儒教の封建道徳を天皇中心思想と結びつけて国民に押しつけた、上下関係を重視し、特に下の者は上に従い上を敬えという縦の道徳ではなくて、市民が日々の生活の中で、家庭であれ、職場であれ、隣近所であれ、互いに人間同士として守るべき横の道徳こそ、近代社会になくてはならぬもので、新渡戸は特に正直と親切と思いやり（同情）を重視しています。（『世渡りの道』にも詳説してあります。）

## 四　パウロも日常道徳を勧める

今日の聖句として掲げましたフィリピ書四章八節は、パウロ書簡中でも有名な箇所です。「終わりに、兄弟たち、すべて真実なこと、すべて気高いこと、すべて正しいこと、すべて清いこと、すべて愛すべきこと、すべて名誉なこと、また、徳や賞賛に値することがあれば、それを心に留めなさい。」（新共同訳）

終わりにとは付け加えて言うがという意味で、この喜びの書簡は今朝の早天祈禱の奨励で工藤新三さんが話して下さった「キリスト讃歌」を中心として、キリストを手本として、愛と慈しみと憐れみの心をもって、思いを一つにし、心を合わせて、この世にあって星のように輝き、主の日まで信仰にかたく立つようにと、パウロが勧めている手紙です。この手紙には罪という言葉は出てきません。パウロがヨーロッパで最初に与えられた兄弟姉妹から成るこのフィリピの教会に、喜び喜べと何度もパウロは励ますのです。

その喜びの書簡の結びへ向けて、パウロは最後につけ加えて、この八つの心を留めるべき徳を、フィリピの信徒たちに勧めたのです。これら八つの徳は、ガラテヤ書五章二二―二三節にパウロがあげた「御霊の結ぶ実」九つとは異なり、異教徒の間でも存在している、日常普通の徳です。もちろんそれはキリスト信徒同士、キリスト信徒と異教徒との間でも日々守られるべき徳です。しかし、これらフィリピ書の八つの徳とガラテヤ書の九つの実とは、同じ語は（原語でも）一つもありません。パウロは両者をはっきり区別しつつ、信徒は御霊の実を求め、かつ八つの徳をも忘れてはいけないと訓しているのです。

これら八つの徳は、当時地中海沿岸で最も力のあったローマのストア哲学（セネカ、エピクテートスはその代表）が尊んだ徳といわれます。ですからここには、この異教世界ギリシア、ローマの中で生きるキリスト信徒は、異教の尊ぶ美徳とどう対すればよいか、という重要な問題が示されているのです。

さらに掘り下げて言うなら、イエス・キリストの福音は、異教文化から生まれた哲学、宗教、文学、芸術、道徳、さらには生活習慣を軽んじ、否定し、破壊することを容認するのか、それとも異教社会の秩序を保ち、その文化を形成してきた善きものは尊び、敬意を払うべきか、ということです。

西洋キリスト教の歴史をかえりみますと、右の二つの考え方のうち、前者に従って教会史が形成されてきたことは、キリスト教がローマ帝国の国教となって以来、今に至るまでほぼ一貫していると思われます。教会法の成立、教会会議はつねに排除の論理に貫かれてきたこと、アメリカへアジアへアフリカへと勢力を拡大したキリスト教国と教会は、つねにその地の文化を破壊してきた（軽蔑してきた）ことに、そのことは知られます。

フィリピ書四章八節の示す日常的徳とは、（1）真実であること（明治元訳以来ほとんどの邦訳はこれ）、（2）気高いこと（大正訳以来おお方は尊ぶべきこと）、（3）正しいこと（明治元訳は公義《ただし》き）、（4）清いこと（明治元訳は清潔《いさぎ》よき、大正訳は潔《いさぎ》よき、協会口語訳は純真な）、（5）愛すべきこと（塚本訳の人に喜ばれる以外皆同じ）、（6）名誉なこと（明治元訳、大正訳は善称《よききこえ》ある（令聞ある）、協会口語訳はほまれある、塚本訳は評判のよい）、（7）徳（ほとんど同じ）、（8）称賛に値すること（明治元訳・協会口語訳はいかなる誉、他はほとんどこれ）です。（塚本訳が（5）に人にを補ったり、略注でこれらはこの世の道徳で、パウロがこの世と無益な摩擦をさけるための伝道政策だが、キリストはこんな手段は用いられず、この箇所よってこの世と妥協しようとする者がいても、それはパウロの責任ではない、と言い添えているのは、異邦人の誠実、真実をも高く評価されたキリストの教えに相背くと思われます。

いま新渡戸が日常の徳として推奨した（一）正直、（二）親切、（三）思いやりを、この八つと照合してみれば、符合する所が多くあります。三つの下に八つの徳の該当するものを示せば、

（一）正直……（1）、（2）、（4）、（6）、（7）、（8）。

（二）親切……（3）、（6）、（7）、（8）。

（三）思いやり……（6）、（7）、（8）。

となりましょうか。

新渡戸稲造が初代校長として一九一九年に創立された東京女子大学の、校門を入って広場をはさん

で正面の本館のフリーズ（帯状小壁、古典式建築の三角形の切妻壁）に、建学の精神を表す語句が刻まれており、ラテン語でQUAECUMQUE SUNT VERA（およそ真実《まこと》なるもの）とこのフィリピ四章八節が示されています。新渡戸が、またこの大学建設を援助した海外の多くの教会が、「この世と妥協しよう」としてこの聖句を選んだことは、絶対にありません。――それはおよそ学問はどの分野であれ、正直に真実に追求し、その成果（失敗をも含めての）も正直に公表すべきことを示しているのだと思います。

また、この箇所のすべての徳には「およそ」「すべて」という語がついており、これはユダヤ人だけでなく異教の民も、キリスト信徒だけでなく全人類も、民族や宗教や思想の区別をこえてすべて、ということを意味します。キリストの福音はすべての民を救う以上、そうでなくてはなりません。

## 五　正直、親切、思いやりの実行

十八世紀ドイツの哲学者カント（一七二四―一八〇四）は、理性の法則に基づく哲学を厳しく考えつめた人で、道徳においても実践理性の定言命令に絶対服従することを主張しました。正直についても例外を認めず、嘘を許せば人と人との意思伝達の根本が崩れ、人間社会は成り立たなくなるとして、人助けの為の嘘も晩年には認めませんでした。（それでも、社交上、礼儀作法上の嘘については疑問の余地を残していますが。）

言葉によって己が意思感情を伝える人間にとって、正直こそ大前提で、他人は皆嘘つきだと前提しますと、社会は崩壊します。（日本の政治家はこの社会崩壊の手伝いをしてはいませんか。）

正直に語り、相手の言葉は真実を表していると信じることで、家庭も学校も、病院も交通機関も成り立ちます。次の駅を報じるアナウンスがいつもでたらめだったら、乗客はその路線に二度と乗らないでしょう。先生が語る言葉が皆不真実なら、生徒は知識を少しも増すことができず、学問も成立せず、子供は遂には発狂するでしょう。

正直、親切、思いやりの実行こそ、最も大事な道徳である、それら日常の徳の実行は、法律以上であり、温かみと深みがあり、人間社会を満たし、落ち着きとうるおいと余裕のある、愛に充ちた共同体をつくる、と新渡戸が言うのは、このフィリピ書四章八節に照らしても真理です。

福島第一原発の事故以来（それ以前からもすでに）、日本の原発関係者（東京電力、原子力学者、通産官僚、政治家、日赤など）が行ってきたのは、まさにこの正直、親切、思いやりの実行の正反対ではなかったでしょうか。

それに反して、地震と津波と原発大事故の大被害をうけた東北の人々によって、これら三つの徳が実行されたことを、私たちは知らされたではありませんか。

未曾有の大地震におそわれ、大津波の何回もの襲来にさらされ、所によっては自動車の発火による大火災にさえ見まわれ、肉親・友人・知人を多く喪い、家や財産も根こそぎ津波にさらわれ、その上原発数基の大爆発と、多大量の放射性物質の広範にわたる飛散という、水、火、毒の責め苦を味わわされ、着のみ着のまま逃れ、あるいは職に殉じた多くの人たちの中に、あの危機的非常事態の中にあってなお、これら正直、親切、思いやりは実行されたことを、私たちは知らされたのでした。

岬の端の小部落で、道も崩れ、電話もとだえた中で、十数戸の人たちが、持っている物を互いに融通し合い、助けの来るまでをしのいだ話、防波堤の鉄扉を閉めにと急ぎ赴いて、津波に呑まれた漁師、南三陸町の新築避難庁舎で津波警報を町中に知らせるマイクを握っていた遠藤未希さんは、庁舎最上の三階天井二〇センチ下まで押し寄せた津波に、最後まで避難を呼びかけつつ殉職したこと（この秋に結婚式を挙げる予定、届けはすでに出し同居中、その朝夫が結んだミサンガが目印となり三か月経って遺体判明とのこと）、消防士だが非番の父が救助に出かけたまま帰らぬ中学生が、自分も大きくなったら父の後を継いで消防士になると避難所で志を述べたこと、友達を何人も津波で亡くした小学生の女児が、弔辞で「大人になれば、もっとやさしく、もっと逞しい人になりたい」との言葉を捧げたこと――その他無数の名も無き貧しい人たちの日常の徳を発揮した姿に、この腐りはて崩れはてた日本はまだこのような人たちがこんなにもいたのかと、私たちは深い感動を覚え、心に留めたのでした。

新渡戸稲造が『編集余録』の中で、東北人は厳しい自然の中で代々生きてきて、不屈な魂と独立心においては中央の日本人とは異なる特質をもっており、西南日本とは違う独自の文化を築きうるのだと述べているのを思い出します。（三三・五・二五の「東北日本」、三一・五・三一の「北国の人材の収穫」）。

事故後新聞やテレビで発言した三陸沿岸の町長・市長の中には、中央で怠慢と愚論に大切な救助の時を空費していた政治家・官僚・業界人などがその足許にも寄れぬ程の、正しさ、気高さ、郷土愛、思いやり、決断力、識見、土と海と人への愛に満ちた人物を見出します。

岩手大学農学部（盛岡高等農林の後身）に学んで、先輩で郷土人の宮沢賢治に私淑し、その精神を郷土に生かそうと町長になった人もいます。

正直、親切、思いやりを以てする東北新生こそ、日本再生の端緒と考えられます。自然の恵みを感謝し、災害をもこめて自然を敬う生活、苦難に鍛えられるほど一層人間を大切にし、暮らしの中で伝わる旧い知恵をおろそかにしない寡黙・誠実な生き方に、もう半死状態にあるかに見えるこの国の復活を担う魂の存在を、しかと見定めることができたのでした。

## 六　御霊の実と石見の才市

パウロの書簡中にみられる徳の目録に、ガラテヤ書五章二二―二三節の「御霊の実」があること、そこに掲げられる九つの徳は、フィリピ書四章八節の「日常の徳」とは用語は皆異なることも申し上げました。その実とは、愛、喜び、平和、寛容、親切（協会口語訳では慈愛）、善意、誠実（協会口語訳では忠実）、柔和、節制（協会口語訳では自制）です。

これらはパウロがこれらに先立って肉の業としてあげる姦淫以下十五の悪業と対立するもので、キリスト・イエスのものとなった人は霊の導きに従って生き、これらの霊の実を結ぶというのです。

これらの実も、よくよく考えてみるなら、正直、親切、思いやりと深く通じる徳であることがわかります。愛（アガペー）は神が価値なき罪人の私たちを愛して下さる愛であり、この愛を受けた人は、他の人たちをつねに友とし同胞として愛し、誠実に接し、その人たちのことを思いやるのです。この愛は新渡戸のいう「日常の徳」の三つの根源であるといえましょう。

ここで思い起こされるのは「妙好人《みょうこうにん》」のことです。妙好人とは浄土真宗の篤信者を呼ぶ言葉で、中国唐代の善導の著作に念仏者をほめる語として使われ、日本の法然、親鸞、一遍もこれを用いました。江戸末期天保十三年から安政五年（一八四二―五八）に仰誓《ごうせい》、僧純、象王《しょうおう》が別々に編んだ計六巻の『妙好人伝』が板行されて、この語は普及しました。さらに鈴木大拙（一八七〇―一九六六）が『日本的霊性』で紹介して一層広まりました。

愛真高校のある江津の四つ東の湯泉津《ゆのづ》の駅近くに、妙好人石見《いわみ》の才市《さいいち》の家が残っています。別に記念館といういかめしいものではなく、古い町並みの普通の町家で、誰でも見学できます。才市は妙好人と呼ばれる人で、木工、下駄や小道具を造る職人で、学問はありませんが、自分の罪業深重と弥陀の念仏による極楽往生を深く信じ、その誰にでもわかる語録は人々が書き留めて記憶するところとなりました。つねに感謝報恩の念に満ち、柔和に、争わず、困っている人を助け、自ら何物をも求めず、家業に精出しました。昭和の初め頃まで存命でした。

この石見の才市のことを思いますと、パウロが「御霊の実」としてあげている徳はほとんどみな才市に見られ、あらためて敬愛の念を深くするのです。

洗礼を受け教会員として永年すごした人でも、全く奉仕の念が薄く、金銭欲が強く、言い争いを好む人がいるのをみるとき、また、無教会として何十年すごしつつ、個人崇拝を脱し切れず、寛容の念に乏しく、誠実を欠き、非礼を敢えてする人に会うとき、やがて来る主の日に、審きの庭で主の祝福をうけるのは才市の方ではないかと、つくづく思うのです。私たちの神は偏り見たまわない方だからです。

## 七　伝道の多様性

キリストの福音により罪をあがなわれ、永遠の生命の約束を与えられ、その福音を生きる者が、その喜びを人に伝えキリストを証しする道に、この正直、親切、思いやりの三つの日常の徳も含まれているのです。伝道ということを考えるとき、私はいつもクエーカー（友会）の水戸伝道のことを思い起こします。

クエーカーは十七世紀にイギリスの靴屋のジョージ・フォックス（一六二四―九一）が十九歳の時霊感をうけて放浪の旅に出、二十二歳のとき「内なる光」を感受して伝道を始め、二十六歳のとき結成した会派です。

イギリス各地に伝道し、弟子にはペンシルバニアを拓いたウイリアム・ペン（一六四四―一七一八）もいましたが、フォックスは生涯で八度（計六年）獄中生活を送りました。アメリカへ渡ってもピューリタンに迫害されましたが、全土に布教しました。洗礼、聖餐を行わず、聖書よりも聖霊の直接啓示を重んじ、その正統派は牧師をおかず、平信徒伝道に徹しました。

内村鑑三も新渡戸稲造もアメリカ留学の際、東部フィラデルフィア、ボルティモアの正統派クエーカー派の人たちから、とても世話になり、その集会にもよく出席しました。その間新渡戸は一八八六年十二月、最初の日本人友会徒になったのでした。

日本へのクエーカー伝道は、一八八五年（明治一八）十二月、コサンド宣教師（Joseph Cosand, 1851-1932）が妻サラと来日、今もつづく普連土学園を設立し、日本友会監督として尽くしました。一八九一年新渡戸が妻メリーと帰国してから、クエーカーも一層力を得ます。

今日本のクエーカーは極めて少数で、集会も、東京に二つ、大阪に一つ、水戸に一つ、茨城県下にもう二つ、会員数は計三百人ともいわれます。水戸が一番盛んで、幼稚園も併設してあり、この度の震災で幼稚園の建物が崩れ、目下再建募金中です。

その水戸キリスト友会の草創期の話です。伝道に当たる人が水戸市内に家を借りようとしましたが、当初誰も伝道所にする家を貸してくれません。水戸は何しろ日本の正しい支配者は天皇であって将軍ではないという『大日本史』三九七巻を、光圀の時代から二百五十年かけて完成した、尊王藩のお膝元です。日本主義の本拠です。キリスト教の新しい派に家を貸さないのは当たり前です。

しかし、伝道はしないと約束して、ともかく一軒の屋敷を借りました。

そこでクエーカーの人たちはその町内の溝掃除を何年も黙々と実行し、町内の美化につとめたのです。町の人々も不審に思い、興味を抱いて訪問するうち、悪い人々ではないとわかり、教えを求めに来るようになったのです。水戸キリスト友会の初めは溝掃除だったのです。

制度教会は、教会堂を持ち（時には併設幼稚園も）、日曜の礼拝（子供の日曜学校、大人の礼拝）、水曜の祈禱会、聖書勉強会、青年会、婦人会、老人会、長老会その他、様々の組織・会合があり、伝道は主として教会と牧者を中心に行われ、それは説教の形をとり、信仰に興味をもつ人を教会に導くことから始まります。

しかし、無教会は会堂をもっていません（ごく少数の集会を除いて）。会堂があれば便利ですが、その維持に人手もお金も相当かかります。会堂あるゆえに伝道者が不在になっても集会をどうしたら維持できるかという、難問が生じます。

会堂がないゆえ、大方は公共の建物を借りるか、家庭集会の形をとるかになります。固定した場所が確保されていないゆえに、無教会にはしたくても出来ないことが多くあります。子供会、修養会、特別伝道集会なども難しくなります。

その代わり、伝道はただ説教をもってするだけでなく、もっと多様になり得ます。信仰を表現する道は、言と行いのすべての働き（溝掃除もその一つ）に通じています。各人それぞれ与えられている場において、あるいは学校で保育所で幼稚園で、あるいはさまざまな講座において、あるいは日本各地でのいろんなテーマでの講演において、また老人ホームへの定期的奉仕によって、また今とても求められている放課後の子供見守り隊に加わることで、さらに職場での種々の活動を通して、また家庭での子女の養育によって、信仰を単に言葉によってだけでなく、身体により、手により、働きにより、伝える道が開かれているのです。いわば生活のすべてが伝道です。

この言葉以外による伝道の道は、今後生活様式の変化に応じ、社会の要請の多様化に伴い、ますます広く、多様に開けてゆくことでしょう。

私たちは、聖書に基づく福音の真理を、できるだけ深く、できるだけ広く探究するとともに、それを共に学び、受けた恵みへの報恩行としてそれをできるだけ多くの仕方で、私たちが触れ合う人々に――家族、近隣の人、親族、学校、保護者会、ボランティア活動その他――行いと言葉と祈りにより伝えて行けばよいのです。

もちろん、私たちのできることには限りがあり、とてもできないことの方が多いでしょう。しかしまた、私たちだからこそ何にもとらわれずできることも、たしかにあるのです。できないことを数えあげて悔やみ羨むのではなくて、できることを感謝して行い、他の人々が私たちと異なる業を果たしていることを感謝したいものです。

神の真理、福音の真理は、人間の想像をこえて広大です。どのように秀れた個人でも、どのように良く整えられた集団でも、その真理の全体を独占することは、神が許されません。真理の一小部分でも正しく純粋に担い伝えることが許され、それが少しでもできれば、私たちの歓びは満たされ、主もまたお歓びになることでしょう。主が無教会に期待しておられるところは、極めて重かつ大であります。神の実験工場として、此世では不可能なことをテストすべく召されている使命を、私たちは寸時も忘れることなく、真理分担の精神に立って、命のかぎり、主の道に従って行きたいと思うのです。

# 11　日本の旧約

本稿は、二〇一二年九月九日、奈良の「かつらぎ」で行われた「関西合同聖書集会一泊研修会」第二日の日曜礼拝でのべたものです。聖書は使徒行伝一四章一六―一七節を、讃美歌は八二番と二三四番Aを唱和しました。

## 一　根本前提

今日のテーマの根本前提をはじめに示しておきます。それは聖書が教える根本真理です。

①神は天地万物、宇宙全体の創造主である。
②神は全人類の歴史の主宰者である。
③神は全人類の救済者である。

神はしたがって、宇宙史、人類史の中に時と所とを定めて、救いの備えをなされます。その道備えとは、信（価なくして救わる）と義（正、直、誠）で、福音の花実はこの義と信の旧約により耕された地に結ぶのです。ですから旧約の日本（日本の旧約）の至当性があります。

これをはじめて明確に述べたのは、藤井武で、一九二三―二八年の文を編集して二九年に出した『聖書より見たる日本』の第二章にあります（全集第二巻四八三―六二三頁）。

## 二　接木《つぎき》の理

パウロはロマ書一一章一三―二四節で、同胞ユダヤ人の救いの道を考えています。パウロは言います――ユダヤ人は頑なにもキリストにつまずいたが、彼らの失敗により異邦人が救われ、それによりユダヤ人も不信仰から立ち返れば救われ、すべての人類が神の憐れみを受けることになる、というのです。そしてパウロはここに接木の理を喩えとして使っているのです。
ユダヤ人は元々神に選ばれた民で、その清い根から幹から枝も育っていたが、不信仰となり神に背いた故、その枝は切り取られ、信仰ある異邦人が代わって接がれました。しかしもしユダヤ人もその神の恵みを見て己が不信仰を悔い改めるとすれば、元の木に生まれつき良い枝として接がれるのです。
接木は英語で graft ドイツ語では Pfropf といい、近縁植物の芽・枝の一部を他に接着することを言います。ふつう台木になる方は野生の強靱な木で接芽の方は栽培種の、花や実の秀れたものです。私の家の庭にあったキンカンはカラタチの台木に接木されていましたし、生魂神社で鉢植えにして育てている源平梅は、台木は白梅、接木は紅梅で、一本の木に紅白二様の花が咲き、やがて紅白絞りの花さえ咲くに至るのです。

接木は四つの方法があり、切接ぎは台木の皮を少しむきそこへ接芽の細枝を片そぎにして当て、皮で包むようにして当分紐で縛っておくのです。芽接ぎとは台木の幹の皮を左右に扇型にむき、そこへ接芽を当てて包み結んでおくのです。割接ぎとは、台木の幹を二つに割り、その割れ目に接芽を入れ挟んでおくのです。合わせ接ぎとは、同じ太さの台木と接芽の双方をどちらも合うよう斜めに片そぎにして、ぴったり合わせ、紐でぐるぐる巻きにするのです。

パウロの言う接木の仕方は、ふつう行われているのとは逆です。ふつうは台木は野生で強靱、接芽は作物で弱性のものです。パウロは農業のことはあまり知らないのでしょうか。

## 三　「日本の旧約」をキリスト教と結んで真先に論じたのは新渡戸稲造

それはあの名著『武士道』（一九〇〇）でです。

『武士道』第一版序に次の一文があります。

「私がほとんど共感を覚えないのは、教会のさまざまな方式や、キリスト教の教えをぼやかすいろいろの形式にであって、キリストの教えそのものにではない。新約聖書の中で〈彼〉*が教え、私たちまで伝えられている宗教を私は信じるし、また、心に記された律法**をも信じている。さらに私は、神はすべての民族や国民——異邦人であろうとユダヤ人であろうと、キリスト信徒であろうと異教徒であろうと——と『旧約』***と呼んで差支えない契約を結ばれた、と信じている。私

の宗教観のその他の部分については、読者の忍耐をわずらわす必要はない。」（佐藤訳・二九頁）

（注）＊　彼とはキリストのこと。

＊＊　心に記された律法とは、エレミヤ書三一・三三を指す。

＊＊＊「旧約」、ここの原文は、a testament which may be called "old" で、契約も旧も小文字となっていて、イスラエルの民との旧約（大文字）と異なることを明示している。

新渡戸はここで、神は日本人とも一つの旧約を結ばれた（それが武士道だ）と言っているのです。
さらに第一六章「武士道は今なお生きているのか」の終わり近くに次の文があります。

「アメリカ的またはイギリス的形式のキリスト教は――その〈創始者〉の恩恵と純粋よりもむしろアングロサクソン流の気まぐれや空想を伴っている――〈武士道〉の幹に接木するには貧弱な接芽である。新しい信仰の伝播者は、幹も、根も、枝もすっかり根こそぎにして、〈福音〉の種をその惨害をうけた荒土にまくべきであろうか。こんな思い切った方法も、可能かもしれない――ハワイでなら。そこでは戦闘的教会は、富そのものを略奪して集め、先住民種族を絶滅させるのに完全な成功を収めたと、つよく主張されている。しかしこんなやり方は、日本では全く断々乎として不可能である。――いな、それはイエスご自身地上にその王国を建てるに当たって、決して採用されなかった方法である。」（同二三六頁）

ここで新渡戸の主張しているのは、英米流（西洋流といってもよい）のキリスト教は、伝道先の文化伝統のすべて（宗教、道徳、芸術、風俗その他）を軽蔑し、根こそぎ破壊して、その荒地に自分たちの福音の種をまくのだが、武士道の伝統のある日本ではそれではだめだ。武士道の幹（台木）に接木するに価するキリスト教は、日本人に神から直接啓示された純の純なるキリストの福音でなければならぬ。新渡戸の心に浮かんでいるのは、同級生内村鑑三の無教会であることはまちがいありません。

新渡戸はクエーカー（友会徒）です。十七世紀にイギリスで始まったこの派は、一切の儀式を行わず、礼拝は静黙の内に霊感を待つもので、神・キリストを内なる光、種子、声と考え、神の恵みはキリスト以前にも全人類に注がれていたと信じ（Retroactive Grace）、実践を尊び、絶対非戦・平和主義に立つものです。内村鑑三もアメリカ留学中の若き日に、この派の影響をつよく受けました。

## 四　内村鑑三の武士道論

内村も新渡戸と同じく武士の家の生まれです。新渡戸とも同じように、武士の出であることに誇りを抱いていました。晩年、弟子と仲違いをした時に「彼は町人の出だから」と洩らしていたことを見れば、内村の自尊心は必ずしも健全とはいえないのでしょう。

内村は「武士道とキリスト教」という題で生涯に五つの文を書きました。年代順には、一九一六、一八、二三、二八、二九となります。一九二三年のは長文ですが、司法、外務、陸海軍の高等官の集まりでの話で、内村も聴衆に配慮しているところが見られるので省略しましょう。

一番古い一九一六年の一番短い文が一番重要です（信仰著作全集二三巻にあります）。

「武士道は日本国最善の産物である。しかしながら武士道そのものに日本を救うの能力《ちから》は無い。武士道の台木にキリスト教を接《つ》いだもの、そのものは世界最善の産物であって、これに、日本国のみならず全世界を救うの能力がある。今やキリスト教は欧州において滅びつつある。そして物質主義にとらわれたる米国に、これを復活するの能力が無い。ここにおいてか神は日本国に、その最善を献じて彼の聖業を助くべく求めたまいつつある。日本国の歴史に、深い世界的の意義があった。神は二千年の長きにわたり、世界目下の状態に応ぜんがために、日本国において武士道を完成したまいつつあったのである。世界はつまりキリスト教によって救わるるのである。しかも武士道の上に接木されたるキリスト教によって救わるるのである。」

（一九一六年一月『聖書之研究』）

「武士道の台木にキリスト教を接いだもの」が世界最善の産物で、これに全世界を救う力があるとまで、内村は武士道を称賛します。この文は新渡戸の『武士道』が刊行されてから十六年後の文で、新渡戸の本の影響は歴然たるものがあります。この力あるキリスト教とは、先に引いた新渡戸の文でも含意されていたように、無教会のキリスト教であることは明らかです。

次の一九一八年一月の文は、とても内村らしい興味ある表現を伴います。

「われらは人生のたいていの問題は武士道をもって解決する。正直なる事、高潔なる事、寛大なる事、約束を守る事、借金せざる事、逃げる敵を追わざる事、人の窮境におちいるを見て喜ばざる事、これらの事についてキリスト教を煩わすの必要はない。われらは祖先伝来の武士道により、これらの問題を解決して誤らないのである。されども、神の義につき、未来の審判につき、そしてこれに対する道につき、武士道は教うるところが無い。そしてこれらの重要なる問題に逢《ほう》着《ちゃく》して、われらはキリスト教に教示を仰がざるを得ないのである。キリスト信者たる事は、日本武士以下の者たることではない。まず上杉謙信たり加賀の千代たりて、しかる後に、さらにその上に信望愛の美質を加えらるることである。模範的ユダヤ人たりしヨハネやパウロが、模範的クリスチャンたるを得たのである。武士道を捨て、またはこれを軽んずる者が、キリストの善き弟子でありようはずが無い。神が日本人より特別に求めたもう者は、武士の霊魂《たましい》にキリストを宿らせまつりし者である。」

（一九一八年一月『聖書之研究』）

人生のほとんどの問題は武士道で解決できるが、神の義、審判、それに対する道については、キリスト教に教わるほかはない。しかし武士道を捨ててはキリストの善き弟子たりえない。「武士の霊魂にキリストを宿らせまつりし者」こそ、神が日本人から求めたもうものだ、というのです。これは「武士道に接木されたキリスト教」と同じものの別表現です。

その次の一九二八年十月の文は、内村の最後の札幌行きの際、独立教会で八月二十六日の聖日に行った説教で、聴衆は百五、六十人とあります。五頁にも及ぶものですから、要約してお伝えしましょう。

武士道は人の道であり不完全ではあるが、神が日本に賜りし貴き光であり、それにキリスト教に似た多くの貴き教えがある。だから日本人は初めてキリスト教に接しても強く引かれるのである。日本人も神の子である。ゆえに神は日本人にも御自身を証し、その光の一部分を示された、武士道は神のその賜物である。正直、公明正大、誠実は武士道も尊ぶところである。

しかし武士道は愛敵には至らない、敵を敬い、その正当の立場を重んじる。武士道によって私どもの行路を定めてまちがいない。そのなすところが武士道以下のキリスト信者が少なくないゆえ、キリスト信者にも武士道を鼓吹する必要を感じる、というのです。

最後の文は一九二九年七月のもので、慶応・明治の維新も、その前のすべての改革も、武士道によって成った、キリストの福音が予想以上に早く根をすえたのは、武士が伝道に当たったからである、熊本バンド、横浜バンド、札幌バンドの多数は武士の子弟であり、彼らは武士の魂をキリストにささげて日本の教化を誓ったのである。と武士の伝道上の寄与を高く評価しています。

内村鑑三が新渡戸の『武士道』を読んだことは確かで、言葉づかい自体も思想も酷似しています。内村は何事をも一〇〇％断定する癖がありますが、武士道を一つの日本の旧約と考えていたことは確かです。

## 五　晩年の内村の信仰

内村の日記ははじめから公開を考えて書かれた短文で、晩年の内村は健康を損ねたこともあって、この日記で、与えられた独創的思想や信仰の飛躍を、簡潔に、示唆に富む言葉づかいで書き遺しているのです。

一九二九年一〇月二日の日記（内村の死の半年前）は教文館版でわずか一〇行のものだが、とても重要な内容を含んでいます。

内村は「全人類教会主義こそ無教会主義の積極的半面である。」「選民と非選民、信者と不信者を区別するのが間違いではあるまいか。」「全人類を教会と見て、キリストをその首長として仰ぐならば、自分もその会員になることを辞さない」と記しています。

これは内村の無教会が天地創造の神の御心と同じく広いものであり、セクトや教義に縛られた閉鎖的なものではないことを、明らかに示すものです。クエーカーが、キリスト以前の人類すべての心の中にも、内なる光は差しこんでいたというのと、相通じる考えです。

次に、同一〇月二四日（死の五か月前）の日記では、「無教会はこの世において実行不可能主義である。実行可能なれば直ちに教会となりて実現する。」キリストの教えもまたしかりである。「無教会はキリストの再臨を待ってその実行を見る主義である。それまでは部分的実現をもって満足する。」「無教会は理想である。ゆえにこの世において成功を期待する小人と俗人とは、これをいだくべからずである」とのべています。

実行できないものを努力して試みるのは愚の骨頂ではないか、との問いが直ちに呈せられましょう。しかし内村の考えでは、真の教会は終末に至るまでこの地上に実現することはない、その実現を阻んでいるものは人間の罪である、罪人たる人間が主の憐れみを受けて、不可能事を不可能と承知の上で、主の示しに従い実行しようと努力するところに、再臨待望の希望があるのだ、というにあります。

これを喩えてみれば、無教会は神の実験工場です。終わりの日に完成した姿で立ち現れる神の教会（神の国）を、不完全極まる破れの姿であっても、この世で実現しようと努力するところに、尊いものがあるといえましょう。実験工場で、失敗に失敗を重ねながらも、主の指し示されるがままに試験しつづけて止まぬところに、神の憐れみはまし加わり、やがて成る本格工場の栄光の姿も遠望できるのです。

もう一つ、これが遺稿としてのこされ、『聖書之研究』の最終号（一九三〇年四月号）に発表された、一九二九年一一月三〇日稿（死の四か月前）とある「預言研究の必要」という、教文館版『聖書注解全集』第六巻七―九頁の、わずか二頁半の文章です。

内村がどうして生前これを発表しなかったのかは不明ですが、この文章の前半に展開される「聖書は三書である」という主張は、ルーテル、カルヴァン以来のプロテスタントの聖書理解とは大きく異なり、論争が起こることを、病気重る状況をも考慮して避けたのでもあろうかと思われます。ただ内村自身としては、アメリカ留学中の若い日以来、ずっと心の内に蔵し、これほど明確ではなくともいろんな言葉で表明してきた考えなのでした。

この文章で内村は言います――信仰は内にしてまた外である。もし内に限れば神秘化して夢のごとく消え易い。外に限れば浅薄となりこの世の勢力に化してしまう。信仰は二本足に立つべきである。外は歴史と天然をふまえ、内は確信と道義に基づくべきである。

霊は必ず物をもって現れる。純信仰と称して宇宙人生より離れたる信仰はありうるはずがない。外は天然と歴史――いいかえれば天地万物と日々の出来事となって現れる。ただ信ぜよと言って信仰のみをもって迫ったりしない。クリスチャンの信仰は信仰のみの信仰ではない。大宇宙・大世界を参考として立つ信仰である。

歴史はすべて神の御心の現れである。つまり歴史は預言の実現である。

かくのごとくにして、聖書は一書でない、三書である、聖書と天然と歴史である。内村はこう言い遺して世を去ったのでした。

アメリカ留学中、あの「我は日本の為（I for Japan）……」を書き留めた、英文聖書の見返しの向かいの頁に、英文で書いた文に

「真理の証人は三つである、すなわち

自然、人、と聖書である。

この三つの一つについて真実な考えを得るには、必ず他の二つについて正しい理解をもたねばならぬ。この三つは、唯一つの永遠の知識の三位一体であり、唯一の神の三様の顕示である。

一八八五年四月十八日
アメリカ合衆国ペンシルバニア州
エルウィンにて」

とあるのと思い合わせられたい。内村の信仰が、まだ一冊の本も一篇の文も書かぬ前から、「聖書は三書である」という、広大深遠な独創的洞察に養われていたことがわかります。

## 六　結び

はじめに根本前提としてあげた三つをふりかえって下さい。それが内村のこの「聖書は三書」という遺稿の考えと一つであることが知られましょう。

神は全宇宙の創造主として、宇宙全体に責任をもっておられ、それゆえ特に神に似せて創られた人間の救済者であられ、またその人間の織り成す歴史を統括しておられる主宰者でもあられるのです。

神の似姿とは全人類を指します。とすれば神は全人類を救おうとされる方であり、その恵みと導きに洩れる民族はあるはずがありません。異邦人もユダヤ人もともに救われる神だからです。日本も日本民族も神の救いの器であり、神は救いの準備を施しておられると考えて誤りありません。

日本の旧約、旧約の日本という考えは、この前提に基づきます。新渡戸のいう「旧約と呼んで差支えない契約」は武士道として日本に与えられ、藤井武のいう「光明以前の光明」として、この民を導いてきたのでした。

イスラエルに与えられた旧約は律法の義と信より成るとすれば、日本の旧約で義は武士道が代表して示し、信の備えをしたのは鎌倉仏教とりわけ浄土信仰です。源信（九四二―一〇一七）の『往生要集』に示された「浄土の幻影」、法然（一一三三―一二一二）の唱導した「専修念仏」、親鸞（一一七三―一二六二）の絶対他力の「本願回向」の信仰は、まさに藤井武のいうように、「何を信ずるかは別問題として、如何に信ずるかの一点においては、アウガスチン、ルーテルの信仰といへども、之より優るるものではない。」と信じることができます。

日本の旧約を信じるとき、私たちは、パウロが接木の理でのべたところを布衍し拡充して、すべての民族の救いの備えに及ぼすことができます。それは、キリスト教の新たなる展開、全人類を包括する終末論的教会観の顕示へと、私たちを導くでありましょう。

「旧約と呼んで差支えない契約」(an old testament) を否定するとき、私たちは、真理独占という不純な信仰に屈従することとなり、偏狭な教会観に陥ることになりましょう。

キリストの福音はこの世では実行不可能主義であるが、召しに応じ、不可能を可能に変える主を信じ、地に在る生涯を雄々しく、勇ましく、大能の主にすがり、福音完成のその日を待ち望みつつ、許された日々を歩みつづけたく思います。皆様と祈りを合わせつつ。

# 12　記念するには所をえらぶ

本稿は、二〇一四年九月七日、奈良県立かつらぎの森で行われた一泊研修会二日目、聖日の礼拝で話したものです。聖書はマタイ福音書一八章一〇節「これらの小さな者を一人でも軽んじないように気をつけなさい。言っておくが、彼らの天使たちは、天でいつも天の父の御顔を仰いでいるのである」をよみ、讃美歌は四六七番、八七番Bを歌いました。

## 一　開校

札幌、当時人口三〇〇〇―四〇〇〇人の小さな町の場末に、遠友夜学校が開かれたのは一八九四年一月のことです。札幌市南四条東四丁目の一画の地に、独立教会が日曜学校を開いていた校舎と周辺地面を買いとって、新渡戸稲造が開き、札幌農学校の同僚教員や学生の無料奉仕により、夜学校を開いたのです。

新渡戸稲造は一八九一年一月一日、フィラデルフィアで結婚し、札幌農学校へ赴任し、翌九二年一月一九日一子遠益《とおます》を与えられましたが、八日後の一月二十七日に死去、メリーの産後の肥立もよくなく、伴って太平洋を渡りフィラデルフィアの実家に託し、独り帰国して九月からの新学年に入りました。メリーは九四年春に札幌に帰ってきます。

この間、メリー誕生時、養護施設で養われていた若い女性がエルキントン家にドライ・ナース（お乳は与えない乳母、子守り専用）として引き取られ、メリーのあと引き続いて四人の弟たちの面倒をも引き受け、ついに結婚せずエルキントン家で生涯を終えました。

この乳母がメリーの実家滞在中に亡くなり、給与や手編みのクエーカー用黒帽子代金などで貯えたお金の一部を、メリーにあげることにしました。一〇〇〇ドル（二〇〇〇円）です。メリーは日本にいる稲造と「このお金は私用に費やしてはいけない、あなたから聞いた小学校へも通えず工場で働いている、子供たちの為の夜学校を、このお金で実現しましょう」と主張し、稲造は札幌の町の端の貧民街近くに適当な土地建物を見つけ、買い取り、メリー夫人の帰国前に出発させたのでした。

この夜学校のことは、稲造が一八八五年十一月十三日宮部金吾に宛てた手紙（英文）の中で、札幌農学校を卒業して働いていた時（一八八三年、二十一歳）考えたと告げています。（全集二二巻二二五頁）

稲造は札幌学院アカデミーは三種の人々を含むとしています。（一）老人や成人――歴史、経済、農学、科学を教える。（二）大学入試準備・予備校――これはのち北海道炭鉱会社の堀基が作り、稲造が校長となり北鳴学校として実現したが、公立もその後出来たので閉校した。（三）小学校へもゆけず働く貧しい子供たち――国語、英語、算術。女子部も作り、ここでは刺繍、裁縫、編み物、英語、国語を教える。「こうした仕事は神の栄光を世に輝かしめるための大いなる一助ともなるのではあるまいか。」

「ここで書物を買うのにさえ、必ずこの目的を心にかけています。」

こうして発足した夜学校は、当初週二回の勉強だったが、のち毎晩となり、当初は校名もなく、「日曜学校」「救貧学校」「豊平学校」とか呼ばれていたが、明治二九（一八九六）年遠益の四年忌に当たり、「遠友夜学校」と定めました。これは「論語」冒頭の「朋《とも》アリ遠方ヨリ来ル、亦楽シカラズヤ」をふまえ、亡き子の名をふまえたものです。

新渡戸自身日曜日には修身を教え、のち上級生のリンコルン会もできました。新渡戸はその後一八九八年には病気の為札幌を離れますが、ずっと宮部金吾に多額の金を送り、夜学校に尽くし、死ぬまで校長の職を離れませんでした。

昭和のかかりには建て替えで不要となった市内の小学校木造校舎を貰い移築して、敷地一七二〇平方メートル、建坪六一七平方メートルの立派な校舎となりました。在校生も男女共学で二〇〇余名、卒業生は一〇〇〇名余、教師経験者は六〇〇人をこえました。出欠・入退学自由、無償の、ただ学びたいがゆえに学ぶ子供たちの集いでした。

一九三三年十月十六日の稲造の死後は、メリーが校長となり、三八年九月二十三日メリーの死後は、宮部の弟子で北大教授の半沢洵《じゅん》が理事長・校長となり奉仕しました。

## 二　廃校

この美わしい心の触れ合う夜学校も戦争で廃校に追いこまれるのです。

一九四一（昭和一六）年十二月八日、太平洋戦争が起こり、三七年七月からの日中戦争と合わせ、日本は無謀な戦いに国力を傾けてゆきました。

一九四三年から、遠友夜学校にも軍事教練実施をその筋が強く要求しましたが、夜学校は文部省の下に立つ学校法人でなく、小学生・高等小学生に中学校・女学校年齢の男女青年、さらに年上の者も通う財団法人でしたから、返答もせず放置しましたが、再三要求が重なり、教練をしなければ学校の継続は認めないとの強談判となり、遠友夜学校は理事会で討議した結果、昭和十八年度末で廃校することに決めました。一八九四年一月の開校以来五十年のことでした。

五十年も多くの青年男女が喜んで通い、通学者数は五〇〇〇人を超えるとみられるこの夜学校を閉じるには、それだけの重い理由があったのです。

(一)この学校はアメリカで孤児となった少女がエルキントン家で一生働いて貯めたお金を、死に臨んで、自分が抱いて育てたメリーさんに遺贈したお金で出来た学校です。そこでアメリカ兵と戦う練習をさせることは絶対できません。(二)この学校は昼精一杯働いたうえ少しでも勉強しようという、貧しい小学生・高等小学生たちの学校で、昼の労働の上軍事訓練はさせられない。

(三)軍事教練はクエーカーの不戦平和の祈りに背く。(四)この学校の理事長は新渡戸稲造からメリー夫人、そしてその亡きあとは教え子の半沢洵《じゅん》が継承している。三人とも聖書にてらして戦争には反対である。

こうして遠友夜学校の門は閉ざされたのでした。そして一年五か月後に日本は敗戦を迎え、あらゆる軍隊をもたない平和国家となるのです。

財団法人・三愛教育振興会の三愛講座にいつも出席され、私も知己となった少し年上の女性に、北海道えりも町にお住まいの藤田ナツ子という方がおられます。この方は「愛農高校後援会だより」をいつも読まれては、私の「あいのう随想」に感想をお便り下さるのです。私はそれにとても励まされています。

今年七月に出た「たより」七一号（「あいのう随想」三七）の読後感をお便り下さいました。——「新渡戸メリーが乳母から送られた大金を私用に供してはならないと考え夜学校を作ったということを学びました。昭和十九年軍事教練が強制されたとき、理事会は廃校を決断した。この二点を学ぶことができました。私はこの点で日本キリスト教団が戦争に加担したことを証明されたと思いました。私はミッションスクールの出身（明治学院大の夜間部卒業）です。軍事教練を受け容れて明治学院はじめ他の大学は存続ができたといわれています。遠友夜学校の理事会アッパレである、万歳と申し上げたいです。……」

全国の中学校で軍事教練が施行され、各校に現役の配属将校が派遣され、その指揮下、週三時間の教練が行われ、教官が生徒を殴ることが行われたのは、第一次大戦後一九二一―二二年にアメリカで開かれたワシントン会議で、陸海軍軍縮が決定され、造りかけの軍艦も魚雷で沈め、師団数も大幅削減されたのがきっかけです。一九二五年の法令で中学校以上に配属将校を置き、その下に数名の元職業軍人が教員として敗戦までいたのです。

帝大では教練は選択でしたが、とっておくと兵役に入ったとき有利だというので、受ける人も増加していたのです。

遠友は本来各種学校並みですから、ずっと教練は免れていて当然だったのですが、戦況不利ゆえ無理強いを求めるに至ったのでした。

これはまさに、名誉ある廃校でした。

## 三　土地建物を札幌市に寄附、財団は解散

敗戦後は軍事費に代わって教育に力が注がれ、義務教育は中学校三年まで延長され、貧しいのはほとんどの国民の共通のこととて恥ずかしくもなく、良い時代となりました。教練が廃止されたことは言うまでもありません。

理事長を永く引き受けた半沢洵（一八七九―一九七二）も八十三歳の老齢になり、一九六二年には遠友夜学校の土地建物を札幌市に寄附し、財団は解散すべく、市との間に「寄附申立書」を交わしました。（一九六二年三月三一日）

それには利用計画の内容として、（一）青少年の情操教育・生活指導・グループ活動を目的とした施設を設ける。（二）保護に欠ける児童の保育所設置。（三）空き地は児童の遊び場を設ける。（四）新渡戸先生並びに遠友夜学校関係の業績を記念顕彰する施設・設備を、市と財団とで協力して設置する。

この（四）が一番大切です。ただしこの公文書（タイプ打ち）の新渡戸が新稲戸と誤り打たれているのをみても、戦中以後新渡戸は札幌でもすっかり忘れられていたことが判ります。

それでも、市立勤労青少年ホームが夜学校の校舎を利用して設置され、夜学校の記念室も作られて、

稲造が最後の訪問の時書いた額「学問より実行」「去華就実」「With malice toward none, With charity for all.」の三幅が飾られ、「山川の底のさざれの数ふべくみゆるは水のすめばなりけり」の軸も掛けられ、生徒の多くの生徒会誌、有島武郎作詞の校歌も掲げられ、木机も記念品を飾るガラス張りで、落ちついた、往事を彷彿させるものでした。私も二度ゆっくり見学に訪れました。

## 四　ホーム解体、跡地は公園、記念品は北大博物館へ移す計画。記念館設置のための法人でき、活動始まる。

雪深い札幌のこと、木造の青少年ホームは耐用年数を越え、解体され、跡地全体は公園とされました。市は一九六二年の約束を忘れたのか、二四〇点にのぼる遠友夜学校の記念品（新渡戸の額、条幅を含む）を市の資料館に移した上で、北大博物館に寄贈したいと二〇一二年に申し入れたが断られました。

北大博物館は元理学部の建物で、一階入って左側には札幌農学校一期生二期生のなか名をなした人々、佐藤昌介、内村鑑三、新渡戸稲造、宮部金吾その他がかなりのスペースで展示され、新渡戸の所にはその多彩な履歴のほか、廊下をはさんで遠友夜学校の記念品も少し飾られています。市はこれに見込みありと見たのでしょう。しかしさらに、展示品を増やす空間はありません。断ったのは至当です。

しかし市は翌年更に申し入れを繰り返し、北大もこんどは承諾しました。その間、市の意嚮が市民にも知られ、さきの一九六二年の約束に反するとの声も挙がり、二〇一二年十二月に「新渡戸稲造と札幌遠友夜学校を考える会」が一般社団法人として市民有志で組織され、市及び北大とも話し合いをする一方、二〇一五年には跡地に記念館をつくる計画をたて、その基本設計を世界中から公募、アメリカ、オーストラリアからも含め五十点の応募を得、審査の結果、ハーバード大学出のアメリカ女性建築家の設計が一位当選しました。

地下一階地上二階、木造風の三角屋根で雪もよく滑り、公園の植え込み、美しいベンチ、跡地全体を簡潔に設計全体に組み入れた的確な設計です。

元は札幌の町外れの貧しい人々の住居地域も、今は人口二〇〇万の大都市のマンションや高層住宅の建つ地、そこに、清楚な記念館が二年後には開かれるでしょう。

すでに開始された募金が順調に運び記念館が完成するのを遠友夜学校のOB・OGと共に祝いたいと祈ります。

（補遺）

この話を札幌で「新渡戸稲造と札幌遠友夜学校を考える会」（一般社団法人）の主催で行ったときには、時間の余裕もあり、さらに、

五　記念の諸形式

六　結び

を付け加えて話しました。これをここに付記して、記念するには所を選ぶことがどんなに大切か

を、心に刻みたく思います。

## 五　記念の諸形式

### （一）大阪府立夕陽丘高等女学校の跡地

大阪府立の旧制女学校は、旧いのから順に大阪市内では北からかぞえて、大手前女学校、清水谷女学校、夕陽丘女学校とあります。大手前はその名のとおり大阪城の大手門の西にあり、大阪府庁の北に当たり、清水谷は大阪城の南一・四キロの清水谷町にあります。

しかし、夕陽丘高等学校は夕陽丘に今ありません。今は元あった所から東方一キロの所の北山町にあります。ですから元の校舎跡には校舎は一棟もなく、上町台地から松屋町筋へ西へと下る石畳の坂の中程の南側に、校歌の一節にあると思しき、「露もにほふ夕陽丘」の一句が石に刻まれて立てられています。達筆の行書で、麗しく。

### （二）東大寺博物館（二〇一二年）とあべのハルカス（二〇一四年四月、近鉄系）、記念に「東大寺展」を開く。

奈良の東大寺では、大仏殿・中門からまっすぐ南へ延びる道の、南大門をすぎた右側に、二〇一二年東大寺博物館が新たに建てられ、東大寺所蔵の国宝・重要文化財の仏像――たとえば有名な水盤中心に誕生釈迦仏が、右腕を上げ左手は地を指して、「天上天下唯我独尊」と叫んだ姿を四七・五センチの金銅像に鋳たもの――などが展示されています。

これに二年おくれて、阿倍野の近鉄百貨店が五十数階の三百メートル余、日本一の高層に建てかえられ、その開店記念に、「東大寺展」が催されました。大阪から東大寺へ行くには、上本町六丁目(またはなんば)から近鉄電車でゆくのが一番です。ハルカスの下からの近鉄線では、吉野か橿原神宮へは行けても、奈良へは行けません。

### (三) 御物・法隆寺四十八体仏

明治のはじめ、廃仏毀釈の嵐が日本中を吹き荒れたとき、法隆寺もとても衰微しました。そこで、寺は飛鳥・白鳳・天平の古い仏像、それもむしろ小型の仏像四十八体を、一八七八年(明治一一)に皇室へ献上し、一万円を下賜され、急場をしのぐことができたのでした。これらの古仏はみなとても秀れた出来栄えのもので、一体二百円とは何と安い献上仏だったかと、あきれます。(もっとも当時巡査の初任給は五円でしたが。)時折展覧会に出品されることはあっても、今も御物として、宮域内に保存されているのです。

### (四) ギリシア・アテネのパルテノン神殿の軒飾りの女神像

アテネ市のアクロポリス上にある、市の守護神アテナを祀る神殿には、その軒飾りとして、女神の群像が数多く刻まれていました。

これは、ペリクレス時代（四九〇ＢＣ？―四二九ＢＣ）に彫刻家フェイディアスの指揮のもとに建造された神殿で、大理石造りでギリシア建築の最高傑作でした。

この軒を飾った多くの女神像は、イギリスがフランス、ロシアと組んでトルコ・エジプト海軍を破り一八二九年にギリシアの独立を達成したとき、英本国に持ち帰られたものです。今も返されず、ギリシアにあるのは模刻品です。

## （五）　法隆寺若草伽藍五重塔心礎

法隆寺はもとは斑鳩《いかるが》寺と呼び、聖徳太子が自身の住居とした斑鳩宮の西に隣接して建立された寺です。推古十四、十五年（六〇六、七）に建立されたと考えられ、蘇我馬子が五八八年に発願して五九六年に竣工した飛鳥寺についで旧いとされます。

この寺は、天智九年（六七〇）に消失したと『日本書紀』は記しています。しかし、天平十九年（七四七）の『法隆寺伽藍縁起并流記資財帳』には、全く火災記事はなく、金堂内に安置する釈迦三尊や薬師三尊には推古朝に造立したとの銘があります。金堂や五重塔の様式も天平時代よりずっと古めかしくあります。そこで、現在の西院伽藍は太子建立のままとする説と、天智火災後の再建とする説とが対立し、長年論争がつづいたのでした。

しかし、若草伽藍の東南隅に残っていた心礎が、明治以後大富豪の庭に石塔の礎石として移されていたことが判明し、返却されて、周辺が発掘され、塔と金堂が南北に並ぶ飛鳥時代初期の配置をもち、出土瓦も金堂のものは飛鳥寺の范型を彫り直して造っていることがわかり、ここ若草伽藍こそが創建法隆寺であることがわかってきました。しかも、金堂と塔の南北線は、今の西院のそれとはずれていることも判明したのです。

これで再建と決定したのですが、他にもまだまだ疑問点はいくつも残っているのです。

## (六)　興福寺国宝館建設（二〇一二年）、伽藍整備すすむ

春日神社とともに藤原氏の氏寺で、奈良時代以降盛観を誇った興福寺も、東大寺とともに平家の焼き討ちにあい、一宇も留めぬ惨状となりました。

国の総国分寺たる東大寺は、平家滅亡後直ちに源氏の庇護もうけ、全国に勧進が行われ、大仏と大仏殿はじめ、南大門その他もととのえられ、華々しい落慶供養が行われました。

しかし興福寺は、元来東西中の三つの金堂を有し、平安時代には大和国を領するほどとなり、鎌倉・室町時代にも幕府は大和国に守護をおかず、興福寺がその任に当たることとなりました。けれども天災により堂宇の消失が相つぎ、現存堂塔の最も旧いものは、三重塔（平安末一一四三年）、東金堂（室町初一四一五年）、五重塔（同一四二六年）です。永らく小さな中金堂がありましたが、これは、江戸末期の一八一九年、篤志家の寄進によるもので、それすら、明治に入ると一時警察署に利用されていました。

堂宇以外の土地は皆奈良公園に取り上げられ、五重塔も明治初年には五百円で風呂屋が落札し、あわや解体ということになりましたが、解体費用がさらに五十円いるというので見合わされ、今も猿沢

池にその麗姿をうつしているのです。

目下中金堂の再建が最終段階に移っています。そして、中金堂の北に講堂の再建も計画され、つづいて中門・南大門も計画中とききます。今の仮金堂は、薬師寺の講堂を移築したもので、これらすべてが整うのには、まだ三、四十年はかかりましょう。

以上六点の記念形式を省みてきました。言えることは、記念するには、あくまでその記念すべきものが本来在った場所で行うべきだということです。宗教施設ではそのように運ばれることが多いのですが、それ以外となるとなかなか費用の点もあり、簡便に扱ってしまう役所が多いのは情けないことです。

## 六　結び

以上をまとめて結ぼうと思います。

（一）遠友夜学校は記念に値する教育遺産です。四年制の小学校にも通学できず、工場で幼い体にむち打って働いた子供労働者の魂の宿る地です。この地を記念することは、子供の好学心を尊ぶこと、すべての子供たちの就学を保障することです。札幌の誇るべき記念遺産となるでしょう。

（二）遠友夜学校は、新渡戸稲造が、メリー夫人を赤ん坊の時から抱いて育てたドライ・ナースが晩年、夫人に贈ったお金全額を投じて建てた学校です。そこにはその婦人の魂、そして新渡戸稲造夫妻の魂がこもっています。

（三）遠友夜学校は、日本の制度教育に見放された子供たちに、五十年間も自主的教育を、無料奉仕の精神で行った所です。札幌農学校、ついでは北海道大学の学生たちが奉仕を引きうけました。これは日本独一無二の学校です。五十年つづいて戦争の影響で廃校とし、さらに五十年たって、北海道大学は忘れることなく百年記念会を開きました。

そして今、元からあったその場所に、記念館を造ろうという計画が具体化しているのです。本当に素晴らしいことです。

（四）「学問より実行」と新渡戸稲造の筆により書かれています。善の実行、愛の実践、人格の貴さが、この学校では何よりも尊重されていました。

この学校は、新渡戸稲造の志と、メリー夫人の愛と、一〇〇〇人の卒業生と五〇〇〇人の通学生の学ぶ心と、教員として奉仕した札幌農学校・北海道大学の生徒・教員六〇〇人の愛の宿る所です。そこに生えている草の一本一本にも、その愛はこもっているのです。その草の葉末を照らす日射しの一閃一閃が、その愛を反射しているのです。月夜に記念館の屋根を静かに照らす光が、教育の本質がここにあることを示してくれるのです。

だからこそ、記念するには、どうあっても所を選ばねばならないのです。

# Ⅳ

# 13 「武士道」はいま

## 新渡戸稲造生誕一五〇年

一

今年は、旧南部藩の盛岡に新渡戸稲造が生まれてから一五〇年、来年は没後八〇年になる。今、世界で新渡戸を直接知っている人はほんのわずかになった。

晩年、新渡戸は家族や国内外の親しい人々に時折「私が死んで二〇年たったとき、私を理解し覚えていてくれる人がたった一人おれば満足だねえ」と言っていたという。また弟子たちには「死後一〇年、自分の著述を読む人があったなら、その人に土の下から深い感謝を述べたい。恐らく死後三年を永らえる著述は自分にはあるまいと日ごろ思っている」とも語っていた。

家族が「まさか！　たった二〇年！　たった一人！」と驚くと、「人間はそんなものだよ」と答えたという。真の武士は自己宣伝はしない、それを物語るエピソードである。

新渡戸がその創立に協力した国際連盟は、第二次大戦末期に国際連合に改組された。平和な世界の理想からはいまだ遠いものの、人類が長い争いの歴史を経てようやく持ち得た貴重な機関である。

私自身が新渡戸に関心を持つようになったのは、新渡戸の弟子で東京帝大の植民地政策講座を引き継いだ矢内原忠雄の次の言葉がきっかけだった。

矢内原は「内村鑑三先生からは神を、新渡戸先生からは人を学んだ」と述べていた。当時は昭和四〇年代。内村のことを話す者は日本中に大勢いたが、新渡戸はすっかり忘れられていた。そこで私は新渡戸も研究し、大阪の女性教養講座で取り上げることとした。

新渡戸が一九〇〇年に英文で出した『武士道』はその生存中、既に二〇か国を超える言語で読まれる名著となっていた。今では五〇か国語を超える。日本人の書いた本の中で、最も多くの言語に訳されているのは『武士道』である。

新渡戸は一八八三年、二二歳で東京大学に編入学するとき、試問官に英文学を学ぶ目的を問われ、「太平洋の橋になりたい」と答えた。この本は、生前に新渡戸が良しとしていた三年はおろか、一〇〇年、二〇〇年と人類の古典の一つとして読み継がれるであろう。

「三つ子の魂百まで」という言葉がある。子供たちの心の在り方は、生まれてから三つまでの間にほぼ決まると昔から言われる。

新渡戸は八人きょうだいの末っ子で、母勢喜の数えで四〇歳のときの子である。南部藩の江戸留守居役だった父十次郎は藩用で留守がちだったので、母が家をしっかり守り、郎党の世話を見て、子供たちの教育に心を配った。新渡戸はその母の愛を存分に受けて育った。この点がとても大切で、女性の人格尊重につながる、その後の新渡戸の生き方に深く影響していく。

のである。

# 二

新渡戸稲造は兄二人、姉五人で、母勢喜が四〇歳のときの末っ子、年進んでの末っ子はかわいいも

姉が里帰りし、母が姉の子に添い寝していると、六歳だった新渡戸は母を取られまいと赤ん坊の首の下から手を伸ばし、母の乳をまさぐって叱られるという甘えん坊であった。

しかし晩年、愛媛県の宇和島中学で行った講演で新渡戸は「父の死後母から武士道を教わった」と述べている。

父十次郎は江戸詰めや十和田開拓で留守がちで、一八六七年、蟄居中に四八歳で死んだので、母の薫陶の方がずっと大きかったのである。

九つで叔父太田時敏の養子となり、東京から札幌農学校へと遊学し、足かけ一〇年、母の膝元を離れていた新渡戸に、母は手紙を与えて励ました。

「しっかり勉強なさい、しかし無理をして体を壊さないように」「髪が白くなった母も我慢するのですから、そなたも里心を出してはなりません」「学問に励み、仰ぎ置く日本はおろか、世界にも名を挙げるように」と諭していた。

東京から北海道へ行くときも、まだ鉄道は無いので（東北本線開通は一八九一年）船で北上した。はるか西方の北上の山々を望みながら、新渡戸は「あの山の向こうには懐かしい母や姉がおられるの

だ」と、甲板に立ち尽くしたのだった。

農学校卒業を翌年に控えた一八八〇年七月、翌年七月の卒業後はすぐ開拓使に勤めるので、最後の夏休みに母に会おうと、函館から船で青森へ、そして馬や徒歩であちこち見物しつつ家へ帰り着くと、母の葬儀の翌日だった。新渡戸は気絶したのであった。

農学校に打ったウナ電（＝至急電報）は行き違いになり、連絡もつかず、見物に時をつぶして母の死に目に会えなかった自分を、新渡戸は生涯許すことができなかった。

姉に話を聞き、母は一〇年間待ち続けた稲造の名を何度も何度も呼びながら事切れたことを知った。また一〇年前、養子に出る旅立ちの際は涙一滴見せず稲造と三つ上の道郎を見送った母は、わが子を乗せた駕籠《かご》が見えなくなると家へ駆け込み、押し入れに頭を入れて泣き伏したという。優しくけなげな、武士の妻である母を稲造は誇りとしていた。晩年でも「自分は母が望んでおられた程偉くはなれなかった」と著書『編集余録』の中に書いている。

母の祥月命日には、国内外のどこにいても、新渡戸は一室にこもり、床の間に母の写真を立て、香華を供え、母の手紙の巻物をひもといて、終日母のぬくもりに浸ったのだった。

新渡戸の思いやり深い性格、弱い者や小さい者、貧しい者への愛と正義感は、母勢喜によって育まれたのだった。

白頭をいただきつつ母を敬いしのぶ人は幸いなるかな！　名著『武士道』の底には、母勢喜の魂が脈々と流れていることを忘れてはならない。

# 三

新渡戸稲造は『武士道』を三七歳のときに書いた。しかも一三年間も心に温めたのちだった。その「第一版序文」にあるように、一八八七年、ドイツのボン大学留学中のクリスマス休暇、かねて尊敬するベルギーの法学者ド・ラヴレー教授を自宅に訪ね、二日泊めてもらい二人で散歩していたときのことだった。

教授が「日本の学校には宗教教育はないのですか」と尋ねられ、「ありません」と答えると、教授は驚いて立ち止まり「宗教なしとは！　道徳教育はどうして行われるのですか」。新渡戸は即答できなかった。

新渡戸はこの問いを一三年間温めているうちに、自分の道徳観念は学校で教わったものでなく、武士道によりおのずから鼓吹されたと気付いた。米国人のメリー・エルキントンと結婚し「日本ではなぜこういう考え方や習慣があるのですか」としばしば質問され、それに答えるために、病気療養で滞米中、筆を執ったのである。

『武士道』は江戸時代の武士の道徳思想の研究書ではない。それから一一〇年後の今も未来を指し示している。

その示すところは、大きく次の三つである。①人類の諸民族の伝統文化の中にはそれぞれの精神的価値があること、多くの民族・国家は互いにその存在と価値を認め合いつつ共存しなければ人類の未来はないこと。②諸民族の文化は表面上どんなに違っていても、その魂の底の底では相通じるものがあり、それが平和の礎であること。③日本の心は形こそ変わり、表現こそ違っても、その本質は決して失われはしないこと。

まとめて言えば、日本人の自己認識、異文化との相互理解と東西融和の基礎を示し、キリストの心の新しい発見へといざなう書である。

しかし封建制は消え、武士は姿を没した。新渡戸は、今こそ民衆が自覚し責任感を培い、社会の方向を決めてゆくことを望んだ。

武士道の徳は民衆の中に浸透し、民衆の道徳となる。それは上下関係に基づく階級道徳ではなく、人格平等に基づく道徳である。新渡戸はこれを「正直」、「親切」、「思いやり」の三つで表した。この三つは時と国境を越えて全人類の相互信頼と平和の基礎である。

想定外（?）の大災害は、今日本がこの三つの民衆の徳に徹することが必須であることを示した。それは頭のこと、金のことではなく、魂の在り方、心の持ち方の問題である。今新渡戸稲造は、日本国民の精神的再生を心から願っていると信じる。

## 四

新渡戸稲造の悲願である世界平和を最もよく示す言葉は、『編集余録』に収められた「夢と夢見る人」である（本稿の終わりに引用）。

第一次世界大戦（一九一四―一八年）で戦車、飛行機、毒ガスなどの新兵器により二九七〇万人の死傷者を出し、二度と戦争をしてはならぬと悟った各国は、そのための機関として国際連盟を設立した。

アメリカ合衆国は加盟せず、欧州以外では日、豪、中、泰に中南米諸国、加、南アの総計四二か国と、今の国際連合の五分の一だった。

現国連には二〇人以上の事務次長がいるが、当初連盟では次長はただ二人だった。大戦後の欧州視察で、新渡戸が一九一九年にパリを訪れたとき、日本代表団は割り当てられた事務次長の人選をしていた。代表団は新渡戸に懇請し応諾を得、新渡戸はそのままロンドンにとどまる。

新渡戸が国際連盟の事務次長兼国際部部長として果たした仕事は次の五つである。

## ①　オーランド諸島問題の裁定

バルト海の奥、フィンランドとスウェーデンの間にある六五〇〇の小島群（人口約二万五千人）の諸島は、戦前はロシア領、戦後はフィンランドが独立し領有を主張した。しかしロシア以前の領有国スウェーデンも領有を主張し、問題は一九二〇年に連盟に持ち込まれた。新渡戸はこの諸島をフィンランドの自治領とし、議会と政府をもち、非武装で住民は兵役免除、港は関税なし、スウェーデン語を公用語とする裁定を下した。以後九一年、今では海運と観光で栄え、住民は裁定を徳としている。

② 知的協力委員会で奔走

委員長にフランスの哲学者ベルクソン、委員にはアインシュタイン、キュリー夫人ら一二人を迎え、国際理解、著作権、大学、著書目録を扱い、担当者として奔走した。

③ スポークスマン

国際連盟が各国へ代表を送り連盟を宣伝するに当たり、総長の英人ドラモンドは、いつも新渡戸を派遣した。ユーモアあふれ説得力があったからである。

新渡戸は関東大震災の翌年一九二四年一二月から翌年二月まで、クリスマスと正月を挟み日本へ帰り、七八日間に八三回にわたり、摂政から女学校の一年生まで計五万一千人に対し、連盟の事を語った。

④ 児童権利ジュネーブ宣言

一九二四年に児童の発達保護、救済、搾取禁止の宣言を行った。日本国は無視したが。

⑤ 訪客応接

各国からの訪問者は決まって新渡戸の執務室を訪ねた。日本から取り寄せた美術工芸品が清らかに飾られ、いつも静穏の気が満ちていた。

一九二〇年ごろに連盟公務員七〇〇人にジュネーブで最も人気ある人物のアンケートを求めたとき、

全員が「ニトベ」をナンバーワンに挙げ、高く評価した。新渡戸はまさに「連盟の星」であった。

## 夢と夢見る人

「全人類が兄弟となり、戦争が人類を引き裂かず、戦争の噂が女性の心を脅かすこともない未来を私は夢見る。偉大な夢想家の夢で無駄な夢はない。偉大な夢でそれを形にする実際的天才が見つからなかったものはない。」

（新渡戸稲造『編集余録』一九三三年五月七日から）

# 14 「関西合同聖書集会」会報・巻頭言

関西合同聖書集会会報・第七号
一九八八年六月二六日発行

## キリスト者は少数である

狭い門からはいれ、滅びにいたる門は大きく、その道は広い。そして、そこから入って行く者が多い。命にいたる門は狭く、その道は細い。そして、それを見いだす者が少ない。
〈マタイ七・一三―一四〉

一五四九年のザビエル来日後、三〇年で三〇万人の信徒を得たキリスト教も、秀吉ついで徳川幕府のもとで、徹底した弾圧をうけた。宣教師は追放、棄教せぬ者は死罪、日本人はみな寺に壇家登録を強制された。
信仰を守ろうとする少数の信徒は、ひそかに帳役、水役、聞役の制度をもうけ、禁教下に二三〇年をたえ、一八六五年プチジャン神父による、長崎大浦での信徒発見の奇跡となった。

彼ら隠れ切支丹は、死ぬと当然仏僧の手で葬られ、戒名がつけられた。しかし彼らは、そのあとでひそかに、仏葬取り消しの儀式を行って、亡き信徒を天主の手にかえしたのだった。

明治六年（一八七三年）切支丹禁制の高札が、諸外国の抗議によって撤去されて、キリスト教は少なくとも黙認され、明治二二年の大日本帝国憲法発布によって、「安寧秩序と臣民の義務に背かざる限りにおいて」との厳しい制限つきながら、はじめて信教の自由がみとめられたのだった。

その後一〇〇年、「人類普遍の原理」にもとづく日本国憲法のもとで、隠れ切支丹時代さながら、夫の霊の勝手な神社合祀を、妻がひそかに静かに取し消さねばならないとは、何ということだろう！

寛容とは、宗教上・思想上の多様性を互いに認めたうえで、少数者を守るためにこそ唱えられてきた。人口の一％しかいないキリスト者を、絶対多数の神道に同調させ、「長いものにまかれる」ことを強制するのは、寛容では絶対にない。

日本でのキリスト教宣教が伸びなやみだといわれる。その理由はいろいろと考えられよう。いぜんとして外国臭まる出しの教派伝道は、キリスト教を永久に外教としてしまおう。しかしそれにもまして、個人の人格を尊重しない〈群意識〉〈ムラ意識〉〈家意識〉が問題である。日本人がまことの自己に目ざめ、他の自己をも本当に貴ぶのは、いつのことだろうか。

大阪を拠点として伝道した黒崎幸吉の次の言葉は、発せられてから五〇年たった今も、真理の響きをいささかも失わない。

「キリスト教は目下流行しないことはまことに喜ぶべきことである。今日のように利己主義・暴力主義・侵略主義・享楽主義・欺瞞主義に充ちている世界にキリストの福音・正義の宗教・良心の宗教が流行しないのは当然である。ダイヤモンドは石炭や砂礫のようにザラにはない。キリスト者はモット現代日本に嫌われ、モット少なくなる方が本当である。」

（昭和一一年一月「閃光録」）

## 関西合同聖書集会会報・第一〇号

一九八九年四月二九日発行

### くびきを同じうすな

不信者と、つり合わないくびきを共にするな。義と不義となんの係わりがあるか。光とやみとなんの交わりがあるか。

〈2コリント六・一四〉

日本は無信仰社会である。少数の真実な信仰者（神道、仏教、キリスト教）以外は、およそ信仰の何たるかを知らない人に満ちている。知識の有無、地位の高下とは全く関係がない。その中にあって信仰に生きるには、聖霊の導きと護りを祈り求めるほかはない。

外面的儀式・礼拝ばかりとみえる神道でも、清明心は尊ばれる。古文をそのまま信じ受けよと宣長は説く。すっかり形骸化して、民衆の内面生活には全く無縁となりはてたかと思われる仏教にも、人知れぬ所に、まことの信者はある。島根県中程の海岸の江津の地は古く妙好人を出したところだが、その地のさるキリスト者の母堂は、百歳近く、老いがまさり、家の中を這い、すがり歩きしつつも、一日中、吐く息ごとに「南無阿弥陀仏、南無阿弥陀仏……」と称えておられた。すべてを忘却の淵に沈めたすえ、念仏だけが残ったとは、何という信仰であろう。想い起こすたびに私は心で手を合わせる。

しかし、信仰欠落症の日本人多数は、平然と、好意をもって、にこにこ顔で、他者の信仰を土足にかけて、そのいかなる罪であるかを知らない。

一高で新渡戸稲造校長の感化をうけてキリスト者となり、旧制六高（岡山）で三四年間化学史を教え、一九七六年には第一回日本化学会化学教育賞をうけた、篤信篤学の山岡望（一八九二―一九七八）という人があった。独り身の晩年、弱ってからは、教え子たちが入れかわり見舞い、付添人をつけ、終わりの日まで尽くしたことは、当時美談として報じられた。

さて没後七年の一九八五年一〇月、弟子たちは先師を偲ぶ集まりを企てた。発起人の中には自民党の安倍晋太郎、日本商工会議所会頭の永野重雄、日本経済団体連合会代表の桜田武など、政財界の錚々たる名もみられた。しかし、誰いうとなく「十字架を前にしては落ちつかない、やはり位牌でないと」ということになり、これも教え子の学僧、葉上照澄をわずらわし、「造化院浄望居士」という戒名をつけ、その霊位の前に会合し、かつ、比叡山阿弥陀堂に師の分骨を葬ることとした。そのしらせを奇怪として出席を断った弟子もあったという（毎日新聞八五・一〇・一二）。師恩に報ゆることかくのごときは、世界に例をみない。

彼らは、皆これ善意の人、皆これ師を慕う好々爺、かつ皆これ無信仰――これ日本的心性の代表である。

国家神道にまた天皇制に集中表現をとる日本的心性の危険は感知しやすい。最も恐るべきは、この善意の無信仰である。まことの信仰者とは、心広くくびきを共にできる。しかしこの非礼に対しては、心敏《さと》く、目を覚ましておらねばならぬ。――はじめの聖句は、パウロがコリントの信徒に、神との和解、人への心開きを切々と訴えている文の間にある。

「関西合同聖書集会」会報・巻頭言

関西合同聖書集会会報・第一一号
一九八九年六月二五日発行

## 「賤の女」マリヤ

わがこころ主をあがめ
わが霊はわが救主なる神を喜びまつる。
その婢《はしため》女の卑しきをも顧み給へばなり。

〈ルカ一・四七―四八（大正訳）〉

宗教改革の旗印を掲げて三年半後の一五二一年の春、ウォルムスの国会での、「我ここに立つ」との大宣言の前後に、ルターは『マリヤの賛歌』を執筆した。救いはただイエス・キリストの十字架に対する信仰のみという改革の精神が、ルター自身いたく尊敬するマリヤの、この霊的讃歌の講解にも、つよく脈うっている。

マリヤの謙遜をマリヤの功績としてたたえるカトリック教会に、ルターは反対する。マリヤ自身、自分を何の功しもない、卑しい婢女《はしため》と信じ、その貧しい身に注がれた神の大いなる恵みを、心からほめたたえているのである。

ところが、今年に入って、日本基督教団讃美歌委員会は、一九八〇年初めから検討してきた、讃美歌歌詞中の不快語一六箇所の言いかえ一覧表を、キリスト教書店を通じて教会に配布した。五〇〇をこえる讃美歌のうちわずか一六箇所、と言ってはいけない。福音の根本にかかわる問題が、そこにはひそんでいるからである。

たとえば、九五番二節の「数に足らぬはしためをも見すてず」の傍点の所を、「わが身なれど」と変え、九八番二節の「いやしき賤の処女《おとめ》にやどり」は「み霊によりて」、一一一番二節の「賤の女をば母として」は「おとめマリヤ」とする。そして、一二二番二節のイエスの若き日を歌った「まずしく低き木工（たくみ）として」は「人の住いをととのえつつ」に改める、その他同様である。

〈しず〉とは沈む、静か、鎮める、しずくと同根で、騒がしく、浮き立つことの反対、つつましく、低く、貧しくあることを示す。〈はしため〉とは不十分な、取るに足らぬ召使（原語は女奴隷）の意味である。ともに、罪にまみれ、汚れに染んだ人間が、聖の聖なる神の御前に立たされた時の畏怖を示す。

エルサレムには王の姫君も、大祭司の娘もいように、神は彼女たちに眼もくれず、貧しく、卑しいマリヤをかえり見られた——そこにマリヤは、おののきつつ、真の神の恵みを覚えたのだった。

原歌詞はマリヤのこの心根をよく表すに対し、言いかえはまるで詩ではなく、語調整わず、この最も大切な点を消し去る。しかもそれが不快語だからという。これに不快を覚えるのは誰か。それは人間である。自分の低さ、卑しさ、貧しさ、微小、無価値、無功績を指摘されることを、最も嫌う人間である。自らを高しとする人間である。

イエスは神の子ながら、父ヨセフ亡きあと、母と弟妹六人（以上）を支え、ナザレの里に「貧しく低き木工」として三〇年を送られた。農具や日用家具、労働と家庭の必需品を誠実に作られた。イエスは「人の住いをととのえ」る建築士やインテリア業者では、絶対なかった。

キリスト教は、神たる身分を捨て、己れを空しくし、僕の形をとり、己を低くして、十字架の死に至るまで従順であられた方を、救い主と仰ぎ従う道である（ピリピ二・六―八）。神に対して自己の低さ、卑しさ、貧しさ、汚さを見失うとき、この方に従うことは決してできない。不快というなら、罪人とは最大の不快語であり、十字架とは聞くもおぞましい語である。まちがってはいけない。マリヤは「賤の女」、イエスは「貧しく低き木工」であった。そこに福音があり、救いがある。その低きに恵みが溢れ、祝福が降り満ちる。

関西合同聖書集会会報・第一二号
一九八九年九月二三日発行

## 自足的キリスト者

求めよ、きっと与えられる。さがせ、きっと見つかる。戸をたたけ、きっとあけていただける。
〈マタイ七・七（塚本虎二訳）〉

現代イギリスの聖書翻訳者J・B・フィリップスの青年時代は、まことに悲惨だった。一五歳で母が癌で死に、ほどなく来た継母は、五分遅れると夕食抜き、出て行けがしの冷たさに、遂に家を失った。一九歳の夏、子供伝道の手伝い中、とうとう一文なしになって、神に助けを切に求めた。すると海岸の砂にキラリと光るもの、それは大きなサファイアの指輪、帰途立ち寄った郵便局で二〇ポンド（今なら四〇万円）の懸賞付きとわかった。賞金の半分を伝道に寄付したフィリップスは、聖書にあるとおり、神がかくも速やかに祈りに応えて下さったことに、驚きつつも感謝した。

さて、この話がある集会で語られたとき、直ちに「そんな物質的な助けを求めるのは不純だ」との反論が出たという。

ある企てが話し合われた席での言に、「私たちは日曜の集会に出て、それで充ち足りている。だからそれ以上の企てはいらない」とあったという。

キリスト教は、ただ霊のみを尊び身体（物質）をさげすむ宗教ではない。霊なる神が人間の身体をとり、救いを成就して下さった——その人となりし神を信じる道である。

この神を信じつつ、この道を歩む信徒が、その窮乏に当たって、身体の必要を充たして下さるよう祈り求めることは、当然である。

日々の助けを祈ることを物質的祈願として斥ける者は、温飽して安楽椅子に坐り、バルトを論じ、ボンヘッファーを評する者ではないのか？

パンを恵み、金を与え、生命を守って下さったことが有り難いのではない。信ずる者の呻きに神が耳を傾けて下さったことが嬉しいのである。この喜びは知る人ぞ知る。——列車強盗の過越を扉を閉じて祈った矢内原忠雄は臆病だったろうか？　非戦論で失業し餓死を覚悟したとき、海外から思いがけぬ印税が送られてきて愁眉を開いた内村鑑三は、神に物ねだりをしたのだろうか？

主の祈りの後半、人についての祈りの第一は、「清い心を与えて下さい」でも「信仰を増し加えて下さい」でもなくて、「日ごとの食物を今日もお与え下さい」である。罪の赦しを求める祈りはその次に来る。

キリスト者とは何か？　それは自ら充ち足りた者ではない——物質はもとより、精神的にも、信仰においてすらも。それは自らの内に何の善きものをも見出せぬ者、自分の力ではもはや生きてゆけぬ者である。彼には、祈り求める内容を自己規制する余裕は、あるべくもない。幼児が母にすべてを求めるように、信じて求めるばかりである。

自ら窮し、切に求めた者だけが、他者の苦しみ、悩み、痛みに魂をふるわせ、祈りを共にすることができる。そしてその人たちにこそ、恵みは雨とふり注ぐ――時にはさらに苦難をもそえて。
いつまでも乏しき者・欠けたる者として下さい。

関西合同聖書集会会報・第一三三号
一九八九年一一月三日発行

# 憂いも望みもみな一つ

視よ、はらから相むつみてともにおるは、いかに善くいかに楽しきかな。
〈詩篇一三三・一（文語訳）〉

一九世紀英語世界最大の大衆伝道家、アメリカにおけるＹＭＣＡ創立者、男女各種学校の設立者、ドゥワイト・ライマン・ムーディ（一八三七―九九）が、シカゴの日曜学校の監督をしていたころのはなし。少女組を担当していた一人の牧師が、不治の病にかかり、任務を離れなければならなくなった。

その牧師は、自分のクラスの少女たちがキリストを受けいれるように、それまであまり熱心につとめていなかったので、心の痛みをおぼえた。そこで、ムーディの同伴を願って、十日間馬車を走らせて、少女たちの家をまわり、ついに少女たちは、一人のこらずキリストを信じる者となった。

この牧師の家で、お別れ会が開かれたとき、少女たちが、くずおれんばかりに、涙ながらに歌ったのが、イギリスはヨークシャー州生まれの牧師、ジョン・フォーセット（一七三九―一八一七）が一七七二年につくった現行讃美歌四〇三番の「神によりて」である。

フォーセットはヨークシャー州ウェインズゲイトの小さな教会を六年間牧したのち、ロンドンの有名なバプテスト教会の牧師に招かれ、すでに告別説教もすませ、馬車に荷物もつみこんで、いざ出発しようとしたとき、彼を慕う教会員が馬車をとりかこんで留まってほしいと懇願し、ついにその涙に負け、その愛につながれて、ロンドン赴任を断念、五二年間死ぬまでその教会に奉仕した人である。

この出来事があって一週間以内、まだそのときの感動が胸にたぎっているときに作ったのが、この讃美歌である。キリスト信徒の交わりをうたって、これにまさる美しい詩はない。

内村鑑三も、新渡戸稲造も、宮部金吾も、みな札幌農学校でこの讃美歌を英語で覚えた。新渡戸が宮部にあてた友情あふれる英文の手紙には、この詩が心をこめて引かれているし、内村は原詩六節を忠実に訳して、『歓喜と希望』（一九〇九年）に収めている。内村訳の一・二節を引けば、

一　われらの心をキリストの愛に
　　つなぐその索《つな》は祝すべきかな
　　かくつながれし者の交際《まじわり》は
　　天のそれにさも似たり

二　われらの天父《ちち》の宝座《みくらい》の前に
われらは熱き祈禱《いのり》を注ぐ
われらの憂慮《うれえ》も慰藉《なぐさめ》も
恐怖《おそれ》も希望《のぞみ》もみな一つなり

信徒の交わりは、この世で終わらず、来世までもつづくことが、この詩には歌われている。内村と新渡戸はともに東京の多磨墓地に眠っている。

仏教でも、さまざまな時、所で、いろいろの死をとげた人々が、みな阿弥陀仏の本願に救われて、共に浄土に生まれ、相ともに喜び会することを、「倶会一処《ぐえいっしょ》」（阿弥陀経）と表現している。この句を刻んだ墓碑は、大阪市内阿倍野墓地にもいくつか眼にすることができる。

「墓は天使の足跡」とはロングフェローの句、彼はまた歌う、「墓はただ覆われた橋、束のまの暗黒をぬけて、光より光へ渡す。」

本当にそうである。主に在って死ぬ者はさいわいだ、と天使は言う（黙示録一四・一三）。終わりのラッパ鳴りわたる彼の日まで、主に在って共に眠る者の幸いにまさるものが、ほかにあるだろうか。

関西合同聖書集会会報・第一四号

一九九〇年二月一一日発行

## 神の挽臼は……

何事にも時があり

天の下の出来事にはすべて定められた天の時がある。〈コヘレトの言葉三・一（新共同訳）〉

人の世のことは、みなおよそ四〇年を一つの期とするようである。

日露戦争に勝ってアジアの覇権を握ってから、敗戦までの日本軍国主義の跳梁も四〇年、日本の非道な朝鮮半島支配は三六年、中華民国の大陸統治は三七年、自民党の単独政権も四〇余年である。

個人にみても、内村鑑三がアメリカ留学から帰った一八八八年から一九三〇年のその死までが四二年、その友新渡戸稲造がアメリカとドイツの留学を了え、札幌農学校教授となってから、一九三三年カナダで客死するまでもやはり四二年、明治のキリスト者の代表である植村正久が按手礼をうけたのが一八八〇年、その死は一九二五年でその間の伝道活動は四五年、山室軍平が路傍伝道によって入信、同志社をへて、ついに救世軍に入ったのは一八九五年、その死は一九四〇年で、これまた四五年である。

四〇という数は、聖書において重要な意味のある数である。――ノアのとき洪水が地をおおったのは四〇日（創七・一七）、モーセがシナイ山上にあったのは四〇日四〇夜、そのモーセがイスラエルの民を率いて荒野をさまよい、マナに養われたのは四〇年、イゼベルに逐われたエリヤが天使の与えるパンと水で力を得、神の山ホレブにたどりつくまでが、四〇日四〇夜（王上一九・八）、エゼキエルがエジプトの荒廃とその民の離散を預言したその期間は四〇年（二九・一一以下）、イエスがバプテスマを受けたのち荒野で試みられたのが四〇日四〇夜、復活後イエスが弟子たちにしばしば現れられたのは四〇日間である（使一・三）。

四は東西南北、地の四方をさし、一〇は完全数、したがって四〇は地の事・人の事についての一まとまり、一区切り、それが成就、完了する期間を指す。そして今、私たちは、一つの時の限りを目にしている。

戦後ヨーロッパの東西対立が始まって四〇余年、中国に共産政府ができて四一年、ついに時代が動き始めた。一九八九年五月来の中国の民主化の叫び、九月のポーランド連帯の政権担当、一〇月の東ドイツの政変につづく、あのベルリンの壁の崩壊、独ソの密約によってソ連に強制併合されたバルト三国における、独立への熱烈な動き、ソ連戦車に自由の芽を踩られたチェコの自由化再要求、そしてソ連自体で進行するペレストロイカ……たしかに歴史の舞台は大きく廻りはじめている。もはや、何人もこの動きを止めることはできない。

イギリスの詩人、讃美歌作者ジョージ・ハーバート（一五九三―一六三三）の句「神の挽臼はゆっくりと、しかし確実にひく」、そして同時代のドイツの詩人フリードリヒ・フォン・ロガウ（一六〇四―五五）の句「神の挽臼はまわるのはゆっくりだが、とても細かくひく」が、力を増して思い起こされる。

歴史は、個人や集団、国家や階級の自己利益追求によって動いているように見えながら、大きく広く見るとき、それはまさしく神の御手の中にある。個人の生涯においても同じである。これはまことに喜ぶべくまた畏るべきことである。

個人生活を至上のものと考えず、公共の幸福を第一と考えながら、自由を抑え人権を奪う政治の下で、四〇年余苦難をなめ、今、約束の地を望み見て、喜び、叫び、手を打ち、身を躍らせている人々こそ、その地に入ったとき、真に共同の精神にあふれ、いとつつましく、つつしみ深く、本当に人間らしく生きることができるのではないか。

神の挽臼はゆっくり廻るが、細かくひく。

関西合同聖書集会会報・第一五号
一九九〇年四月二九日発行

## 万人の救い

神はすべての人が救われて真理を悟るに至ることを望んでおられる。

〈1テモテ二・四〉

キリスト教拡張の歴史をかえりみれば、それは他の宗教、他の文化、他の民族に対して公正であったとは決していえない。大航海時代、中南米への伝道に当たり、僧侶が征服者たちと共働し、強欲、略奪、譎計、陥穽、恐喝、虚言の限りを尽くして、ほしいままの侵略に手を貸したことは、青史に炳乎として明らかである。くだって、最初の日本語訳聖書である『約翰《ヨハネ》福音之伝』をシンガポールで、一八三七年に刊行したカルル・ギュツラフ（一八〇三—五一）すら、アヘン戦争の時は、イギリス軍の通訳官として、清国との折衝に当たったという。

西洋ばかりではない。日本の組合教会が、朝鮮総督府の庇護のもとに、日鮮一体化の一翼をになって伝道したことは、よく知られているし、日本基督教団が、戦勢とみに非なる一九四四年四月、復活節の日に「大東亜共栄圏に在る基督教徒に送る書翰」を発して、内村鑑三の〈武士道に接木されたキリスト教〉をも引用して、国策に協力したことを、よもや私たちは忘れてはいるまい。

一九六二年から六五年にかけて全世界の代表を集めて開かれた第二ヴァチカン公会議は、変貌する人類社会にあってカトリック教会の果たすべき任務を、地球全体を視野に入れて自覚し、教会生活に、信仰理解に、伝道姿勢に、根本的な改革の方向を大胆に打ち出した。人はすべて神の似像であり、神はすべての民を顧みたもう以上、西洋文化至上主義からする異文化蔑視は成り立たない。すべての文化の中に、秩序と正義と救いへの憧れの存在を見出してゆこうとするのである。

日本のカトリック教会もこの線にそい、日本の風土・習慣の中に、福音と接続しうるものを積極的にみとめようと努めてきている。

一九八五年一月に出た「祖先と死者についてのカトリック信者の手引」という小冊子も同じ精神に

立つ。すべての人の為に十字架につかれた主の愛のゆえに、他宗教に見出される諸価値を認め、守り、大切にする。具体的には、仏壇・位牌の存置、寺への墓参、仏葬への参加、打鈴、焼香、献花、僧の月詣り等をみとめ、死者の為のミサの日を一一月二日から、新旧のお盆の日に移している。それらすべての営みにおいて、「主よ、彼らに永遠の安らぎを与えたまえ」とつねに心で祈るのである。

代わってアメリカ直輸入の教派に属する保母さんの話——雛祭りも、七夕さまも、盆踊りも、偶像崇拝だといって保育を拒否し、ついに職場を離れたよし。平安貴族社会そのままの飾りに現代女性として疑問を感じるのはよい。しかし、女児が健やかに心優しく生い育つようにとの、永年にわたるこの民の親の願いを軽んじてよかろうか。※しかし、すでに万葉の昔から伝わった牽牛と織女の淡いロマンにちなむ、このほのぼのとした行事にさえ、偶像崇拝を嗅ぎ分ける魂とは、一体何であろうか。

この国に生まれながら、桃の節句も端午の節句もしらず、小笹につるされたささやかな願いの短冊をみても、田の面を渡りひびいてくる盆踊りのはやしをきいても、誇りかに顔をそむけ、冷たく心をとざす子供が数増すことを、はたして主は望んでおられるだろうか。

これをしもよしとする人々に、私は、魂のゲー・ペー・ウ、教会のゲシュタポ、ドグマの特高警察をおぼえずにおれない。

主の救いの真理の広さ、深さ、その射程を、狭い独善的な自己の枠にはめてはならない。

※　星に自己の運命の支配を委ねるのはよくない。

## 関西合同聖書集会会報・第二二号

一九九一年九月一四日発行

### 再びのぼる歌ごえ

竪琴は、ほとりの柳の木々にかけた。……
どうして歌うことができようか
主のための歌を、異教の地で。

〈詩篇一三七・二、四（新共同訳）〉

一九五三年、三〇年にわたるスターリン独裁がその死とともに終わり、やがて権力を握ったフルシチョフは、一九五六年共産党大会で〈スターリン批判〉の秘密演説を行った。それはスクープされて西側の紙面を飾った。そこに一部告発された悪業の中でも特筆されるのが、民族の強制移住であった。バルト三国、リトアニア、ラトヴィア、エストニアはその最大の受難国であった。合わせて面積は一七万四〇〇〇平方キロメートル（日本の四七%）、人口は四五〇万（同四%）の国々は、小国ゆえに一時プロシャ、ポーランド、ロシアの勢力下に置かれもしたが、一九一八年に独立した。しかし、一九四〇年のポーランド分割でソ連側に渡され、ドイツとソ連の侵入をうけ、国民の一〇%は戦場に消え、一〇%は亡命した。

人口二二六万（横浜市なみ）のラトヴィアで、一九四〇年から一九五三年までの間に八〇万人がシベリアへ追放された――政治家、経済人、学者、将校、学生、自作農とその家族全員、差別なく取りあげる助産婦までも。あとにはソ連人が送りこまれた。

昨年七月、このラトヴィアの首都リガで、一八七三年から四年毎に行われていた「命と自由」の音楽祭が、実に五〇年ぶりに開かれた。世界中から帰省し、三国中から集った三五八合唱団、二万四〇〇〇人が、五〇年間禁止されていた歌をうたうのである。

リガは哲学者カントと深く結ばれている。カントの町ケーニヒスベルグ（今はおぞましくもソ連領でカリーニングラード）からは三五〇キロ、カントはあの『純粋理性批判』『プロレゴメナ』『道徳形而上学原論』『自然科学の形而上学的基礎』『実践理性批判』の主著五冊を、この町のハルトクノッホ社から出したのである。文化高い町だった。

リガ競技場を埋め尽くした人々は厳かに歌う――「主よラトヴィアをたたえたまえ／わが愛する祖国を／ラトヴィアを祝福したまえ／ああ祝福したまえ」――女性は純白のセーターに美しい刺繍の縁取りのあるエビ茶のジャンパースカート、樺の葉、野の草花、あるいは古式床しい白い冠をかむり、男性は山高帽に黒い長目のコートの正装で、生者と死者を呼ぶ小鈴を振りならしつつ。

「ネベージス川の思いは深く／神だけがその深い心をはかる／美しいわが愛する祖国／英雄の眠る大地／父母の不屈の戦い」

天地創造に当たり、神は一一の生物を「種類にしたがって」創られた――草木も、鳥も魚も、虫も獣も。そこに神の愛と配慮がある。まして民族の魂が主に顧みられぬことがあろうか。地上幾百十の民族は、その言語と文化、宗教と民族性を与えられて、各々その地に置かれている。この神の配慮を侵すことは、どんな宗教にも思想にも許されない。各民族はその個性を発揮し、協和し、補い合って、被造世界全体の調和に尽くさねばならぬ。

　神のこの御心を侵す全体主義、独裁主義、唯物主義は、今歴史の中で小審判を受けつつある。

「太陽はわが母／川は悲しみを和げる／雷は悪魔を追い払う／それはわが父」

　武力侵略と強制連行でアジア諸民族の国土と魂を奪う罪を犯した私たちは、ただ灰をかむり衣を裂いて、確《かた》き大聖手《おおみて》の力におののくばかりである。

　バルトの老若男女は、たぎる血潮に涙を流し、手をつなぎ樺の枝をうち振り歌い踊り、祈りとアーメンが音楽祭場から漆黒の夜空に昇ってゆく。

「父の心と母の言葉を／私はこの地に守る／父の国、母の国」――神よ、苦難にある小国の民に、自由と平和と祝福を与えたまえ！

関西合同聖書集会会報・第二五号
一九九二年四月二九日発行

## 神の契約更改

わたしはもはや二度と人のゆえに地をのろわない、人が心に思い図ることは、幼い時から悪い

からである。〈創世記八・二一〉

いっこう降りやまぬ雨足を窓ごしに見ながらルーシーがいう、「ねえ、ひどい雨だわね、世界中が洪水になったらどうしよう?」「絶対そんなことないよ」と自信満々のライナス。「創世記九章で、洪水は二度と起こらないと、神がノアに約束されてるよ。そのしるしが虹なんだ。」

「そうきいて心の重荷がとれたわ」とホッと頬をゆるめるルーシー。ライナスが重々しくいう――「健全な神学はいつも心を軽くする!」

これはご存知ピーナッツ漫画の一こまである。ライナスは聖書通、この点では猛烈姉さんルーシーもかなわない。

湾岸戦争終了後一年余、中東には真の平和はまだ訪れない――クルド族難民の苦しみ、イラクの軍国体制、パレスチナ難民の悲しみ、イスラエル軍の横暴は今も続いている。

紀元七〇年のエルサレム陥落後も、パレスチナにはユダヤ教徒も、キリスト教徒も、のちには回教徒も、共に平和に暮らしていた。だのにイスラエル建国以来は争いがたえない。そこには、契約についての不健全な神学があるのでないか。

旧約の契約は四つある。

① ノア契約(創世記九・八―一一)――ノアとその子らおよびすべての生物は、もはや洪水で亡されることはない。

② アブラハム契約（同一五・一八）――ナイル川からユフラテ川までの地をアブラハムの子孫に与える。
③ シナイ契約（出エジプト三四・一〇以下）――アモリ人、カナン人など先住民族を追い払う。
④ ダビデ契約（サムエル下七・一二―一六）――ダビデの子孫の王国は長く続く。

②―④の三契約は、人の罪のため維持されなかった。肉によるアブラハムの子孫は絶えたし、異教徒はパレスチナから完全に消えはせず、ダビデ王朝は前五八六年に亡び去った。

これら四つの契約を通じて契約の縮小が見られる。人と全生物の保全からカナンの地の授与、先住民追放からダビデ王朝の維持へと、その契約内容が小さくなってゆく。それは人の罪の故であって、神の心が縮んだのでは決してない。

いな、神は人間の失敗を見て、最後に新しい契約を立てられた。それは心に記され、不義をゆるす契約（エレミヤ三一・三一―三四）、永遠の平和の契約（エゼキエル三七・二六以下）、キリストの血をもってする罪のゆるしの契約（マタイ二六・二八）である。それは、人の罪をいかにもして救おうと神の大いなる憐れみと、大いなる愛から出、その大いなる痛みによって成就された契約である。人はもはや律法遵守を求められない。ただイエスを主と告白する信仰のみによって救われる。それは、縮小を続けた契約を、再び元の宇宙大の規模に改める神の契約更改である。――この世の契約更改は失敗者には厳しい。しかし神の契約更改は、失敗つづきの人間に、この上なく心寛い。

今人間は、互いに殺し合うだけでなく、ノア契約のいう全生物保全を壊そうとしている。あの白亜紀末期恐竜絶滅の時期にも、一〇〇〇年に一種だった種の絶滅が、今や一年に七万五〇〇〇種、何と七五〇〇万倍の早さで進んでいる。人間が広く大きな契約の精神に立ち帰るほか、今や地球生命保全の道はありえない。先住民を追い出してカナンを独占しようとする主張は、すでに自らの罪で無効となった契約に固執することである。

冒頭の聖句には、罪人をも赦す契約の根本義が現れている。神は全人類・全生物を愛する神である、それ以下の小っぽけな神ではない。

## 関西合同聖書集会会報・第二九号

一九九三年二月一一日発行

### 涙するイエス

この大祭司は、わたしたちの弱さを思いやることができないようなかたではない。

〈ヘブル四・一五〉

神は涙を流されるだろうか？　後悔されたことはある。悪が地にはびこり、人が悪い事ばかり思うのを見て、神は人を造ったのを悔い、洪水による人類絶滅を決意された。その神の思いはまさに歎き

である。(創世記六・五―七)
　また洪水ののち、地に分かれ住んだノアの子孫がバベルの塔を築こうとしたとき、神は人の言を乱された。その神の心には深い痛みがある。(同一一・一―九)
　さらに預言者の口を通して政治家の腐敗をとがめ、民の傲りと弱者への暴虐をいましめ、審きの御手を伸ばしてやまれぬとき、その神の胸は焼け焦げんばかりであったろう。(イザヤ一―五章)
　しかし、神が涙を流されたとは旧約にはない。
　ところがイエスは涙を流された(ヨハネ一一・三五)。マリヤとマルタの兄ラザロの死に当たり、生命の主を眼前にしながら、ただこの世の命に取りすがり、死に打ち負かされている人々を見て、イエスは死の力すなわち罪の力の大なるに憤激を覚え、涙を流されたのである。
　ラザロ復活の大奇跡は、石のような心で冷然と行われるには余りにも重い。そこには人々の悲しみと喜び、疑いと希望が渦まいている。全き神にして全き人であるイエスが涙されたのは、まことにイエスにふさわしい。そこに何の作為も、何のてらいもなく、何の気取りもない。ただ自然である。それでこそ私たちの心の思いのすべてを察しられる救い主である。
　このヨハネの記す涙するイエスを心に描くとき、重なって浮かんでくるのは、わが良寛の涙である。
――良寛の生家は弟の由之がついだが、その嫡子馬之助が放蕩に身をもちくずし、母の安子が良寛に意見を頼んだ。良寛は由之宅におもむき三日泊まったがいっこう口をきかない。そのままいとまを告げる段になって、立ち際に馬之助をよんで、わらじの紐を結んでくれといいつけた。安子は、ここで訓戒でもと衝立の蔭で様子をうかがう。馬之助は、今日に限って伯父は妙なことをといぶかりつつわらじを結んでいた。すると、その襟元に、冷たいものがポトリと落ちた。驚いて見上げると、良寛が涙の目をしばたたいて自分を見つめている。馬之助はハッと感じ入った。良寛はやおら身を起こし、無言のまま立ち去ったという。

良寛の涙は何であったろうか。親の心もしらず身をもちくずす甥への憤り、しかしそれも人の世のつねの、己が身にも覚えのある心根、そして何よりも弟夫婦の歎きへの同情、はかない遊蕩にあたら青春をついやす甥への憐れみ、それを言で訓しえぬ己が無能――骨肉の情に哀感をおぼえ、同じ有情としての無情が魂の底に徹って、良寛は涙した。罪をどうしようもない現し世の姿に、良寛は涙したのである。良寛には罪を処分する力はなかった。

ルカによれば、受難週第一日、オリブ山を下り、エルサレムを指呼の間にのぞまれたとき、この神の都の不信仰と腐敗を憤り、その徹底壊滅を預言しつつ、イエスは声をあげて泣かれたとある。（一九・四一）

涙するイエス、涙する良寛――ともに宗教の腐敗を憤り、人々をあわれみ、心にへだてなく、すべての人を包む大愛に生きた。荒涼たるユダヤの墓地のかたえに、涙して立ちつくすイエス、北越の家の玄関に腰をおろし、かがんで紐を結ぶ甥を憐れみ見る良寛。

私たちは襟元に、いま、イエスの涙のしたたりを感じないだろうか。

関西合同聖書集会会報・第三三号
一九九三年一一月三日発行

## 神、アメリカを去り給うか

恐るべきかな、活き給へる神のみ手にかかること。〈ヘブル一〇・三一（ラゲ訳）〉

一九一一年から一年間、新渡戸稲造は第一回日米交換教授として、全米六大学で日本紹介の講義を行った。ニューヨークのコロンビア大学で日本の教育のことをのべて、「公認学校では教育と宗教はきびしく区別されている」と話すと、聴衆の中にいたジョン・デューイが歩みより「それはまことに日本の幸福である」と言って、新渡戸を驚かせた。

日本で学校から宗教教育が排除されたのは一八九九年山県内閣のもとである。文部省が公認学校で宗教の儀式・教育を行うことを禁止し、ミッションスクールは皆その対応に苦慮した。

他方神道は宗教でないとの理由で公教育にも持ち込まれ、敗戦までつづいた。今「教育基本法」第九条で、公立学校では特定宗教の宗教教育・宗教活動は禁止されている。

アメリカでも教育と宗教・政治と宗教の関係は緊張をはらんでいる。公立学校の卒業式で祈禱を行うのは生徒の信仰の自由と政教分離の原則に反すると、「アメリカ自由人権協会」が運動を起こし、それに反対する団体も結成されている。学年末の六—七月に問題がむしかえされるのは、日本と同じである。

今年も祈りを含む卒業式を行ったり、祈りをやめた卒業式を不満とした生徒が途中退場して自主卒業をしたり、祈りを入れてほしいとの請願が出されたり、州によってちがう。

学校で毎日星条旗をかかげて唱える「忠誠の誓い」の中に「神の下の一つの国家」という句がある。この部分を唱和させるのは憲法違反だと、シカゴの無神論者が訴えていた。これに対し連邦最高裁が下した公式判決は、まことに由々しい問題を含んでいる。

最高裁は、誓いの中で使われている神という語は「機械的な繰り返しによって重要な意味をすべて失ってしまった儀礼的理神論である」とした、以前の下級審の裁定を、そのまま有効として認め、合憲と判定したのである。

アメリカはピューリタンの建てた国であり、「独立宣言」にも、「自然の法と自然の神の法とにより賦与された自由平等」とある。ここにいう神は天地万物を創造し、今も歴史を導く、イエス・キリストの父なる生ける神である。リンカーンがあの「ゲティスバーグ演説」の結びで、「またこの国家をして、神の下に、新しく自由の誕生をなさしめるため」と述べたとき、その神はリンカーンの夜半の呻きを聴き、黒人をも白人と同じ己が似像として創りたもうた生ける神であった。

そこからの何たる堕落であろう！　最高裁が神を、もう何も意味もない単なる儀礼と片づけ、それゆえ子供たちに「神の下に」という句を唱えさせてよいとするとは！　何たる偽り、何たる冒瀆（十戒第三戒）！　神には不忠実、法は歪曲、理性と常識には背く。これでは神道行事を単なる習俗として、政治に持ちこむのをゆるす日本と同じではないか！

無神論者の方が神を真剣に受けとめ、生ける者と信じている！　明治日本の宗教教育排除は、まだしも神を恐れたからであった！　リンカーンが聞けば何と言うだろうか！　六八年前「聖霊米国を去る」と叫んだ藤井武の言葉の重さを、いまひしひしと感じるのである。

**関西合同聖書集会会報・第三六号**
一九九四年六月二六日発行

## 言と涙

イエスは涙を流された。〈ヨハネ一一・三一〉

この節は新約聖書中最短の一節である。ギリシア語原文でも英訳でもわずか三語、しかも「涙を流す」という語は全新約中ここしかない。しかし、これにこもる真理は深い。

言は人と人を結び、また時には裂くが、涙は人と人とを結び合わせる。まことの言、熱い涙は純粋な心の底から湧き出る――言は腹の底から、涙は胸の奥から。至純の愛から出る言と涙は、まさに人生の暗黒を照らす光、人の世の砂漠をうるおす天つ真清水《ましみず》である。

この言と涙について次の話が想い起こされる。

波多野精一といえば、日本のキリスト者哲学者中最もすぐれた人の一人である。長野県松本の出、東大を出て一年後二十四歳で著した『西洋哲学史要』（一九〇一）は今や古典である。緊密簡要な行文と周到な論述がさえる。東京専門学校（今の早稲田）に十七年つとめたあと京大に移り、宗教学とキリスト教研究の両講座を担当、一九三七年定年、戦争中は岩手県千厩《せんまや》に疎開して、農村青年に聖書、プラトン、ダンテを教えた。今記念碑が建つ。

戦後一九四七年、求められて玉川大学長に就任したが、翌年直腸潰瘍の手術を二回し、自宅療養のすえ一九五〇年に七十二歳で召された。夫人はすでに一九三九年に没していた。

手術後は左腹部に人工肛門をつくり、痛み止めのモルヒネ注射と服薬、全身清拭、そして身だしなみの良い精一ゆえ毎朝床上で洗面整髪、さらには食事――これら一切を自分も病弱の嫁の八重が、一年四か月一人で担った。

八重は休養のため十二時半から一時半まで昼寝をするきまり、その一時半の十分前になると精一愛用の懐中時計の鎖の音がする。もう起きる時間が近い。二時には熱湯で全身を拭う。精一は機嫌の良いときは、二十《はたち》歳代のドイツ留学中のことや幼時のこと、はては好きな音楽のことを語ってきかせる。苦しいときはじっと祈りつづけていた。

大学者でも老人は老人、看護は容易でない。八重が少しでも昼寝を長くと思うのもむりはない。そんなある日、精一の体を拭きながら「ああいやだ、いつまで、どうして私だけが」との不満が胸に萌した。老人ことに病者特有の鋭さでそれを察した精一の口から、思いがけぬ言がもれた――「あなたにご苦労をかけてほんとうにすまないね、ありがとう。」

八重はハッと胸を衝かれた。今が今の自分の思いの醜さを痛いほど感じて、直ちに今「ああいやだ」と思っていたことを告白し、精一ともども涙にくれた。

数多くの秀れた著作もさることながら、この一言のゆえに、この涙と感謝の赦し合いのゆえに、私は波多野精一を心から尊敬する。その最後の病床にかおる、純粋な愛から泉出る言と涙の高い香気のゆえに！

ラザロ復活の場合、神としてのキリストは涙を流されなくてもよかった。一声で復活の奇跡をされれば足りた。また人間イエスは奇跡など行わず、涙して人々の共感を得るだけで十分であった。しかしキリストは涙を流し、復活の奇跡をなさった。そこに人生を深め、人生を清める言と涙、神人イエスの姿がある。

関西合同聖書集会会報・第三七号
一九九四年九月一〇日発行

## 日本一美しい手

イエスは娘の手を取って、呼びかけて言われた「娘よ、起きなさい」〈ルカ八・五四〉

イエスのみあとに従った人々は、知恵も力も富もない人々であった。税金取り、売春婦、悪鬼つき――当時のユダヤ社会で、はみだし者、落ちこぼれ、罪人と見られていた人々だった。

彼らがイエスに従ったのはなぜか――それは、イエスが彼らを人間、同じ神の子と扱われたからである。彼らはイエスにおいてはじめて自己の人間としての尊厳を見出すことができた。イエスこそはまことに、失われた人格を取り戻して下さるお方であった。その極みが罪の処分たる十字架であった！

本年一九九四年は、札幌遠友夜学校開校百年に当たる。六月二十一日北大で記念の集まりがあった。この学校はメリー夫人の実家に生涯仕えた老婦人の遺贈金二千円で、新渡戸稲造夫妻が、札幌の貧しい人々の居住区に開いた、セツルメントを兼ねた夜学校で、先生は新渡戸はじめ農学校教員と学生の奉仕、学費不要、小学から中学初級の学習を男女生徒に提供した。「学問より実行」を校是とする。若き有島武郎もここに情熱を注いだ。九節からなる格調高い校歌は一八九八年、彼の筆になる。

この学校は五十年続いて、一九四四年、文部省の命による軍事教練を拒んで、名誉の廃校をとげて五十年になる。その記念会である。

その壇上で八十三歳の老婦人の語った話は忘れることができない。――幼くして女工に出されていた彼女は、毎夕夜学校での三時間だけ、本当の自分を取りかえすことができた。そこは人間回復の場であり、先生も生徒もみな隔てなく人格として親しみ尊び合った。

一九三一年五月十八日、新渡戸はこの夜学校を最後にたずねた。まず授業参観、一人一人見てまわったあと、屋内運動場で全校生徒に話をした――「この学校は犠牲と奉仕で建てられ、犠牲と奉仕でこれまで来ました。皆さんも在校中からも人の為に尽くすことを忘れないように。」

いよいよ別れの時がきて、生徒は一列に並んで見送る。新渡戸はその生徒一人一人の手をにぎり、励ましのことばをかけた。

当時二十歳だったその婦人の手をとったとき、新渡戸はその手の大きな傷に気づいた。

「この傷はどうしたの？」

「工場で仕事中けがしたのです。」

「どこの工場で？　どんな仕事で？　そしてそのあとしまつはどうだったの？」

手をあずけて見上げる小柄な彼女に、やさしくくわしく尋ねた新渡戸は、温かい両掌で彼女の傷痕のこる手を包んで、こう言った。

「この手は日本一美しい手だよ！　どうか大切になさいよ。」

彼女は感動で声も出なかった。頭の上から爪先まで、全身がジーンとしびれた。小さい時から、親兄弟からも誰からも、ついぞ「美しい」とか「可愛い」とか言われたことのない彼女！　それを、この傷の手を、日本一美しいとほめられたのだった。この一言が、彼女の人生を支え、一人暮らしの六十余年、正しい道を歩ませてきたのだった。

キリストの愛の返照がここにある。弱く、傷つき、貧しく、見栄えなき者を神の子として起たしめる、その愛の力が！

関西合同聖書集会会報・第四五号
一九九六年四月二九日発行

# 内村鑑三の残党

あなたの民イスラエルは海の砂のようであっても、そのうちの残りの者だけが帰ってくる。
〈イザヤ一〇・二二〉

ある人が、無教会最長老で今も伝道を続けておられる方を、「彼は内村鑑三の残党にすぎない」と評したと耳にした。よくも言ったりの感が深い。

残党という語は古くは中国の「唐書」に「残党誅を懼る」と出、日本では「平家物語」巻九「河原合戦」のくだりに、京の六条河原の木曾義仲の陣に打ち寄せる義経軍の先陣に立った一騎の言に、「一陣破れぬれば残党全からず、ただ駆けよや」とあり、「太平記」巻九「六波羅攻事」にも同じ形で出る。

辞書には残党とは「討ちもらされて残った仲間」とある。内村の残党とは、内村に示された福音を信ずる者が次第に減り、もはや少数となったことを意味する。ということは、評者は討手の立場、多数、優勢、勝者の側にあると思っての言であることは確かである。長者にこの言を向けることじたい、失礼の極みである。――しかし、残党にはもっと深い意味がありはしないか。

まず残党は少数である――まことに無力、腐敗した世の流れを止めえず、大勢をくつがえすだけの数もない。しかし真理は数によって決まるのではない。むしろ多数には必ず偽りがまぎれこむ。残党こそ真理により近い。とすれば、残党とは美称ではないか。

残党は亡びていない――亡びればもはや残党ではない。しかし、圧倒的反対勢力の只中にあってそれが亡びないのは、守られてあるからである。自分の力で守るのではない。より大きな力が亡びを許さないのである。残党はその大いなるお方に依り頼む。とすれば、残党とは美称といってよい。

残党は孤立しない――そこに共同があり、共同の原理がある。利を求める無原則な人はその中に入らない、いな入れない。この共同にはその原理に生きかつ死ぬほか、何の得もない。とすれば、残党とは美称といえる。

残党には節義がある――節操と信義、これなしには一日も保てない。残党とは、偽りの衣と贅肉を悉く剝ぎ削がれ、ただ鉄石の赤心を貫く人々の集いである。真実に徹し、数にも力にも世の知恵にも心をよせない節義があってこそ残党だとすれば、これは美称である。

残党には希望がある――それはこの世の希望ではない。世の偽りを見尽くし、人の心の頼みなさを味わい尽くし、友からも肉親からも同志からも、失望をなめ尽くしての残党である。もはや見える所によらず信じて望む希望だけが、残党にはゆるされている。やがて来る新しい、正義と愛に満ちた世界の幻が、残党を残党としている。とすれば、残党とは美称にほかならない。

少数、不滅、共同、節義、希望――これが残党の特質であるとすれば、残党こそ、かの「残りの者」ではないか。

初代教会はまさに「イエス・キリストの残党」に始まった。いな、イエスご自身こそ、神がこの地に創られたその似姿の、純の純なる残党、残りの者の極み、唯一人の真人の残党として降られ、救いを全うされたのではなかったか。

偉なるかな残党、善なるかな残党、勇ましいかな残党――内村鑑三の残党こそ、神の憐れみに罪人ながら選ばれて、純福音を運ぶ栄光と労苦を与えられた人々を指すのである。

関西合同聖書集会会報・第四九号
一九九七年二月一一日発行

## 教会が教壊する

しかし、彼らのすることには、ならうな。
彼らは言うだけで、実行しないから。
〈マタイ二三・三〉

近ごろ気味悪い事実を二つ知らされた。その二つは同根である。日本は数の上ではアメリカ、ロシアに次ぐ出版大国だが、その内容はまことに貧弱、良書は大方の書店にはない。利が薄い、活字離れ――こうして悪書は良書を、宗教の分野でさえ駆逐してしまっている。

そんな中で、キリスト教書店の存在は、まことに世の光、地の塩である。しかし日本のキリスト教書店は、今大きな危機にある。

ある中都市のキリスト教書店が店じまいした。その店は福音伝達の場であったし、カウンセリングの役割すら、たくまずして果たしていた。その祝福された書店も赤字続きでついに閉店した。天に歎きの声がきこえる。

しかもその原因は、一般書店とは異なる。赤字の最大原因は、教会が買った品の代金を支払わないからである！　それが余りにひどく、また個々の書店では交渉しづらいので、全国的出版組織が書店と連名で、全国の教会と牧師に支払いを求める文書を作るという。サタンの高笑いが中空に響く。

世界キリスト教協議会とはプロテスタントと正教会三一四教団一〇一か国、信徒四億人をふくむ協議会で、一九四八年結成以来、難民援助、被抑圧者救済など、良い働きをしてきた。しかし、ジュネーブにあるその本部は、九一年からの五年間で収入が半減し、職員を二〇％減らすという。しかもその収入減の最大の原因は、加盟教団の四〇％が負担金を出さないからである（キリスト新聞九六・一〇・一九）。

買った品物の代金を払うことは通常道徳のイロハ、三歳の童児でも知っている。聖書を必要としない。自発的に加入した団体に、負担金を払わないのは、義務怠慢、契約違反である。人間社会成立の根拠である、約束を守ることは、キリスト教会だからとて免れはできない。眼に見える人々との契約を守らぬ教会が、眼に見えぬ神との契約を守るだろうか。

情けないことに、日本でも世界でも、今やキリスト教道徳は世俗道徳に劣るようだ。キリストの面汚し、サタンへの加勢、これに過ぎるものはない。ああ、悲しいかな！

明の学者で万暦二〇年（一五九二）進士になった李日華、号は竹懶《ちくらん》という人がいた。進士の試験に合格するのは還暦すぎの人もいる。彼は太僕少卿、日本でいうと農水省畜産課長補佐どまり、大して出世はしなかったが、さっぱりした柔和な人で、物惜しみせず、書画に巧みで、鑑識眼も秀れ、世人は「博物君子」と呼んだ。この人が世に極めて悲しむべき三事を述べた、左の峻烈な文がある。

「好子弟ニシテ庸師ノ教壊スル有リ。好山水ニシテ俗子ノ粧点壊スル有リ、好茶ニシテ凡手ノ焙壊《ほうかい》スル有リ。」好ましい青少年が愚かな教師の手にかかって台無しになる、美しい風景が何の見識もない連中の俗悪な手入れでさっぱりになる、そして銘茶も下手な手合いが焙《ほう》じてすっかり味がこわれてしまう――一言でいえば、教壊、粧壊、焙壊である。

お茶は勿体ないが辛抱して飲もう。景色は腹が立つが、年月をかけてできるだけ元どおりにしよう。しかし、教え壊された若者を真人間にかえすことはきわめて困難である。それができるのはキリストの福音だけだ、と言いたい。しかるに、ああ、その福音を主から託された人々とその集まりが、教壊するとは！　いな、真に教えることもできず、ただ壊すとは！

関西合同聖書集会会報・第五三号
一九九七年一一月二日発行

## K子さんのゴム長靴

あなたがたの会った試練で、世の常でないものはない。神は真実である。あなたがたを耐えられないような試練に合わせることはないばかりか、試練と同時に、それに耐えられるように、のがれる道も備えて下さるのである。
〈1コリント一〇・一三〉

皆さんも永い一生にはどんなに苦しく辛いことが起こるかもしれません。そのときに思い出してみて下さい。

この夏私は長野県東北部の北御牧《みまき》村へ行きました。日本の農業のことを話し合うためです。その村は人口五千人、人口密度は大阪市の約五十二分の一で、米、豆、野菜、薬用人蔘、花を作り、乳牛をかっています。

そこでK子さんの赤屋根のサイロの牧場を訪ねました。K子さんは千葉県の出です。その人がどうしてこの村に入ったのでしょう。短大卒業の年、K子さんは友達と一緒に信州旅行にきて、小諸からバスでこの村にさしかかると、向こうに赤いサイロが見えたのです。懐かしく思ったK子さんは友人と別れて一人バスを降り、その牧場に歩み入りました。そこでは一人の青年が牛の世話をしていました。

こうしてK子さんはその青年と結婚し、男二人女一人と子供も恵まれ、幸せに働いていました。ところが、結婚して十二年、彼女が三十四歳、女の子が四歳のとき、夫が急病でなくなったのです。K子さんは途方にくれました。——夫の母親は長患いです。牛の世話は二人がかりでも一日仕事、年中無休です。子供はまだ小さいし……実家へ帰ろうかとも考えましたが、病気の母を見捨てられません。

K子さんは決心しました「よし、何とか力の限りやってみよう。」——何十頭もの牛の乳を搾り、子供を学校へやり、母の世話を召されるまで八年間つづけました。

子供たちもよく手伝いながら育ち、上は酪農大学を出て県の酪農指導、中は同大学短大の獣医科在学中、下の女の子も県の農業高校の畜産科、成牛が五十頭——最も苦しい時はもうのりこえることができました。

一日中ゴム長靴で働きづめの彼女が笑顔で言いました。「病気の母がいなかったら、私はきっと投げ出していたでしょう。ここまでやってこられたのは母のおかげです。」

ある牧師のみた夢の話——新エルサレムの博物館を館員に案内してもらいました。

古い血染めの甲冑がありましたが、アレキサンダーやナポレオンのはありません。ローマ教皇が右中指にはめる宝石付き指輪や、ルターが悪魔にぶっつけたインク壺は、むしろ無いので注意をひきました。——目についたのは、やもめのレプタ二枚、ナルドの壺の破片、小鳥の羽、そしてぼろぼろの産着、それに大きな釘三本と鎚、茨のとげ数本と海綿、銀貨一つ。真中のケースには、質素な大ぶりの杯が大切に置かれていました。館員に「タオルとたらいは?」ときくと、「それはありません、今も毎日使われていますから」との答えが返ってきました。
もう百年もすれば、K子さんのゴム長靴もあるいはそこに飾られるかもしれませんね。
皆さんも一生のあいだには、そこに入れてもらえるものが与えられるといいですね。

（九七・九・七、一泊研修会・子供早天礼拝で）

関西合同聖書集会会報・第五九号
一九九九年二月一一日発行

## 真実なる心

神は霊であるから、礼拝する者も、霊とまこととをもって礼拝すべきである。

〈ヨハネ四・二四〉

藤井武が矢内原忠雄に語った有名な言がある。「もし信仰と真実とのいずれか一つを選ばねばならぬとするなら、自分は真実を選ぶ。なぜなら真実なる心は神を知ることができるが、真実のない信仰はパリサイ主義に陥るから。」矢内原は藤井についていう、「一場の戯言すら、苟《いやし》くもたましひの誠実性を傷くるものたる場合には、彼は之《これ》を容《ゆる》すに堪へなかった」と。ここに無教会の気風《エートス》がある。

　最近ある集まりで一講師が、資料として新約のある部分の私訳を配って言うに、「この私訳はきのう一晩でやっつけた。」私は耳を疑った。祈りをもって準備された集まり、禱りをこめて集った聴衆、主題は聖書、しかも神の真実が凝《こ》って、独子イエスを遣される救いの大真理である。それを「一晩でやっつけた」とは！　何たる自信、何たる有能、そして何たる真実の欠如‼

　真実を欠く心は他者の真実をも感じえない。そのあとで言たまたま「第二ヴァチカン公会議」の数ある宣言中最も重要な「諸宗教宣言」に及んだ。これは、神の存在と救済意志、人間の救いへの憧れの萌芽を、キリスト教だけでなく、ユダヤ教、イスラム教はもとより、仏教にも、さらには原始宗教の中にすら認めた、画期的宣言である。「教会の外に救いなし」というキプリアヌス以来の伝統を一擲して、人類全体の魂の希求に大きく心を開いた文書である。それは主の御心にそい、天地万物を救おうとされる神の大能に目覚めた言である。カトリック教会は以来三十余年、この線に沿って改革と活動を進めている。この言の真実に私たちは学ばねばならぬ。

　ところが右の一晩先生は言ったのである――「カトリックには政治的思惑があるからな。」真実の感性の鈍磨！　時の徴への完全な無知！　私は心の底から歎いた。

　さらに話は温暖化に移り、各人のエネルギー節約の必要について意見が交わされた。そのときこの思惑先生は言ったのである――「そんなにエネルギー節約を言うなら、アーミッシュのように馬車に乗るか歩けばよい。電車にも飛行機にものらないがよい。」私は即座に応じた、

「それではこの集まりは地元の方だけでして下さい。」

オール・オア・ナッシングという安易な発想、人類全体、生命全体の直面する至難な、叶わぬまで

も各人の努力が緊急に必要な問題に心をとめようともせぬ思想的怠惰！　このような人が聖書を訳し、聖書を講じることに、私は身震いするほどの恐怖をおぼえた。

今日サタンはもう大っぴらに活動している。社会の底知れぬ腐敗、宗教界の地位・利益・勢力追求にそれをみる。

そして、ああ、なんじキリストの御名を口にする者も「真実なる心」を失ってしまったのか！　闇は深い。主よ、速やかに来って、御旨を為したまえ‼

関西合同聖書集会会報・第六一号
一九九九年六月二七日発行

## 自己を取り戻した民

エルサレムよ、もしわたしがあなたを忘れるならば、
わが右の手を衰えさせてください。
もしわたしがあなたを思い出さないならば、
もしわたしがエルサレムを
わが最高の喜びとしないならば、

わが舌をあごにつかせてください。〈詩篇一三七・五、六〉

日本人は果たして自国の歴史と文化を本当に弁えているだろうか。たとえば人麿や西行の歌を一首でも憶えていようか。現代史はもとよりのこと、古代王朝時代から、貴族政治、武家政治、封建制全体の流れ、神道、仏教、儒教、武士道を含む精神文化、万葉、古今から源氏物語、枕草子、徒然草、蕉門の俳諧等の文学や、建築、絵画、彫刻、工芸にわたる仏教美術の数々をこめた全体のことである。

一国民がその歩んだ跡を忘れるとき、その民は根無草となる。それは国際化では決してなく、只の無国籍、自己喪失であり、自己尊重のない所、他を敬う心も起こらない。ただその時々の瞬間を生きるだけで、そこに希望は生まれない。

ユダヤ人が紀元七〇年の亡国離散の後、一九〇〇年間ヨーロッパ各地に散らされながら、聖書を尊び、一なる神を信じ、律法を伝え守って、宗教による自己同一性を保ちつづけてきたことは、まことに驚嘆に値する。日本人はそうは行くまい。

この五月下旬、台南で開かれた会議に招かれて、彼地の人々と話す機会があり、このことを改めて痛感した。

台湾は一六世紀に世界史上に姿を現してから、一度も全島統一した国家を作ったことがない。ずっと外来政権の支配下にあった。オランダとスペイン、鄭成功、そして清、ついで日本、そのあと蔣介石の国民党と。それが一九八八年一月、蔣経国の急死により李登輝《りとうき》が総統に昇格して、史上初めて台湾人の政府をもつことになった。

以来民主化の進みは著しい。自由選挙も行われ、言論と学問の自由も保証されている。国民一人当たりのGNPも一万ドルに達し、先進国に迫っており、国民に活気と気概が感じられる。

蔣政権下台湾では、国民学校でも台湾の事は教えなかった。中国古代の王の名を暗記させられたのは、戦前日本の小学生が「神武《じんむ》、綏靖《すいぜい》、安寧《あんねい》……」と丸憶えしたのと同じで、台湾自らの歴史は徹底して禁圧無視され、その研究さえ日本など海外の大学へ留学しなければならなかった。今や、これは改められ、子供たちにもまず台湾の事を教える。大学には台湾史の研究者（多くは日本の大学出）がいる。この初めての自立的国造りに、国民全部が自信と希望をもって参与している。

台湾の歴史は四百年、日本は少なくとも千三百年。いずれにせよ自国の過去を公正に、全体として心に納めることなしに、未来はありえない。パストゥールも言う、「科学に国境はないが、科学者には祖国がある。」定位すべき過去をたえずふりかえる民は必ず興る。

関西合同聖書集会会報・第六七号
二〇〇〇年九月九日発行

## 小事に忠

あなたはわずかなものに忠実であったから、多くのものを管理させよう。

〈マタイ二五・二三〉

竹越与三郎という歴史家がいた。慶応を出て新聞記者ののち、『二千五百年史』で開明的文明観を認められ、西園寺公望の「世界之日本」の主筆となり、のちに政界入りして代議士当選五回、貴族院勅選議員ともなり一九五〇年になくなった。

この竹越の『西園寺公望公伝』(一九三〇)を新渡戸稲造が『編集余録』(三三・九・三)で紹介している。西園寺の教育勅語改正計画である。——教育勅語は上が下を見下し、下が上を仰ぐ規則だけから成っていたが、今では社会状況が変わって、左右の社会である。ゆえに「縦の道徳」に対し「横の関係」を尊重する道徳がいる。西園寺は首相在任中明治天皇にこの旨を具申し、天皇から新しい「勅語」草案作成を依頼された。

新渡戸の持論では、一旦緩急時の行動を説くよりも、毎日の市民生活での通常の道徳——正直とか親切とか——の方が大切である。西園寺の改正案もその方向であったろう。

たとえば、買い物のさい売り手が勘定を少なくまちがったら教える。支払った金以上の品を誤って渡されれば返す。キセル乗りはしない。車中老人や病人には席をゆずる。弱い者いじめをしない。上におもねらない。自慢しない。——このような市民の満ちる社会こそ、他のどの国とも互いに尊敬し合い、平和に歩むことができるのである。

先日、例の「神の国」発言をめぐる森首相の記者会見の前日、記者の一人が、首相側に記者クラブの空気を内通し、切り抜け策をさずけたメモを作っていたことが問題視された。問う側の一人が同輩を裏切って政府筋におもねる――まことに卑劣極まる行いで、職業倫理のイロハさえわきまえぬことであった。

さて、仄聞するところでは、この記者が自分の子供たちを連れて遊園地へ行ったときのこと、入園料が要るようになったばかりの子供もいた。入場券を買うとき、彼は子供の年齢をいつわって、只入りさせた。入ってからそのことをきいたその子がよくも言ったり――「もうかった、もうかった！」

この記者の結婚披露宴のときのことである。彼の父が、満座の人たちにパンフレットを配った、開けてびっくり、そこには、自分（父親）が教育放送に出たことをはじめ、これ見よがしの自慢が書き連ねてあった。息子の自慢ならまだしも、親が自分の自慢をするとは！　それは、祝いに来て下さった人々に失礼である。その程度のことさえ弁えぬ人が、ブラウン管に大きな顔をしている。

まことに、この親にしてこの子あり。この子にしてこの孫ありとなる率はきわめて高い。道義崩壊の根は深い。その再建のためには、各人が主の教えのように、小事に忠を徹底することが始まりである。

関西合同聖書集会会報・第九二号
二〇〇五年九月三日発行

## 起きよ夜は明けぬ——オーランドから

夜中に「さあ、花婿だ、迎えに出なさい」と呼ぶ声がした。　〈マタイ二五・六〉

戦争の度に国境が変わるヨーロッパでは、小国は多いが自治領は少ない。フィンランド領のオーランドだけであろう。その主都マリエハムに行ってきた。バルト海口を扼する六五〇〇の島々から成る、人口二・五万、面積は佐渡島の倍より小さい、北緯六〇度の白夜の地で、ほとんどの島は無人島だが、議会と内閣を有し、切手を発行し、軍事、外交、司法、税制以外は万事自治である。スウェーデン語を公用語とし、海運と観光が主産業だが、自家用車の保有台数も人口当たりの病院ベッド数も日本並みで、年間の観光客は一六三万人で住民の六五倍、バルト海を行き交う五万トン級の豪華客船も、オーランド船籍のものが多い。

その歴史は苦難に充ちている。一八世紀に二度ロシアの占領をうけたのち、一八〇九年の戦争でスウェーデンが敗け、フィンランド全体はロシア領となり、オーランドには要塞ができた。一八五四年のクリミア戦争では英仏艦隊に占領され、五六年のパリ条約で非武装地帯と定められた。一九一七年のロシア革命後、オーランド住民はスウェーデンへの帰属を望むが、ようやく独立を得たフィンランドはこれを自治領とすることを提案、住民の反対もあって、二〇年に国際連盟に提訴され、二一年、専門家の委員会で「フィンランド領の自治領で非武装中立とする。公用語はスウェーデン語とし、その文化や慣習の保護を保障する」と定められた。この裁定で主な役割を演じたのが新渡戸稲造で、裁定の様子はジュネーヴの連盟本部とオーランドの国会議長室には油絵として掲げられ、オーランドの切手になっている。

オーランドもフィンランドも福音ルーテル派である。フィンランドへは西はスウェーデンから、東はロシアから、一〇世紀にカトリックとロシア正教が入ってきたが、一二四九年にはスウェーデンが正教地域に十字軍を起こし、アボ（今のトゥルク）に監督座をおき聖堂を建てた。

宗教改革にはペーテル・セルキラクス（一五二九年死）とミカエル・アグリコラ（一五一〇頃―五七）が関わる。セルキラクスはドイツのロストック大学留学中の一五一六年に改革の気にふれ、僧として真先に結婚し、二三年帰国後は改革に専念、青年アグリコラに大きい感化を与えた。

アグリコラは今もヘルシンキ大聖堂のドームを支える柱にルター、メランヒトンより祭壇に近くその像が飾られている。彼はセルキラクスから改革を知り、一五三六―三九年ヴィッテンベルクに留学、ルターの推薦状をえて帰国、アボ神学校で九年間教え、教会改革を行った。五四年アボの監督となり、祈りの本を書き、新約聖書を訳し、旧約の一部も訳し、ミサや教会手引も著し、「フィンランド文学の父」と呼ばれている。

ロンドン・テロ事件後の日曜日、ヘルシンキのヴァンハー教会の礼拝に出たとき、日本の讃美歌の一〇〇番と一七四番が歌われた。このキリストの降誕と再臨の間に、人類の全歴史が包まれている

――八十余年守られてきたオーランドの平和が、今こそ人類に光を投じるようにと、心から祈った。

関西合同聖書集会会報・第一一六号
二〇一〇年七月一九日発行

## 今一つの道を求めた二人――良寛とフランシスコ

自分の十字架をとって私に従ってこない者は、私にふさわしくない。〈マタイ一〇・三八〉

どの宗教でも、開祖は直接神仏の示しをうけ、その声をきき、敢然と前人未踏の今一つの道を歩み出す。しかし成功を収めると固定化し、旧態然たる宗門の中に引き込まれたり、自らまた一つの制度組織を作って、神仏の示しから遠ざかる。

そこでまた新たに今一つの道を求める人が起こされる。この二人もそういう人だった。

二人の共通点は多い。（一）裕福な家庭、（二）父と対立して世を捨てる、（三）歌や詩を作り、自らうたう、（四）自然万物を愛する、（五）清貧に徹し、無一物で死んだ。

しかし相異点も少なくない。（一）フランシスコは生存中に数十万人を擁する公認の会を作った。良寛は只一人釈迦の生涯に倣った。（二）フランシスコは死後二年で聖人に列せられ、その二年後には壮大な大聖堂が建てられ、その地下聖堂の石棺に今もいこう。良寛は何の栄誉も受けず、隆泉寺の木村家の墓地に葬られている。(三) 良寛は十七歳で結婚し半年で別れたがフランシスコは結婚していない。(四) フランシスコは結核で四十四歳で死に、良寛は直腸癌で七十四歳で没した。(五) 学問嫌いのフランシスコと違い、良寛は漢学を十年、仏道修行を十二年修めた。(六) 良寛は子供と遊んだ。

フランシスコは二十世紀に入って様々の称号をうけた。一九一五年にカトリック活動の保護聖人、三九年にはイタリアの保護聖人、八〇年には自然環境の保護聖人である。この最後の称号は、小鳥に説教したと伝えられる彼にふさわしく、西洋キリスト教史上彼は稀な自然賛美者といえる。しかし彼はハエが大嫌いで、不和を惹す兄弟をハエと呼びもした。

この点でわが良寛がまさっている。「蚤虱《のみしらみ》音たてて鳴《なく》虫ならばわがふところは武蔵野の原」の一首だけでもその広大無辺の心がわかる。

フランシスコは死に際に「ようこそ、わが姉妹死よ」と言った。良寛は雪積む正月、糞まみれになり、転げ回って苦しむ夜中にも「ぬばたまの夜はすがらにくそまりあかしあからひく昼は厠《かわや》に走りあへなくに」と詠じた。フランシスコにそのような余裕はない。

またフランシスコには顕示欲があった。ローマの賽銭箱に大金を大きな音をたてて入れたり、悔い改めのしるしに首に縄をかけて市中を引き廻させたり、人前で大声で罵らせたり、良寛にはそんな外《け》連味《れんみ》は一切なかった。

フランシスコは直接キリストの声をきき、キリストに従うことを第一として歩みだしたが、迫害を避けるためカトリック教会の制度に頼り、そのためその大組織に包まれてしまった。良寛は只一人、無宗派、無所有、一所不住を貫き、釈迦に従いぬいた。その至純にして自由な生涯は私たち後生の魂を揺るがさずにはおかない。実に良寛は無教会的であった。

良寛はキリストを知るべくもなかった。しかしキリストは良寛を知りたもう。フランシスコは仏陀を知らなかった。しかし釈迦は彼の当初の志と歩みを嘉《よ》しと見られると私は信じる。

関西合同聖書集会会報・第一一八号
二〇一〇年一一月三日発行

## ただそれだけ

神は霊であるから礼拝する者も霊とまこととをもって礼拝すべきである。

〈ヨハネ四・二四〉

軽井沢の別荘近くの林を弟子たちと散歩していた新渡戸稲造は、一人の老婆が道端の石地蔵に花を供え、何事かを熱心に祈願しているのを見た。弟子の顔にいぶかりの気持ちを認めて新渡戸は言った。「諸君はあのお婆さんをみて、あんな石仏に祈ってもと、哀れんでいたかもしれぬ。だが私はこう思う――石仏にさえあれほど熱心に祈りを捧げている。もしまことの神を知ったら、どんなに素晴らしい信仰をさずかることだろうかと。」

新渡戸の属するクエーカーは、神の内なる光はキリスト以前のすべての民に差しこんでいると説く。特に新渡戸は、それを「恵みは遡って働く（Retroactive Grace）」と表現して、すべての人がキリストの救いに与ると信じた。

内村鑑三はシーリー学長から示された贖罪信仰を生涯堅持したが、他方在米中から自分と異なる信仰の人にも心を開いていた。それは、一九二九年十月二日の日記に見られる「全人類教会主義」に至って明確な表現を得る。

この事を示す逸事がある。大正末年、内村は信州沓掛の星野温泉にある白ペンキ塗りの山荘に夏を過ごした。この山荘はグラント元大統領が一八七九年来日して日光見物の際、一夜の宿として急造した質素な建物で、内村の弟子の大久保という紡績業主が移築して内村に提供したもの、すでに築四十年を越える。

沓掛には、弘田龍太郎、土井晩翠や作家吉田絃二郎（一八八六―一九五六）の山荘もあった。吉田は佐賀生まれ、プロテスタントの東山学院を中退、佐賀工業を出て佐世保工廠につとめ、上京して十八歳で早稲田の英文科に入り、信仰上内村の指導もうけ、宗教性、抒情性豊かな小説や随筆は好評を博していた。

吉田はその地で内村の朝の散歩のお伴をしたり、早朝から外湯の温泉に一緒につかったりして、内村から話をきいた。その一つ――

ある朝内村が湯に行くと、老婆が大声で念仏を称えている。隣につかった内村が「おばあさん、ずいぶん有り難そうだね。有り難いかね」と問うと、「ええ、お迎えも近うなるし、こうしてお湯にも入れてもらえるし、ありがとうて、ありがとうて。」内村は「そうかね。おばあさん、これからも一生懸命念仏を称えなさいよ」と言って湯を出た。このことを語る内村のほほには少し紅《あか》みがさしていた。そして朝のさわやかな冷気に歩みを共にしている吉田に言った、「まじめな信仰はどれも絞り切れば〝ただそれだけ〟である。しかし、その〝ただそれだけ〟が実に難しい。今朝はおばあさんにとても大切なことを教えてもらった。」当時、吉田は四十歳手前、若い時にえたキリスト信仰から離れ始めており、のち仏教に帰依する。内村はそのことも知らぬではなかった。そこにこの逸事の深い味わいがある。

関西合同聖書集会会報・第一一九号
二〇一一年二月一一日発行

## 草木ものいう世界

栄華をきわめた時のソロモンでさえ、この花の一つほどにも着飾ってはいなかった。
〈マタイ六・二九〉

敗戦後空襲焼け跡の荒地に、それまで見たこともない丈高い草が一斉に生え、秋には細かい黄色の花房を茎の上に立て、種はタンポポのように飛び散り、翌年には当たり一面を覆って咲いたのを憶えておられようか。

私たち中学生は、教練改め作業の時間に、この草の葉を刈って製パン所に運んだ。しばらくして真黒な舌ざわりの悪い丸いパンをお返しに貰った。先の葉を粉にしてメリケン粉に混ぜて作ったパンだった。

その草の名はセイタカアワダチソウ、植物学者が調べたところでは、荒地一ヘクタールのこの葉の面積は、落葉樹林一ヘクタールの木の葉の面積を上まわり、緑化効果は大きい。またこの草の地下長く延びた根からは化学物質が出て、他の植物を退け広い範囲を独占するという。

植物は化学物質を作る。樟は防虫物質を作るし、トリカブトは猛毒を作る。

最近、植物の化学物質による情報伝達研究が進んできた。コナガの幼虫に食べられたキャベツは、幼虫の天敵コナガコマユバチに、炭素六個の揮発性物質の、アルコール、アルデヒド、テルペン類を放散して信号を送る。ハチは信号を受け飛んできて、コナガ幼虫に卵を産みつけて幼虫を殺し、キャベツを助ける。リママメにもトウモロコシにも同じ働きがある。キャベツにアオムシがつくと、その天敵アオムシコマユバチを呼び寄せる信号物質を出す。つまりキャベツは害虫によって天敵も異なり、信号物質のブレンドも異なるのである。

さらに除虫菊が虫にかまれて殺虫性のピレトリンを出すと、近くに生えている無傷の除虫菊のピレトリンを作る遺伝子の働きが強まる。

この外驚くべき植物電流も報告されている。大麦を植えたパッドを並べた室に人が入ると、大麦に微弱電流が流れ、それを室内の他のパッドの大麦が感受する。つまり、人が入ってきたことを他に伝えているのである。大麦の葉をちぎると強い警告電流が走る。その電流をも他の大麦は感知する。人間は傲慢にも、植物を無感覚と決めつけ、毒で枯らし、焼き払い、伐り倒して虐めてきた。キャベツの葉一枚すら痛みを覚え信号を発するとすれば、二四Dで枯らし尽くされた草や、原始林で伐採された無数の巨木の号泣は、愚かな人間の耳にこそ聞こえなくても、創造主にはかならず届いている。

詩人はこの声を聞きとる。ダンテが地獄で道傍の木の葉をちぎった時、枝が声を発して、「何の恨みがあって私を裂くのだ」と言った。新渡戸稲造の『編集余録』一九三三年九月二一日（死の二四日前）の文「宇宙の生命」では、罪のない花の泣き叫ぶ声をきくまいと、花の間を歩む時は踏まぬよう注意する、人間の耳は余りに雑で花の低い振動をきき分けられないとある。生き物はみな感受性をもっており、宇宙の生命は石の中、土くれの中、星々の中に深く脈うっている、と彼はいう。

われわれは日々宇宙の生命を分け与えられて、命をつないでいる。花の声を聞こう、木々の呻きに耳を傾けよう。桜守の翁が日々桜の幹をなでて声をかけていつくしむ時、桜が見事な花を開くのも当然である。

まして人間においてをや、である。

## 関西合同聖書集会会報・第一二三号
二〇一一年一一月三日発行

### 十月に思う

最後に、兄弟たちよ、すべて真実なこと、……を心にとめなさい。〈ピリピ四・八〉

秋晴れの午後、愛真高校理事会行きの切符を求めるついでに、天王寺美術館の「岸田劉生《りゅうせい》展」を見た。劉生（一八九一―一九二九）は愛娘麗子のあまたの肖像画で有名である。誕生から自分の死の年まで描きに描いた肖像は一種の霊妙の気さえ漂わす。三八歳で世を去った彼は、明治のジャーナリスト、事業家、岸田吟香《ぎんこう》（一八三三―一九〇五）の子である。

吟香は、中村正直と訓盲院を開いたり、精錡水《せいきすい》という眼薬で成功を収めたり、台湾へ従軍記者に行ったり、多彩な活動をした。新渡戸稲造が札幌農学校生徒時代眼を病み、上京してその眼薬を買ったのは、一八八〇年である。

美術館売店で麗子の絵端書と一緒に、花暦三六五日の中から家族の誕生日のものをと、まず亡妻の九月一八日を探すとコスモス、私の二月一五日のはムラサキハナナであった。

コスモスは藤井武夫人喬子《のぶこ》の女学生時代からの愛称だが、その誕生日は五月二八日、死の日が一〇月一日、コスモスの盛期、「羔の婚姻」冒頭に藤井武は「目もはゆるコスモス、菊、ダリヤ、くまどるはうす紫の桔梗」と歌い出《い》で、「私を覚える日は十月一日にしてほしい」と述べた。

いま一人十月に覚えるべき人は、来年生誕一五〇年を迎える新渡戸稲造である。その死は一九三三年一〇月一六日、その特愛の花、萩の真盛りの時である。そしてこの新渡戸と藤井を結ぶものは、正直と真実である。

新渡戸は晩年、「英文大阪毎日・東京日日」に「編集余録」というコラム記事を、死ぬまで連載したが、その一九三〇年八月一七日に「日常の徳」と題する痛烈極まる文がある。――当時強調された愛国心や忠義などは二次的義務で、正直こそ大切な徳だ、不正直な人間が良い愛国者になりえようか、嘘つきの愛国心は信頼できないとの批判は、前年、張作霖爆殺事件にからんで昭和天皇に嘘をつき、叱られて首相を辞めた田中義一大将のことを指すのだが、この批判は今の政、官、財の人たちにも、そのまま当てはまる。藤井武にも田中首相を厳しく批判した文がある。

藤井が「もし真実と信仰のどちらかを選べというなら、私は真実をとる。真実を欠いた信仰は価値がないから」とのべたのは有名である。彼ほど真実に徹したキリスト者は稀であった。

哲学者で真実を最も重んじたのはカントである。ヘーゲルは子までなした女性をすてて貴族の若い娘と縁を結んだ。しかし、晩年のカントはいささか自縄自縛気味で、「刺客に追われて自分を頼ってきた友人を助ける為でも、嘘はついてはいけない」とまで言った。けれども『人倫の形而上学・徳論』では、礼儀のための嘘は認められようか、との疑問を呈している。

藤井も礼儀を重んじる人だった。愛弟子の中山博一先生がまだ東大学生の頃、藤井に一場の講演を頼み、講果てて一同駅まで藤井を送っての別れ際に、用意の「謝儀」を手渡そうとしたとき、藤井はそれを峻拒して「こんな所で」と注意した。学生たちは己が非礼を恥じ、日を改め先生宅を訪ねて詫びたという。中山先生は、私を招いての講演のあと。謝礼を手渡しつつこの逸事を話してくださった。正直、真実、礼儀をきびしく守り、後生にそれを訓す人がいた旧き良き時代を慕うこと切なるものがある。

関西合同聖書集会会報・第一二四号
二〇一二年二月一一日発行

## その業を信じる

我もし我が父のわざを行はずば、我を信ずな。もし行はば、たとひわれを信ぜずとも、その業を信ぜよ。

〈ヨハネ福音書一〇・三七―三八（大正訳）〉

今年は新渡戸稲造生誕一五〇年、故里盛岡では九月一日前後に記念行事が催される。昨年は新渡戸の同級生の内村鑑三の生誕一五〇年、そして来年はこの二人を師とあおぐ矢内原忠雄の生誕一二〇年に当たる。

内村鑑三は十字架のキリストを深く信じ、無教会の信仰を神に示され、戦闘の生涯を生きた。また、教育勅語不敬事件、足尾鉱毒事件、非戦論等、内外の諸問題に鋭く対応し、神の国実現の為に此世にあって正義完徹に努めるよう、身をもって実践し、後生につよい影響を与えた。

新渡戸稲造は、アメリカ留学中クエーカーに入り、生涯その信仰を守った。母校、京大、東大の教授、一高校長、東京女子大学学長など、教育界に大きな貢献をし、また国際連盟事務次長として、スウェーデンとフィンランドの領土問題に名解決を行い、知的協力委員会の世話役として、アインシュタイン、キュリー夫人、ベルクソンらと共に国際交流の基礎工事をした。晩年は太平洋問題調査会の日本理事長として、環太平洋地域の相互理解に尽くし、軍閥の横暴がつのりゆく中、日米間の暗雲を払おうと、米大陸に赴き客死した。

一高校長時代新渡戸は生徒の宗教的指導を内村に委ね、その中からいわゆる無教会二代目の人々の多くが生まれた。中でも、新渡戸の心事と働きを理解し、内村の信仰を継承するとともに新渡戸の学問を更に進め、右翼の迫害で職を失いつつ、平和のためペンを揮って戦い続けたのが、矢内原忠雄であった。

新渡戸の死後、記念事業として『新渡戸博士追憶集』と『新渡戸博士文集』が刊行されたが、まさに一巻全集ともいうべき後者の編集は、矢内原が行った。また新渡戸の等身大の坐像が多磨墓地の墓の近くの角地に据えられた。戦争末期、金属回収でそれは撤去されたが、ほどなく敗戦、弟子たちが八方探して見つけ、四七年一二月一二日に復座した。この時集った人々が、翌年以後毎年新渡戸の命日一〇月一六日に集まり、小《こ》日向《ひなた》会《かい》が結ばれた。

一九九八年当時の同会員は、私も含めて二〇人、物故会員は七六人にのぼるが、そのうち無教会信徒は南原繁、川西実三、矢内原忠雄、山田幸三郎、臼田斌の五人だけである。

　矢内原は戦争中出した『余の尊敬する人物』でいう、「私は内村先生よりは神を、新渡戸先生よりは人を学んだ。……私も札幌の子である。」また北大での講演でいう、「両先生は太陽のごとく、月のごとく、父のごとく、母のごとくである」と。

　新渡戸が手がけた多くの仕事の中で、日本人が永久に忘れてはならぬものがある。健康保険制度である。一九三一年東京中野の病院を拠点として東京医療利用組合が医師会の猛反対を抑えて設立され、日本初の一般市民の健康保険が生まれた。発起人会では「新渡戸の生誕百年迄にこの制度を日本全国に及ぼそう」と宣言された。敗戦のおかげで一九五八年四年早く、世界に誇るに足る今の保険制度が発足し、私たちはその恵みを受けている。

　新渡戸の業は末代まで人々の命を守っている。新渡戸の信仰に同調できない人々も、その業を信じたい。それはたしかにキリストの業だからである。

関西合同聖書集会会報・第一二八号
二〇一二年一一月三日発行

## 万世のため太平を開く

平和をつくり出す人たちはさいわいである。彼らは神の子と呼ばれるであろう。
〈マタイ五・九〉

クレッチマー『天才の心理学』（岩波文庫、内村祐之訳）に興味深い話がある。天才は中央の大都会には出ず、歴史ある地方の文化を保った町に生まれるが、天才が出るとその家系は三、四代で絶える。

このことはひとり家系だけでなく、一地方、一つの町にもいえるのではないか。

六十年以上の念願だった千葉県関宿《せきやど》訪問でこのことを痛感した。一つの町は一人の人物を出す為に存在したのだと。今は野田市の関宿は四万八千石の小藩、利根川の本流だった江戸川の氾濫を防ぐため、関宿から銚子まで一五〇キロの利根川を拡幅し新しい本流とし、利根川・江戸川の内陸航路が開かれた（一六五四年）。その両河の分流する細長い三角地に関宿はある。柏市から車で一時間余、国道十七号線は工場、倉庫、飲食店が雑然と並ぶその行き詰まりが関宿である。人口一万二四一四人の農業町で、ここに鈴木貫太郎の記念館と墓がある。延床二〇三平方メートルの館は入場無料である。

この佐幕藩の飛び地、和泉国伏屋（今堺市）で一八六七年貫太郎は生まれた。

廃藩後郷里へ戻った貫太郎は、関宿の小学校から前橋の小学校を卒え、十一歳で海軍兵学校に入学、海軍一筋の道を歩む。日清・日露の戦役では水雷艇と駆逐艦で雷撃戦に活躍した。

一九一二年妻とよを失い、三年後再婚した足立たかは、奇しくも昭和天皇幼時の養育係だった。貫太郎は一九二三年五六歳で大将、翌二四年に連合艦隊司令長官、退役後一九二九年には侍従長として昭和天皇に供奉する。

しかし一九三六年の二・二六事件で、官邸で安藤大尉指揮の一隊に襲われ、数発の銃弾を受けたが、止めをさせなかったたかの機転で九死に一生を得た。

時移って敗色濃い一九四五年四月六日内閣総理大臣となり、米内光政海相と組んで戦争終結につとめ、八月九日と十三日の二度の御前会議で「聖断」を仰ぎ、ポツダム宣言受諾を決定する。その日東京の自宅は放火され全焼し、無一物の身で友人・縁者の家を三か月に七度も転居した。これを聞いた関宿町民が帰郷を懇請、ようやく静かな隠棲の地を得、農村青年に酪農を勧めたりしながら悠々自適の生活を送り、四八年四月十七日逝去した。

敗戦翌年の三月号「展望」の志賀直哉作「新町随筆」の中に、鈴木首相の敗戦処理のことがある——組閣当初陸軍の徹底抗戦一億玉砕の要求を容れたのは含蓄あるやり方だった。真意を他に秘して結局終戦という港にボロボロ船を漕ぎつけた。陸軍は今にも沈みそうなボロ船で沖へ乗り出せという。鈴木は舳だけ沖へ向けておき、不意に終戦という港に船を入れてしまったとある。これを読んだ鈴木本人が「小説家とは偉い者だ。自分とは一度も会ったことも話したこともないのに、自分の気持ちをこんなによく知っているとは全く感心の他はない」と子息一氏に語った。

貫太郎が大将補佐任時に筆を揮った「奉公十訓」中に次の四訓がある。政治家も宗教人も重々心すべきことではないか。

（三） 公正無私を旨とし名利の心を脱却すへし
（四） 共同和諧を旨とし常に愛敬の念を存すへし
（八） 自分の力を知れ僑《(ママ)》慢ある可からす
（九） 易き事は他人に譲り難き事は自ら之《これ》に当たるへし

関西合同聖書集会会報・第一三八号
二〇一四年一一月三日発行

## 小さな集いを閉じる

懼《おそ》るな、小き群よ、なんぢらに御国を賜ふことは、汝らの父の御意《みこころ》なり。
〈ルカ伝一二・三二（大正訳）〉

大きな集いにはいろんな面で秀れた人々が集まる。そこでは積極的討論、多様な物の見方、異なる専門領域の交流があり、貴重な知識がえられる。

しかし、深く魂の中に立ち入って、今の世界と、人類の歴史と、宇宙全体の成り立ちとを話し合い、それらをふまえて今、次の一歩を誤りなく踏み出すためには、あまり大きな集いでは無理である。

本「会報」一一三号（〇九年十一月）でふれた小さな集いが遂に門をとじることとなった。この集いは大阪中之島の朝日ビル六階に、豊かな蔵書、文理両系の多くの科目を提供していた女性教養の会（ドアガラスには金文字でSOPHIA INSTITUTEの大文字）が、戦後しばらくして解散したのち、受講者有志の求めに応じて、一九五九年六月、哲学を学ぶ月二回の集まりとして発足した。

旧い集いは女性の会だったが、新しい集いは男性の加入をも認めた。大阪市立大学の私の恩師坂田徳男教授が主宰されたが、会場探しが最大の苦労だった。公立、私立の貸会議室、寺院の会合室など市内十数か所の会場を次々借りて、実に五十五年この集いは続けられた。老若三十人ほどいた会も、高齢者の召天、若者の転勤で、最後に残ったのは男性五名であった。

その男たちも年古り、病にかかり付き添いを要する方も出てきた。

折しも、二〇〇六年六月三日から私が八年半にわたって講じてきた「無からの創造」が終わりを迎えたのを時として、二〇一四年九月三十日でこの火曜研究会を閉じることとなった。

この講義は、古代諸宗教における創造神話から始め、旧新約聖書における無からの創造、聖書以外の証言、キリスト教会の証言、無からの創造の科学的当否とたどり、自然科学はこれを十分弁明も否定もできぬことを論じた。

火曜研究会がこの大問題との取り組みで幕を閉じることとなったのは、心満ちるものがある。新渡戸、稲造、について二十九回講じたのも、この講筵《こうえん》の上だった。

終講に当たり詠じた十五首の最終のもので、この小さな集いを送ろう、深い、熱い感懐を胸一杯にこめて。

今ここに筵はとづれど見出せし
真理と善美朽つることなし

# 初出一覧

初出一覧として、表題（講演等の集会名と日付）、初出誌名・号数（刊行日付）を各編につき示す。

I

稲造と歩んで四十六年（新渡戸基金設立二〇周年、新渡戸稲造会創立三〇周年記念「新渡戸稲造博士命日祭記念講演」、二〇一四・一〇・一五、盛岡）（新渡戸基金「新渡戸稲造の世界」第二四号、二〇一五・九・一）

リンカーン、イエス、新渡戸稲造――ユーモア三題話（『新渡戸稲造事典』出版記念会講演、二〇一三・一〇・二二、教文館）未発表

人は死んで何を残すのか――新渡戸稲造の場合（キリスト教愛真高等学校講演、二〇一二・三・四）（「四国学院大学論集」一四四号、二〇一四・九・一六）

オーランド諸島問題の現代的意味（キリスト教愛真高等学校創立記念礼拝、二〇一二・一〇・七）（「愛真」第八八号、二〇一二・一二・一）

II

新渡戸稲造――その人とはたらき（北星学園大学宗教部、宗教週間記録）（「北海道とキリスト教」二〇〇二・九・三〇）
新渡戸稲造の平和（新渡戸基金「新渡戸稲造の世界」第二三号、二〇一三・九・一）
新渡戸稲造と内村鑑三（新渡戸基金「新渡戸稲造の世界」第二二号、二〇一二・九・一）
ゆがめられた『武士道』の真意（いのちのことば社「百万人の福音」二〇〇七年八月号）
新渡戸稲造――日本最初のクエーカー（大法輪閣「大法輪」二〇一四年一〇月号）

## Ⅲ

正直・親切・思いやり（「関西合同聖書集会会報」第一二三号、二〇一一・一一・三）
日本の旧約（「関西合同聖書集会会報」第一二八号、二〇一二・一一・三）
記念するには所をえらぶ（「関西合同聖書集会会報」第一三八号、二〇一四・一一・三）

## Ⅳ

「武士道」はいま（一―四）（「デーリー東北新聞」文化欄、二〇一二年五月―七月）
「関西合同聖書集会」会報・巻頭言（一九八七年二月から年五回刊行している「関西合同聖書集会会報」の巻頭言から、新渡戸稲造、内村鑑三に関するもの二七篇を選んだ。一九八八年六月第七号から二〇一四年一一月第一三八号まで）

〈著者紹介〉

佐 藤 全 弘（さとう・まさひろ）

1931年２月15日　大阪市東区南本町に生まれる。大阪市立大学文学部卒。大阪市立の定時制高校で英語教育に当たったあと1963年大阪市立大学助手、1979年教授、1994年定年退職。同大学名誉教授。キリスト教愛真高等学校理事。愛農学園高校理事。専門は哲学。

集会　なにわ聖書研究会主宰。関西合同聖書集会代表。愛農聖書研究会講師。

著書　『藤井武研究』『藤井武の結婚観』『新渡戸稲造――生涯と思想』『矢内原忠雄と日本精神』（以上キリスト教図書出版社）、『新渡戸稲造の信仰と理想』『希望のありか――内村鑑三と現代』『新渡戸稲造の世界』『日本のこころと武士道』『聖書は性についてどう教えるか』『新渡戸稲造の精神』『新渡戸稲造に学ぶ』（教文館）、『カント歴史哲学の研究』（晃洋書房）等。

訳書　カント『人倫の形而上学・徳論』（中央公論社・共訳）J. B. フィリップス『聖書翻訳者の成功と挫折』（教文館）新渡戸稲造『武士道』（教文館）、『日本国民』『日本』『編集余録』（『新渡戸稲造全集』17、18、20巻所収、教文館）等。

新渡戸稲造と歩んだ道

2016年１月30日　初版発行

著　者　佐藤全弘

発行者　渡部　満

発行所　株式会社　教 文 館

東京都中央区銀座4-5-1　電話03(3561)5549　FAX03(5250)5107
URL　http://www.kyobunkwan.co.jp/publishing/

印刷所　株式会社　三秀舎

配給元　日キ販　東京都新宿区新小川町9-1
電話03(3260)5670　FAX03(3260)5637

ISBN　978-4-7642-6999-6　Printed in Japan